天下文化
BELIEVE IN READING

# The Man Who Solved the Market

## How Jim Simons Launched the Quant Revolution

# 洞悉市場的人

## 量化交易之父吉姆・西蒙斯
## 與文藝復興公司的故事

Gregory Zuckerman
古格里・佐克曼——著
林錦慧————譯

# 目錄

人物列表 005
重大事件時間表 006
前言 最神祕的避險基金富豪 009
序幕 用數學打敗市場 017
第一部：金錢不是一切
第一章 我想當數學家 027
第二章 從密碼學家到數學系主任 047
第三章 金錢計量學公司 071
第四章 機器學習 103
第五章 成立大獎章基金 129
第六章 短線交易 153
第七章 量化交易史 173
第八章 只要能預測市場規律就好 193

第九章　網羅人才　225
第十章　突破　253
第十一章　量化投資的挫敗　273

第二部：金錢改變一切

第十二章　更多數據就是最好的數據　305
第十三章　交棒　335
第十四章　川普的金主　363
第十五章　內部分裂　391
第十六章　優異的績效能否持續？　417

後記　保持好奇　437
謝辭　443
附錄1　大獎章基金績效　448
附錄2　投資大師的績效比較　450
各章注釋　451

致加百列（Gabriel）和以利亞（Elijah）
我的訊號就在雜音中

# 人物列表

**詹姆斯．西蒙斯（James Simons）**：數學家、解碼專家、文藝復興科技公司創辦人

**藍尼．鮑姆（Lenny Baum）**：西蒙斯第一個投資夥伴，他開發的演算法影響數百萬人的生活

**詹姆斯．艾克斯（James Ax）**：大獎章基金操盤人，開發第一套交易模型

**桑德爾．史特勞斯（Sandor Straus）**：數據大師，在文藝復興公司初期扮演很重要的角色

**艾爾文．伯利坎普（Elwyn Berlekamp）**：賽局理論家，大獎章基金重要轉折時期的操盤人

**亨利．勞佛（Henry Laufer）**：數學家，他把西蒙斯的基金轉向短線交易

**彼得．布朗（Peter Brown）**：電腦科學家，協助文藝復興公司取得關鍵突破

**羅伯特．莫瑟（Robert Mercer）**：文藝復興公司的共同執行長，協助川普入主白宮

**莉百嘉．莫瑟（Rebekah Mercer）**：與史蒂夫．班農（Steve Bannon）聯手顛覆美國政壇

**大衛．梅格曼（David Magerman）**：電腦專家，試圖阻止莫瑟父女的政治活動

# 重大事件時間表

一九三八　吉姆·西蒙斯出生
一九五八　西蒙斯從麻省理工學院（MIT）畢業
一九六四　西蒙斯進入國防分析研究院（IDA），擔任解碼人員
一九六八　西蒙斯領導石溪大學數學系
一九七四　西蒙斯和陳省身發表開創性的論文
一九七八　西蒙斯離開學術界，成立外匯交易公司「計量金融學公司」（Monemetrics），以及Limroy避險基金
一九七九　藍尼·鮑姆和詹姆斯·艾克斯加入
一九八二　公司名稱改為文藝復興科技公司
一九八四　鮑姆辭職

一九八五　艾克斯和史特勞斯把公司搬到加州
一九八八　西蒙斯關閉 Limroy，成立大獎章基金
一九八九　艾克斯離開，由艾爾文・伯利坎普帶領大獎章
一九九〇　伯利坎普離開，西蒙斯接下公司和基金的掌控權
一九九二　亨利・勞佛成為全職員工
一九九三　彼得・布朗和羅伯特・莫瑟加入
一九九五　布朗、莫瑟取得關鍵突破
二〇〇〇　大獎章的績效飆升至九八・五%
二〇〇五　文藝復興機構型股票基金上市
二〇〇七　文藝復興和其他量化投資公司蒙受突如其來的虧損
二〇一〇　布朗和莫瑟接手公司
二〇一七　莫瑟卸下共同執行長職位

前言

# 最神祕的避險基金富豪

「你心裡很清楚，沒有人願意跟你說，對吧？」

聽到這句話的時候，是二〇一七年九月初，我正在麻州劍橋一家海鮮餐廳低頭小口吃著沙拉，想盡辦法要打開英國數學家尼克．派特森（Nick Patterson）的心防，從他口中套出他的前公司「文藝復興科技公司」（Renaissance Technologies）任何蛛絲馬跡，只是我的運氣不太好。

我告訴派特森，我想寫一本書，介紹文藝復興創辦人詹姆斯．西蒙斯*，詳述他如何打造出金融史上最厲害的賺錢機器。文藝復興創造的龐大財富，甚至讓西蒙斯和同事得以在政治、科學、教育、慈善等領域呼風喚雨。西蒙斯早就料到社會將產生天翻地

* James Simons，譯注：James 的小名是 Jim，吉姆，後文會以小名稱之。

覆的轉變，很早就開始運用演算法、電腦模型、大數據，在那個時候，馬克．祖克伯（Mark Zuckerberg）那一輩的人還在上托兒所呢！

派特森不為所動。在此之前，西蒙斯和他的代表人也早就跟我說過不會幫忙。我打給文藝復興高層和西蒙斯身邊人的電話、寄過去的電郵，都被已讀不回（包括我本來認為是朋友的人也是），就連西蒙斯的死對頭也在他的要求下懇求我不要找他們，彷彿他是得罪不起的黑手黨老大。

一再有人提醒我，文藝復興的員工必須簽署一份多達三十頁、鋼鐵般不容動搖的保密同意書，即使已經退休的人也不許洩漏太多。各位，這些我都知道，拜託，我在《華爾街日報》（*Wall Street Journal*）工作幾十年了，當然知道這種遊戲是怎麼玩的。不過，再怎麼頑抗的對象，通常還是會讓步，畢竟有人要幫你出書，有誰會不想要？至少吉姆．西蒙斯和文藝復興科技公司看來也想要。

我並不全然感到驚訝。西蒙斯和他的團隊是華爾街所見過最神祕的交易員，對於他們如何征服金融市場完全不露任何口風，以避免競爭對手掌握任何蛛絲馬跡；他們的員工避免在媒體露臉，也迴避參加業界會議和大部分公開集會。西蒙斯曾經引用班傑明（Benjamin，《動物農莊》〔*Animal Farm*〕裡的驢子）的話來說明自己的態度：「『上帝給我一條尾巴來驅趕蒼蠅，但我寧願沒有尾巴也沒有蒼蠅。』這就是我對媒體曝光的感受。」[1]

我抬起頭，看著對方，擠出一抹微笑。

**這是一場硬仗。**

我繼續打探對方緊密的口風，尋找破口。書寫西蒙斯、探求他的祕密，已經成為我的執迷，他所設下的種種障礙只會增添我繼續追查的欲望。

我之所以下定決心述說西蒙斯的故事，背後有幾個很有說服力的理由。曾經是數學教授的西蒙斯，可說是現代金融史上最成功的交易員。一九八八年至今，文藝復興的旗艦基金，也就是「大獎章」（Medallion）避險基金，平均年報酬率高達六六%，投資獲利累積超過一千億美元（請見附錄一，上面有這個數字的計算方法），投資圈無人能望其項背，華倫・巴菲特（Warren Buffett）、喬治・索羅斯（George Soros）、彼得・林區（Peter Lynch）、史帝夫・柯恩（Steve Cohen）、瑞・達利歐（Ray Dalio）都看不到他的車尾燈（請見附錄二）。

近幾年，文藝復興每年都有七十億美元以上的投資獲利，比一些知名企業的年營收還高，包括安德瑪（Under Armour）、Levi's（Levi Strauss）、孩之寶（Hasbro）、凱悅飯店（Hyatt Hotels）。好笑的是，那些企業的員工動輒數萬，文藝復興卻只有三百人左右。

西蒙斯兩百三十億美元的身價也是我決心寫他的原因，這麼高的身家甚至勝過特斯拉汽車（Tesla Motors）的伊隆．馬斯克（Elon Musk）、新聞集團（News Corp）的魯伯特．梅鐸（Rupert Murdoch）、賈伯斯的遺孀羅琳．鮑威爾．賈伯斯（Laurene Powell Jobs）。其他在文藝復興裡的人也是億萬富豪，平均每個員工光在自家避險基金就投入將近五千萬美元。西蒙斯和他的團隊所創造的財富，真的就像那些充滿國王、稻草、很多很多黃金的童話才會發生的故事。

不只是交易成就吸引我。早在其他人還在仰賴直覺、本能、老派研究方法做預測的時候，西蒙斯就已經決定挖掘堆積如山的數據、運用高等數學、研發最先進的電腦模型。他激發一場革命，橫掃投資世界。到二〇一九年初，避險基金等量化投資人（quantitative investor，或稱「寬客」〔quant〕）已經成為市場最大宗交易者，掌控股市三成交易，不論是散戶投資人或是傳統投資券商，量化投資的比例都居首位。[2]企管碩士（MBA）過去很不屑仰賴科學和系統方法來投資，他們自信滿滿的認為有需要程式設計師時再聘雇就行了，如今這句話輪到程式設計師說了，如果他們還需要企管碩士的話。

西蒙斯首創的方法幾乎已被所有產業採納，進入我們日常生活每個角落。他和團隊在三十年前就開始計算統計數字、交由機器處理、仰賴演算法，遠遠早於矽谷、政府部門、運動場館、醫師診間、軍隊指揮中心等幾乎所有需要預測的場域。

西蒙斯運用策略來延攬、管理人才，將毫無經驗的人才和數學才能轉化成驚人財富。他靠數學賺到錢，而且是大把大把的金錢，這在幾十年前是難以想像的事。

後來，西蒙斯搖身一變，成為現代版梅迪奇（Medici），資助數千所公立學校數學老師與理化老師的薪水、研發自閉症療法、拓展人們對生命起源的了解。他的投入雖然價值連城，卻引發單一個人該不該享有如此龐大影響力的疑慮，同樣受到質疑的，還有他的資深高階經理人羅伯特・莫瑟（Robert Mercer，目前已不是文藝復興共同執行長，但仍是該公司的資深員工）的影響力。莫瑟大概是唐納・川普二〇一六年贏得總統選戰最關鍵的人，他是川普最大的金主，一手拔擢沒沒無聞的史蒂夫・班農（Steve Bannon）和凱莉安・康威（Kellyanne Conway），將他們安插進川普的競選團隊，協助度過一段艱困的競選時期。過去由莫瑟所擁有、如今仍在他女兒莉百嘉（Rebekah）手上的企業，是英國脫歐背後的重要推手。未來數年，西蒙斯、莫瑟、文藝復興相關人等，仍將繼續握有龐大影響力。

西蒙斯等人的成功引發幾個難題。數學家和科學家對於金融市場的預測竟然勝過傳統大公司的投資老手，這意味著什麼？對於投資，西蒙斯和同事是不是掌握什麼我們不知道的根本原則？西蒙斯的成就是不是證明人類的判斷和直覺有先天缺陷，只有電腦模型和自動系統能處理那些彷彿要吞沒我們的龐大數據？西蒙斯的量化方法所取得的勝利和高人氣，是否會衍生全新、沒被注意到的風險？

最吸引我的是一個很明顯的悖論：再怎麼說，征服市場的人都**不該**是西蒙斯和他的團隊。西蒙斯從未上過一堂金融課，對商業也不是很關心，四十歲之前對投資交易只有少少涉獵，十年後仍沒什麼長進；他甚至不是研究應用數學，而是研究最不實用的**純數學**；他的公司位於紐約長島北岸的一個寂靜小鎮，聘用的是數學家和科學家，那群人對投資或華爾街的運作**一無所知**，甚至有人徹底懷疑資本主義。然而，西蒙斯和他的同事卻改變投資人投資金融市場的方式，把整個金融業的交易員、投資人等高手狠狠拋在腦後，望塵莫及，就好像一群觀光客只帶著幾項看起來奇怪的工具和單薄物資，第一次踏上南美就找到「黃金國」（El Dorado），下手開始爭搶寶物，而身經百戰的探險家卻只能在一旁沮喪的乾瞪眼。

最後，我也挖到寶藏。我得知西蒙斯的早年生活，一窺他身為開創性數學家及冷戰期間解碼者的歲月，還有他的公司不穩定的草創初期。我聯繫上的人詳述文藝復興幾個最重大的突破，也分享晚近的幾樁事件，其中的戲劇性曲折和陰謀詭計超乎我的想像。到最後，我總共進行了四百多場採訪，其中三十多位訪談對象是文藝復興現職與離職員工，其他為數更多的是西蒙斯的家人朋友，以及參與或熟悉書中所述事件的人。對於每一位撥冗分享回憶、觀察、洞見的人，我深深感激，其中有人甚至是冒著巨大風險協助我述說這個故事，希望我沒有辜負他們的信任。

就連西蒙斯本人也跟我談過，終於。他要求我不要寫這本書，他從頭到尾都不曾真正樂見這個計畫完成，但他還是很親切的花了十個多小時講述他人生幾個階段，只是仍不願提及文藝復興的投資與其他大部分作為。他的想法很寶貴，而且值得欣賞。

這本書不是虛構小說，而是第一手的敘述和回憶，敘述者都是曾經目睹書中所述事件或熟知內情的人。我明白記憶會失真，因此對於所有事實、事件和引述的話語，我都竭盡全力做了查證和確認。

這本書不只是寫給計量金融（Quantitative Finance）專家和數學專家看的，我試著用一般讀者也能理解的方式來述說西蒙斯的故事。書中會提到隱藏性馬可夫模型（hidden Markov models）、機器學習（machine learning）的核心方法、隨機微分方程式，但也會說到破碎婚姻、企業陰謀、恐慌的交易員。

就算有先見之明與洞察能力，西蒙斯仍難以預見自己人生的種種遭遇，這大概是他不凡的人生故事給我們最歷久彌新的教訓。

序幕

# 用數學打敗市場

吉姆．西蒙斯不停的打電話。

那是一九九〇年秋天，西蒙斯坐在曼哈頓中城一棟大樓的辦公室，雙眼緊盯著電腦螢幕，螢幕上閃跳著全球金融市場的最新走勢。朋友們都不懂他為什麼還要這麼忙碌。五十二歲的他，人生至此已經很圓滿，他所擁有的歷險、成就、富裕，已足以讓同輩實現人生抱負，然而，他卻還在那裡監看著一檔基金，在市場日常的暴起暴落中冷汗直流。

西蒙斯身高將近一七八公分，但略顯駝背的身型與一頭稀疏灰髮給人感覺比實際矮小、年老。棕色眼睛四周滿是皺紋，可能是戒不掉的抽菸習慣造成，也可能是他根本就不想戒菸。布滿皺紋、粗獷的容顏，再加上眼中不時閃現的促狹，讓朋友想起已故演員亨佛萊．鮑嘉（Humphrey Bogart）。

在他整齊不紊的桌上放著一個超大菸灰缸，等著他輕彈手上點著的香菸；在他的牆上，掛著一幅有點陰森可怕的畫作，畫著一頭山貓正在大啖兔子。不遠處，沙發和兩張舒適皮椅旁的咖啡桌上，躺著一份複雜難懂的數學研究論文，教人想起他在數學家同儕一片驚愕聲中拋棄的輝煌學術生涯。

到此時，西蒙斯已經花了整整十二年尋找成功的投資方程式。一開始他的交易方式跟別人一樣仰賴直覺和本能，但是市場的起落搞到他噁心反胃，一度還垂頭喪氣到讓員工擔心他會自殺。西蒙斯延攬兩位知名而固執的數學家跟他一起交易，但是這樣的夥伴關係在虧損和爭執不快中崩潰瓦解。不過才一年前，西蒙斯的投資績效慘到不得不喊停，有人還以為他會就此結束公司整個營運。

現在，他處在第二段婚姻，事業合夥人換到第三個，他決定擁抱一種激進的投資方式。在與賽局理論家艾爾文·伯利坎普（Elwyn Berlekamp）合作下，西蒙斯建構一套電腦模型，能夠處理大量數據，並挑選出最佳交易，這是一套講究科學、系統化的方法，某種程度是為了排除投資過程中的情緒因素。

「只要數據夠多，我**知道**我們就能做預測。」西蒙斯告訴同事。

西蒙斯身邊最親近的人很清楚他的動力為何。他二十三歲就拿到博士，之後陸續替政府破譯密碼而備受稱道，接著成為知名數學家，然後又當上富有開創精神的大學行政官員，他亟需新的挑戰及更大的空間來揮灑。西蒙斯跟朋友說過，破解市場的古老謎團、征服投資世界，「一定很了不起」。他想成為用數學打敗市場的人，如果成功，他知道他就能賺進數百萬鈔票，甚至更多，或許多到足以影響華爾街以外的世界，有人猜測後者才是他真正的目標。

跟數學界一樣，交易圈很少有人在中年就獲得重大成就，但是西蒙斯相信他就快要做出不一樣的東西，甚至有可能創造歷史。西蒙斯兩根手指夾著Merit香菸，伸手拿起電話，再一次打給伯利坎普。

「你有看到金價嗎？」西蒙斯問，粗啞嗓音的腔調透露出他的波士頓出身。

有，看到了，伯利坎普回答，接著說，不用，不必調整交易系統。西蒙斯沒有強逼他，客氣的掛上電話，一如往常。可是，伯利坎普被他一再的擾亂搞得很火大。嚴肅、瘦小、藍色眼睛藏在厚厚眼鏡之後的伯利坎普在美國另一端工作，辦公室距離加州大學柏克萊分校只有一小段路，他仍繼續在該校任教。每當伯利坎普跟柏克萊商學院研究生談起他的交易時，學生有時會嘲笑他和西蒙斯所採用的方法，說那是「騙術」。

「拜託，電腦怎麼比得上人類的判斷力。」一個學生告訴伯利坎普。

「我們一定會做得比人類**更好**。」伯利坎普回應。

伯利坎普私底下能理解他們的方法為什麼被稱為現代煉金術，因為就連他自己也解釋不清楚為什麼他們的模型會推薦某些交易。

不只大學校園覺得西蒙斯的概念脫離現實。隨著傳統投資方式的黃金年代開啟，喬治・索羅斯、彼得・林區、比爾・葛洛斯（Bill Gross）等人變成神一般的存在，引領投資、金融市場、全球經濟的方向，憑藉聰明才智、直覺、老派的經濟研究與企業研究獲利龐大。西蒙斯與那些對手截然不同，他完全不懂如何估算現金流，不懂如何找出新的投資商品，對利率走向的預測也一竅不通，他反而開始挖掘大量的價格資料，在當時，這種牽涉到「資料清理」（data cleansing）、「交易訊號」（signal）、「回溯測試」（backtesting）等多數華爾街專家全然陌生的術語交易方式，甚至連一個適當的名稱都沒有。那是一九九〇年，很少人使用電子郵件，網路瀏覽器還沒問世，就算有人知道演算法，也只知道那是一套步驟詳細的程序，讓艾倫・圖靈（Alan Turing）的機器得以在二戰期間破解納粹的訊息，如果當時有人說那些方程式日後會引導、甚至管理數億人的日常生活，或是有人說有幾個以前當數學教授的人將來會用電腦擊潰鼎鼎大名的投資老手，你就算不會斥之為無稽之談，也一定覺得難以置信。

不過，西蒙斯生性樂觀自信。他很早就看到他的電腦系統日後能成功的徵兆，並燃起了希望。再說，他的選擇其實也不多，他那一度興隆的創業投資已經不再有進展，而他又很確定不想回學校教書。

西蒙斯又很緊急打了一通電話給伯利坎普：「我們試試這套系統。我知道，明年我們可以提高到八〇%。」

**一年八〇%？這真的太誇張了**，伯利坎普心想。

報酬率不可能這麼高的，他告訴西蒙斯：「還有，吉姆，你真的不需要打這麼多電話過來。」但西蒙斯就是打個不停。到最後，情況愈來愈過分，伯利坎普就辭職不幹了，給西蒙斯一記新的打擊。

「算了，我乾脆自己來。」西蒙斯告訴朋友。

## 破解市場密碼

同一時間，五十英里外的紐約州另一區，一位高帥的中年科學家盯著一塊白板，正在跟自己的難題奮戰。羅伯特．莫瑟（Robert Mercer）服務於ＩＢＭ在希徹斯特（Westchester）郊區占地廣闊的研究中心，正在找方法讓電腦更精確的將口語轉成文字，甚至可以翻譯語言等。他並沒有遵循傳統的方法，而是採用大規模機器學習的雛形。他和同事正在餵電腦大量資料，多到足以讓電腦自己執行任務。可是，莫瑟在這家電腦巨擘已經待了將近二十年，他和團隊究竟能做到什麼程度仍在未定之天。

同事們搞不懂莫瑟，就連跟他密切共事多年的人也沒辦法。莫瑟天賦異稟，但也古怪、不善社交，每天的午餐不是鮪魚三明治，就是花生醬夾果醬三明治，裝在一個用過的棕色紙袋裡。他常常在辦公室哼歌或吹口哨，通常是古典音樂，還一臉自得其樂的表情。

莫瑟的言談充滿智慧才氣，甚至深奧，但有時也很刺耳。有一次他跟同事說他相信自己能永生不死，同事**覺得**他是認真的，只是歷史先例似乎不站在他那一邊。日後，同事會發現莫瑟對政府有根深柢固的敵意，也會得知他激進的政治觀點，這些觀點主宰他的人生，也影響很多人的人生。

在ＩＢＭ，莫瑟常常跟一個名叫彼得．布朗（Peter Brown）的年輕同事窩在一起，布朗是個有魅力、有創意、外向的數學家，他的墨鏡、濃密亂翹的褐色頭髮和動力十足的模樣，讓人想起瘋狂教授。他們倆並沒有花很多時間討論金錢或市場，不過，個人生活遭遇的動盪會帶領他們加入西蒙斯，西蒙斯看似不可能去追求破解市場密碼，帶領一場投資革命，也將成為他們的成就。

## 我們有辦法找出來

西蒙斯渾然不知前面有龐大阻礙等著他，也不知道悲劇緊緊跟隨著他，更不知道政治動盪會把他的公司搞得天翻地覆。

一九九〇年秋天的那一日，從辦公室往外眺望東河（East River）的西蒙斯，只知道他有個困難的問題要解決。

「市場有規律存在，」西蒙斯告訴一位同事，「我知道我們有辦法找出來。」

# 第一部

# 金錢不是一切

第一章

# 我想當數學家

小吉姆．西蒙斯抓了一把掃帚，往樓上走去。

那是一九五二年冬天，十四歲的他，在家附近的布瑞克（Breck）園藝用品店賺零用錢，他家位於麻州牛頓市（Newton）、蓊蓊鬱鬱的波士頓郊區。情況不是很順利。這個少年原本在樓下倉庫工作，卻不知不覺陷入長考，心不在焉的結果是，羊糞肥、植物種子等幾乎每樣東西都放錯位置。

老闆無可奈何，便要求小吉姆走進店裡的狹窄通道去打掃木質地板，這是一份不需要動腦的重複工作。對小吉姆來說，這樣的降職處分反而是天上掉下來的禮物，他終於可以一個人好好思考人生哪件事最重要，是數學？是女生，還是未來？

**他們付錢給我思考耶！**

過了幾個禮拜，小吉姆在耶誕期間的打工結束，老闆夫婦問他有什麼長期計畫。

「我想到ＭＩＴ念數學。」

夫婦倆爆出一陣狂笑。一個老是心不在焉的少年，連最基本的園藝用品都記不了，竟然想主修數學，而且還要進麻省理工學院（Massachusetts Institute of Technology）？

「他們覺得那是他們聽過最好笑的事。」西蒙斯回憶道。

小吉姆並沒有把別人的懷疑放在心上，連訕笑也不在意。這個少年的自信超乎常人，想做點不一樣的事的決心也異於常人，這都要歸功於一對在背後支持鼓勵他的父母，他們的人生也有過信心滿滿和悔不當初的經驗。

西蒙斯夫婦，瑪夏（Marcia）和馬修（Mathew），在一九三八年春天喜迎兒子誕生，取名為詹姆斯．哈里斯．西蒙斯（James Harris Simons）。夫婦倆把全部的精神和時間都貫注於兒子身上。瑪夏後來流產過幾次，所以只有這麼一個獨生子。瑪夏聰明靈敏，個性外向，機智風趣，在小吉姆的學校做志工媽媽，但是一直沒有機會外出工作，她把自己的夢想和熱情轉嫁到小吉姆身上，嚴格督促他的課業，一再告訴他未來一定會成功。

「她把雄心壯志放在我身上，」西蒙斯回憶：「把我當成她的作品。」

馬修．西蒙斯則另有看法，在人生和教養子女都是。身為家中十個子女之一，馬修從六歲開始就拚命賺錢給家裡，在街上兜售報紙，到附近火車站替乘客搬行李，到了上高中的年紀就開始做全職工作，他試過唸夜校，但是太累了，無法專注於學業，只好放棄。

馬修是個寬容、輕聲細語、個性隨和的父親，喜歡回家編造荒誕的故事給瑪夏聽，像是古巴打算蓋一座大橋通往佛羅里達，小吉姆則在一旁努力憋笑。瑪夏或許是家裡的知識份子，卻也是最容易上當的人，馬修會逐步添加故事的荒謬程度，直到瑪夏終於識破為止，這種家庭遊戲總是讓小吉姆捧腹大笑，屢試不爽。

「她常常沒聽出來，」西蒙斯說：「但是我一聽就懂。」

馬修在二十世紀福斯電影公司（20th Century Fox）做業務經理，要開車到新英格蘭（New England）*各家戲院推銷自家公司的最新電影。當時最出名的巨星雪莉·鄧波（Shirley Temple）就隸屬於福斯旗下，於是，馬修把她的電影和其他四、五部影片包成一組，向戲院推銷。馬修很喜歡這份工作，也被拔擢到業務經理的位子，讓他興起可以步步高升的希望。不過，計畫趕不上變化，岳父彼得·康特（Peter Kantor）要馬修到他

---

*譯注：美國東北部六州的總稱。

的鞋廠工作，岳父承諾給他股份，馬修也覺得有義務加入家族事業。

彼得的工廠專門生產高級女鞋，經營得有聲有色，但是錢來得快也去得快。他體格肥胖，喜歡炫耀風騷，偏愛昂貴服飾，最新款凱迪拉克汽車一輛換過一輛，腳蹬著增高鞋，以彌補他一六三公分的身高。彼得把財富揮霍在賽馬和一個又一個情婦上；每到發薪日，他會叫小吉姆和表兄弟理查．勞里（Richard Lourie）捧著大疊現鈔。「疊起來跟我們的頭一樣高，」理查回憶：「我們兩個都超愛這樣的。」[1]

彼得全身散發出滿不在乎、盡情享受生活的態度，小吉姆也受其感染。出生於俄國的彼得，常常分享跟古老俄國有關的鹹濕故事，多半有狼、女人、魚子醬，還有很多很多伏特加。他還會教孫子幾句基本俄語，譬如：「給我來根菸」和「吃屎吧」，把幾個小男生逗得大笑連連。彼得把大把現金放在保險箱，可能是為了逃稅。不過，他胸前口袋裡一定有一千五百美元，隨時都有，他去世那天身上的錢也正好是一千五百美元，跟幾十封耶誕賀卡放在一起，都是女性朋友寄來表達感謝。

馬修．西蒙斯在鞋廠做了好幾年總經理，但是從未拿到岳父答應給他的股份，多年後，他跟兒子說，他真希望當初沒有放棄大有可為又刺激好玩的職業，而跑去做別人期待他做的事。

「做你喜歡的事，不要去做你覺得『應該』做的事，這是他學到的教訓，」西蒙斯說：「我從來沒忘記。」

小吉姆最喜歡做的事是思考，通常是思考數學。他滿腦子都是數字、圖形、斜率，三歲就會將數字加倍和分半，明白如果把「二」不斷翻倍，很快就會神奇的變成「一〇二四」，百玩不膩。有一天，馬修帶全家到海邊玩，中途停下來加油，這個小男孩對此百思不解。按照小吉姆的推算，油箱裡的汽油永遠不會用完才對，油箱用完半桶還會剩下半桶可用，剩下的一半就算再用完一半也還有一半，如此循環下去，永遠有剩下的一半可用，不可能全空。

這個四歲小男孩無意中發現一個經典數學問題，牽涉到高階邏輯。一個人從A到B，如果永遠有一半的路程要走，而不管多麼短的路程都可以除以二，那他如何才能到達終點？第一個提出這道難題的人是希臘哲學家芝諾（Zeno of Elea），這是他提出的幾個悖論當中最著名的一個，幾百年來難倒眾多數學家。

跟很多沒有兄弟姊妹的小孩一樣，小吉姆會長時間陷在自己的思緒裡，甚至自言自語。早在念托兒所的時候，他就會爬到附近的樹上，坐在樹枝上，然後沉思，有時還得出動瑪夏過來強迫他下來跟其他小朋友玩。

小吉姆跟父母不一樣，決心要追尋自己的熱情。八歲的時候，卡普蘭醫師（Dr. Kaplan，西蒙斯家的醫生）建議他從醫，說那是「聰明猶太男孩」的理想職業。

聽到這番話，小吉姆怒氣沖沖。

他回答：「我想當數學家或科學家。」

醫師試著勸他：「數學賺不到錢。」

小吉姆說他想試試看。他其實並不了解數學在幹什麼，但是知道數學可能跟數字有關，這樣就夠了。反正，他很清楚自己不想當醫生就是了。

在學校，小吉姆聰明又調皮，充分展露媽媽的自信和爸爸的頑皮幽默。他很愛看書，常常到當地圖書館，一星期借四本書，很多書的程度遠超過他那個年級，不過，最吸引他的還是數學概念的書籍。在布魯克萊恩（Brookline）的勞倫斯學校（Lawrence School，電視主播麥克・華勒斯〔Mike Wallace〕和芭芭拉・華特絲〔Barbara Walters〕是校友），小吉姆選上班長，最後差點以全年級第一名畢業，輸給一個不像他常常心不在焉的小女生。

那時候，小吉姆有個朋友家裡相當富裕，朋友家的寬裕生活令他大開眼界。

西蒙斯後來這麼說：「當時我就發現，有錢真好。我對商業沒有興趣，但不代表我對錢沒有興趣。」[2]

冒險占去小吉姆很多時間。偶爾他會跟朋友吉姆．哈波（Jim Harpel）搭電車去波士頓，到貝禮詩冰淇淋店（Bailey's Ice Cream）吃一盒冰淇淋。年紀再大一點時，兩人會偷偷溜進老霍華戲院（Old Howard Theatre）看脫衣舞秀。有一個週六早上，兩個男孩正要走出家門，哈波的爸爸發現兩個人脖子上掛著望遠鏡。

「你們兩個要去老霍華？」他問。

**當場被抓包。**

「哈波先生，你怎麼知道？」小吉姆問。

「這裡又沒有什麼鳥可以賞。」哈波先生回答。

唸完九年級後，西蒙斯一家從布魯克萊恩搬到牛頓市，小吉姆進入牛頓高中（Newton High School）就讀，那是一所公立菁英高中，師資設備齊全，很適合培養他剛興起的熱情。唸高二時，小吉姆熱中在辯論理論性的概念，包括「二維平面可以無限延伸」等觀念。

三年後，西蒙斯高中畢業，已經變得高瘦結實的他，跟哈波一起駕車橫越美國。每到一處，這兩個十七歲大男孩就會跟當地人攀談。他們是中產階級，人生到目前為止一直被保護得好好的，沒吃過什麼苦。進入密西西比州後，他們看到非裔美國人辛勤耕作卻只能做個小佃農，而且住在雞舍裡。

「南方重建讓他們變成了佃農*，但跟奴隸還是沒兩樣，」哈波回憶：「我們有點被震撼到了。」

來到一處州立公園露營時，兩個大男孩走到一座游泳池，卻看不到非裔美國人的蹤影，他們大為驚訝。西蒙斯詢問公園裡一個肥胖的中年員工為什麼這裡看不到有色人種。

「我們不准黑鬼進來。」他說。

西蒙斯和哈波走訪其他城市，看到有家庭過著赤貧的生活，這些體驗給兩個大男孩留下深遠的影響，對社會弱勢族群的困苦更能感同身受。

西蒙斯如願進入ＭＩＴ就讀，甚至免修大一數學，因為他高中已經修過大學先修課程。不過，大學生活立刻給他帶來挑戰。一開始，西蒙斯面對的是壓力和劇烈胃痛，體重掉了九公斤，住院兩個星期，最後醫生診斷是結腸炎，開了類固醇來穩定他的身體狀況。

大一下學期，過度自信的他，選修研究所的抽象代數課程，結果徹頭徹尾是場災難。西蒙斯跟不上同學，也聽不懂作業重點和課程主題。

西蒙斯買了一本抽象代數的書，暑假帶回家，每次都花四小時閱讀和思考。最後終於開竅，後來的代數課都考得非常好。他大二的高等微積分雖然只拿到D，但是教授准許他修下一級課程，內容是史托克定理（Stokes' theorem），這是牛頓微積分基本定理的概論，說明線積分（line integral）和三度空間的曲面積分（surface integral）兩者的關係。一套包含微積分、代數、幾何學的定理似乎能產生簡單、意想不到的和諧，這個年輕人對此深深著迷。西蒙斯在這門課的表現非常優異，同學紛紛向他求助。

「我開始嶄露鋒芒，」西蒙斯說：「那是一種光榮的感覺。」

權威的定理和公式可以解開真相，而且整合數學和幾何學兩個不同的領域，西蒙斯為之神往。

「那就是優雅的地方，那些概念好美。」他說。

西蒙斯和巴里．馬聚爾（Barry Mazur）這種天才學生一起修過。馬聚爾只唸兩年就畢業，後來贏得數學界最高榮譽獎項，任教於哈佛大學。西蒙斯自認不如這些天才，但

＊譯注：美國南方重建始於南北內戰結束後、黑奴獲得解放。

也相差不遠，而且他發現自己有個獨特方法，他會長時間思考問題，直到想出原創的解答為止。朋友不時會看到他仰躺著，閉著眼睛，一躺就是好幾個小時。他是個沉思者，具有想像力和「好品味」，也可以說他有種本能，可以解決那種會帶來真正突破的問題。

「我知道我或許不是最出色或最優秀的人，不過我能成就某種好事，我就是有這種信心。」他說。

有一天，西蒙斯看到兩位教授午夜還在當地一家咖啡館深談。他們都是知名數學家，分別是華倫．安布洛斯（Warren Ambrose）和艾沙道爾．辛格（Isadore Singer），當下便做了決定，他也想過那種生活，無時無刻都浸淫於香菸、咖啡、數學之中。

「那就像是突然頓悟……靈光乍現。」他說。

除了數學，西蒙斯盡可能避開太吃力的課。MIT學生都必修體適能課，但西蒙斯不想浪費時間沖澡更衣，於是選了射箭。他和另一位來自哥倫比亞的同學吉米．梅爾（Jimmy Mayer）決定把射箭課變得更有趣一點，打賭每射中一箭就能贏得五分錢。兩人變成非常要好的朋友，一起把妹，一起跟同學玩撲克牌玩到深夜。

「如果輸了五塊錢，你就等於被射死了。」梅爾回憶。

西蒙斯很愛開玩笑，待人親切，心裡有話就說，常常惹上麻煩。大一時，他喜歡把打火機的油裝進水槍裡，然後用打火機做成自製火焰噴射器。有一次，在毗鄰查爾斯河（Charles River）的貝克大樓（Baker House）學生宿舍，他在浴室升起火堆，把一品脫的打火機油沖進馬桶，然後趕緊走出浴室關上門。他回頭一看，門框四周冒出橘色火光，浴室裡面已經燒起來。

「不要進去！」他對著走近浴室的同學大喊。

馬桶裡的打火機油溫度升高，燒成火球，幸好宿舍是以暗紅色粗面磚頭建造，火焰無法蔓延開來。西蒙斯承認是自己的錯，賠償學校五十美元的修理費，分十星期攤還。

一九五八年，在MIT唸了三年後，西蒙斯的學分已經足以畢業，這時他才二十歲，數學學士學位已經到手。不過，上研究所之前，他渴望再來一次冒險。西蒙斯告訴朋友喬．羅森翔（Joe Rosenshein），他想做件「創紀錄」的事，而且是「歷史性的創舉」。

西蒙斯覺得用滑輪溜冰來趟長途旅行或許能引起注意，但好像太累人；邀請一組新聞團隊跟著他和朋友，記錄他們一路滑水到南美也是一種可能，不過，後勤準備令人卻步。某天下午，西蒙斯跟羅森翔到哈佛廣場（Harvard Square）溜達的時候，看到一輛偉士牌（Vespa）摩托車呼嘯而過。

「不知道騎那個行不行？」西蒙斯問。

他擬了一個「有報導價值之旅」的計畫，說服當地兩家車商讓他和朋友以折扣價購買蘭美達摩托車（Lambretta，這是當時最頂尖的品牌），交換條件是車商有權跟拍他們這趟旅行。就這樣，西蒙斯、羅森翔、梅爾往南美出發，展開他們戲稱「不到布宜諾斯艾利斯不罷休之旅」。三個年輕人先往西穿越伊利諾州（Illinois），再轉南往墨西哥前進。他們騎鄉間小路，睡在廢棄警察局的門廊或樹林裡，他們在叢林掛上吊床，搭上蚊帳。墨西哥市有個人家警告這幾個大男孩要小心土匪，堅持他們應該買槍防身，還教他們說一句很重要的西班牙話：「別動，不然就殺了你！」

三個大男孩騎著消音器壞掉、吵雜的摩托車，在晚餐時刻行經墨西哥南方一個小鎮，身上又穿著皮夾克，活像是馬龍白蘭度經典電影《飛車黨》（*The Wild One*）裡的混混。他們停下來找地方吃飯，當地人一看到有不速之客干擾他們慣常的晚間散步，立刻怒火中燒。

「死老外，來這裡幹嘛？」有人大喊。

不出幾分鐘，馬上有五十個充滿敵意的年輕人跑出來，有些還拿著開山刀，把西蒙斯三人團團圍住，逼到牆邊，羅森翔伸手要掏槍，卻想起只有六發子彈，根本無法對付愈聚愈多的人群。突然間，警察出現，穿過大批人群，以擾亂安寧為由，逮捕這幾個MIT學生。

三個大男孩被關進監獄。沒多久，監獄外頭就圍滿群眾，對他們叫囂、吹口哨，掀起的騷動之大，甚至驚動市長派人來查看。市長一聽說有三個波士頓來的大學生在搗亂，馬上叫人把他們直接帶到他的辦公室。原來，市長是哈佛大學畢業的，急著想聽聽劍橋的最新消息。這幾個大男孩前一秒還在抵擋一群憤怒民眾，下一秒卻跟當地官員一起坐下來享用奢華、遲來的晚餐。不過，西蒙斯等人還是趕在黎明破曉前離開小鎮，以免節外生枝。

羅森翔受夠這些戲劇化事件，便打道回府了，西蒙斯和梅爾仍然繼續前進，七週後，他們好不容易抵達波哥大（Bogotá）*，沿途經過墨西哥、瓜地馬拉、哥斯大黎加，戰勝了土石流、湍急溪流。抵達波哥大的時候，幾乎已耗盡所有食物和金錢的兩人，住進另一個同學艾蒙度・艾絲奎納齊（Edmundo Esquenazi）的豪宅家裡，他是波

＊譯注：哥倫比亞首都。

哥大當地人。他們簡直樂歪了。友人全家列隊歡迎兩位訪客，接下來的暑假時光就在打槌球、跟東道主一起放鬆玩樂之中度過。

當西蒙斯回到MIT展開研究所學業時，導師建議他到加州大學柏克萊分校拿博士學位，在那裡能跟著陳省身教授一起做研究，這位教授是中國來的數學天才，也是微分幾何學家和拓樸學家。可是，西蒙斯有件事尚未完成。那時，他剛開始跟一個漂亮、個子嬌小、黑頭髮的十八歲女孩交往，對方名叫芭芭拉·布魯斯坦（Barbara Bluestein），在附近的衛斯理學院（Wellesley College）唸大一，經過連續四個晚上的熱烈交談，兩人相互傾心，私下互訂終生。

「我們一直聊一直聊一直聊，」芭芭拉回憶：「他要去柏克萊，我想跟他一起去。」兩人關係進展之快，令芭芭拉的父母暴跳如雷；芭芭拉的母親堅持女兒現在結婚還太早，也擔心女兒和她那個自信滿滿的未婚夫可能會產生權力不平衡。

「幾年後，他就會把妳踩在腳底下。」她警告芭芭拉。

不顧父母反對仍決心嫁給西蒙斯的芭芭拉做了妥協，她會跟他一起去柏克萊，但會等到她大二才結婚。

西蒙斯獲得獎學金到柏克萊唸書。一九五九年夏末，他一抵達校園，馬上就遇到令人開心不起來的意外：陳教授不見人影。陳省身教授正好休假一年。於是，西蒙斯開始找其他數學家，包括博川・卡斯坦（Bertram Kostant），卻碰到挫折。十月初某個晚上，西蒙斯來到芭芭拉的宿舍，跟她說他的研究不順利。她看他一臉消沉。

「我們結婚吧。」她記得她是這麼跟他說的。

西蒙斯點頭。兩人決定去內華達州雷諾市（Reno）結婚，那裡不像加州必須為了驗血等上好幾天。這對年輕人幾乎身無分文，西蒙斯的室友借錢給他，足夠買兩張巴士車票，展開這趟兩百英里的路程。到了雷諾市，芭芭拉說服當地一家銀行的經理讓她兌現外州支票，他們才有錢買結婚登記證。完成一個簡單的結婚儀式後，西蒙斯拿剩下的錢去玩撲克牌，贏到能給新娘子買件黑色泳衣的錢。

回到柏克萊，夫妻倆希望婚事保密，至少要等到他們想出告訴家人的方法為止。等到芭芭拉的父親寫信表示打算來訪，兩人這才意識到非據實以告不可了。西蒙斯和他的新娘分頭寫信給自己的父母，滿滿好幾張信紙寫的都是學校和上課的瑣事，信末才附上同一句話：

「對了，我們結婚了。」

芭芭拉的父母冷靜下來後，她的父親安排當地一位猶太拉比為兩人證婚，辦了一場比較傳統的婚禮。這對新婚夫婦在帕克街（Parker Street）租了一間公寓，在那裡，鄰近的校園常有政治活動，而西蒙斯的微分幾何學博士論文這時也有些進展。微分幾何學是利用微積分、拓樸學、線性代數等方法來研究彎曲、多維的空間。這對夫妻收到五千美元的結婚禮金，西蒙斯急著想將這筆錢翻倍。他做了一點研究後，就開車到附近舊金山的美林證券（Merrill Lynch），買進專賣熱帶水果的聯合果品公司（United Fruit Company），以及一家化學公司塞拉尼斯公司（Celanese Corporation）的股票。

這兩支股票的價格幾乎動也不動，西蒙斯很氣餒。

「這有點無趣，」他告訴營業員：「你有其他更刺激的股票嗎？」

「那你應該看看黃豆。」他說。

西蒙斯對原物料商品一無所知，也不知道該如何買賣期貨（這是一種金融合約，約定在未來某日以約定好的價格交付原物料商品現貨或其他投資標的），但他是個學習欲望很強的學生。當時，黃豆每英斗的價格是二．五美元，一聽到營業員說美林分析師預測價格會漲到三美元、甚至更高，西蒙斯的眼睛立刻睜得老大。他買進兩口期貨合約，看著黃豆價格一路飆漲，短短幾天就賺進數千美元。

西蒙斯玩上癮了。

「整個買賣過程，還有短期內就能賺錢的可能性，令我深深著迷。」他說。一個年紀較長的朋友勸他趕快賣掉，入袋為安，警告他原物料商品期貨價格波動很大。西蒙斯置若罔聞。果不其然，黃豆價格暴跌，前面的獲利幾乎全部吐回去了。對投資菜鳥來說，這次雲霄飛車似的經驗很可能早就嚇出一身冷汗，從此收手不敢再玩，但西蒙斯反而胃口大開。他開始一大早就開車到舊金山，以便在七點半前到達美林證券，趕上芝加哥的期貨交易開盤。他會連續好幾個小時站著，緊盯大看板上飛快閃爍的價格，一面下單，一面努力趕上交易節奏。即使回到家做他的學術研究，仍然密切注意市場走勢。

「那真是有點手忙腳亂。」西蒙斯回憶。

不過，情況愈來愈超出他的負荷。天剛破曉就大費周章開車到舊金山，同時還得努力完成一份挑戰性很高的論文，實在很吃力。等到芭芭拉懷孕，西蒙斯更是分身乏術，百般不願意之下，他只好暫停交易，但想要投資的種子已經種下。

在博士論文方面，西蒙斯想論證他的研究領域裡某個未解難題，但指導教授卡斯坦不相信他能成功。卡斯坦告訴他，已經有許多世界級數學家嘗試過，也都失敗了，別再浪費時間。別人的懷疑似乎只會激勵西蒙斯。他只花了兩年時間，就在一九六二年完成論文《完整系統的遞移性》（*On the Transitivity of Holonomy Systems*），探討多維彎曲空間（multidimensional curved space）。（向初學者解釋的時候，西蒙斯喜歡把「完整〔holonomy〕」比喻為「多維彎曲空間裡閉曲線的切向量平移」。還真是如此。）一本備受推崇的期刊同意刊登這篇論文，幫助西蒙斯獲得MIT一份頗具聲望的三年教職。

在跟芭芭拉計劃帶著剛出生的女兒伊莉莎白（Elizabeth）返回劍橋的同時，西蒙斯卻開始對未來產生懷疑。接下來幾十年的生活似乎已經攤在他眼前，太一成不變了：做研究、教書、繼續做研究、繼續教書。西蒙斯很愛數學沒錯，但也需要新的冒險。似乎總在有阻礙要克服、被別人看衰的時候，他愈能發揮潛力，而他現在看不到接下來的人生有什麼阻礙。才二十三歲，西蒙斯已經感受到存在危機。

「就這樣嗎？我就要這樣過完一生嗎？」他有一天在家裡問芭芭拉：「應該要有更多可能才對。」

在MIT待了一年後，西蒙斯才終於克服不安。他重返波哥大，想看看有沒有機會跟哥倫比亞同學（艾絲奎納齊和梅爾）一起創業。艾絲奎納齊回想起MIT宿舍簇新的瀝青磚地板，抱怨波哥大的地板材料品質很差，西蒙斯說他認識做地板材料的人，於是，他們決定在波哥大開一家工廠，生產乙烯基地板瓷磚和聚氯乙烯（PVC）塑膠管，資金主要來自艾絲奎納齊的岳父維克多·蕭（Victor Shaio），但西蒙斯和父親也出了點錢占點股份。

工廠營運看來很上軌道，西蒙斯覺得自己沒有什麼好貢獻的，便重新回到學術圈，在一九六三年接下哈佛大學的研究職位。他在那裡教授兩門課，其中一門是研究所的高等偏微分方程（partial differential equation），這是幾何學的一個領域，他預料以後會變得很重要。他對偏微分方程所知不多，但他認為可以邊教邊學。他告訴學生他只比他們早一週開始學這門課，學生對他坦承不諱的態度感到很有趣。

西蒙斯輕鬆隨意、熱情的作風很受學生歡迎，他喜歡開玩笑，也很少穿西裝、打領帶，這些是多數教職人員的標準裝束。然而，在他開朗友善的外表之下，隱藏著日漸增加的壓力。他的研究進度緩慢，而且他不喜歡哈佛的環境。他投資地磚廠的錢是借來的，他父母投資地磚廠的錢也是他說服他們拿房子抵押借來的。為了補貼收入，他開始到附近的劍橋專科學校（Cambridge Junior College）另外兼兩門課，這下壓力更大了，但這件事他瞞著朋友和家人。

西蒙斯忙著兼差賺錢，原因卻不只是為了還債，他渴望擁有真正的財富。西蒙斯喜歡買好東西，但並不奢侈，芭芭拉也沒有給他金錢壓力，有時還會拿高中的衣服出來穿。似乎有別的動機驅使著西蒙斯。朋友等人猜他想對世界產生某種影響力。西蒙斯已經看到財富會帶來獨立性和影響力。

「吉姆很小就意識到金錢是力量，」芭芭拉說：「他不希望別人的力量勝過他。」

西蒙斯坐在哈佛圖書館，過去對事業前景所產生的疑慮再度浮現。他開始疑惑其他工作是不是能帶來更多成就感和興奮感，甚至帶來一些財富，至少夠他清償債務。與日俱增的壓力終於讓他受不了了，他決定做個改變。

第二章

# 從密碼學家到數學系主任

問：數學博士學位跟一塊大披薩有什麼不同？

答：大披薩可以餵飽一家四口。

一九六四年，西蒙斯辭掉哈佛教職，加入一個情報單位，協助當時與蘇聯冷戰的美國政府。那個情報單位告訴西蒙斯，執行政府任務的同時，他仍然可以繼續做他的數學研究。還有很重要的一點：這份工作的薪水比上一份多一倍，他可以開始償還債務。

這份工作是國防分析研究院（Institute for Defense Analyses，簡稱ＩＤＡ）位於紐澤西普林斯頓的分支機構所提供，那是一所菁英研究機構，從各所頂尖大學網羅各方數學家，協助美國最大、最機密的情報機構國家安全局（National Security Agency）偵測、破解蘇聯的密碼。

西蒙斯加入的時候，正值ＩＤＡ混亂的時期，已經有超過十年無法定期解開蘇聯的高階密碼。隸屬於ＩＤＡ通訊研究處（Communication Research Division）的西蒙斯和同事，被賦予的任務是確保美國通訊安全，以及看懂很難破解的蘇聯密碼。ＩＤＡ教導西蒙斯建構數學模型的方法，在看似毫無意義的資料中辨識、解讀出其中的規律。也是在這時，他開始使用日後對工作有重大影響的數學工具：統計分析和機率理論。

為了破解密碼，西蒙斯得先擬出一個破解計畫，再想出一套演算法，也就是讓電腦遵循的一連串步驟，來測試、執行他的策略。他的電腦程式寫得很糟糕，因此不得不把寫程式的工作交給內部的程式設計師，但他把其他技能磨練得很好，這些技能對他日後的事業價值連城。

「我發現我喜歡開發演算法、在電腦上做測試。」西蒙斯後來這麼說。[1]

才剛進單位，西蒙斯就幫忙開發出一套超快速解碼的演算法，解決一個長期未解的問題。過沒多久，華府情報專家發現一例個案，蘇聯發送的一則編碼訊息有設定上的錯誤，西蒙斯和兩位同事抓住這個小失誤提供的難得機會，讓他們得以一窺敵人系統的內部結構，並幫忙想出方法來善加利用敵人的失誤。這些功績使西蒙斯成為情報偵察之星，也幫整個團隊贏得一趟華府之行，接受國防部官員當面致謝。

這項新工作只有一個缺點：西蒙斯不能把自己的豐功偉業分享給組織以外的人。他們單位的所有成員都立下保密誓言，連政府把IDA的工作內容歸類為何種機密等級本身也是機密。

「你今天做了什麼？」西蒙斯下班回家後，芭芭拉會問他。

「哦，跟平常一樣。」他會這麼回答。

沒多久，芭芭拉就不再問了。

西蒙斯對自己單位網羅、管理天才研究員的獨特方式印象深刻。成員大多有博士學位，錄用不是根據特定專業或學經歷，而是根據智力、創造力和抱負，這是假定研究人員會主動找問題來解決，也夠聰明能解決問題。藍尼．鮑姆（Lenny Baum）是裡面最厲害的解碼者之一，他說過的一句名言成為這個單位的信條：「爛點子很好，好點子很棒，沒有點子很遜。」

「那是個點子工廠。」通訊研究處副處長李．紐沃斯（Lee Neuwirth）說道，他的女兒畢比（Bebe）後來成為百老匯和電視明星。

研究人員不能跟組織以外的人討論工作內容，不過，組織內部架構本身就能孕育出獨特的開放性和互助性。這批二十五歲上下的員工全是數學家和工程師，職銜都是**技術**

**人員**，有功同享、解決棘手問題之後固定會一起去喝杯香檳慶祝，而閒晃到其他人辦公室提供協助或耐心傾聽則是家常便飯。每到下午茶時間，大夥兒就聚在一起討論新聞、下西洋棋、解謎、下圍棋。

西蒙斯和太太會定期在家設晚宴，芭芭拉調製的香濃蘭姆魚缸潘趣酒（Fish House Punch）讓ＩＤＡ工作人員個個喝到酩酊大醉；一群人會通宵達旦玩高賭注的撲克牌，西蒙斯常輕輕鬆鬆滿手全是從同事口袋贏來的現金。

有一晚，這幫人又過來，但西蒙斯卻不見人影。

「吉姆被抓走了。」芭芭拉告訴大家。

西蒙斯那輛凱迪拉克老爺車有一堆停車罰單沒繳，對法院傳喚又屢屢置之不理，警察就把他關進大牢去了。幾個數學家於是分乘幾輛車，立刻殺到警察局，一起出錢把西蒙斯保釋出來。

ＩＤＡ到處都是不按牌理出牌、個性鮮明的人。單位裡有個房間放了十幾台左右的個人電腦，供員工使用。某一天早上，一個警衛發現房間裡有個解碼人員，身上只披著一件浴袍，裡面什麼都沒穿。原來他被趕出家門，於是就住進電腦室。還有一次，某個深夜裡，有人發現一個員工在鍵盤上不停打字，過分的是，他竟然不是用手指打，而是光著臭腳丫用腳趾打。

「他的手指已經夠髒了，」紐沃斯說：「實在太噁。大家氣炸了。」

西蒙斯和同事破解蘇聯機密的同時，私下也在醞釀自己的祕密。電腦運算能力愈來愈進步，但證券公司接受新技術的進度卻十分緩慢，仍然繼續仰賴卡片分類的人工方法進行會計等作業。西蒙斯決定開一家公司用電子方法來交易、研究股票，這是一個有潛力可以徹底顛覆整個產業的概念。二十八歲的西蒙斯把這個點子分享給上司迪克．賴布樂（Dick Leibler）及ＩＤＡ最優秀的程式設計師，兩人都答應加入他的公司，預計取名為iStar。

處理高度機密的陰謀處理久了，三個人對新公司的籌備也很自然以祕密的方式進行。然而，有一天，紐沃斯聽到風聲，擔心三人離去會導致整個團隊分崩離析，他氣呼呼衝進賴布樂的辦公室。

「你們要走？」

「你怎麼知道的？」賴布樂回應，「還有誰知道？」

「所有人都知道了，你們把營運計畫最後一頁忘在影印機上。」

搞半天，他們以為自己是〇〇七龐德情報員，結果是凌凌漆烏龍情報員。

最後，西蒙斯沒有募到足以啟動公司的資金，計畫胎死腹中。不過，這算不上是挫敗，因為西蒙斯在**極小曲體**（minimal varieties）的研究終於有了進展，那是他著迷已久的微分幾何子域。

用於物理學、生物學、金融學、社會學等領域的微分方程式，講的是數學上數量（quantity）的導數，以及導數跟導數之間的相對變化率。牛頓著名的物理方程式：力等於質量乘以加速度，就是微分方程式，因為加速度是第二個導數，跟時間有關。如果方程式裡同時有跟時間和空間相關的導數，那就屬於偏微分方程式，可用於描述彈性、熱度、聲音等。

偏微分方程在幾何學上的重要應用就是「極小曲體」，西蒙斯打從進入MIT教書第一個學期開始，就以此為研究重心。極小曲體一個典型的圖解是，把鐵絲框浸入肥皂溶液再取出來，因為有表面張力，肥皂泡沫會覆在鐵絲框上，形成薄膜，跟其他以同一個鐵絲框為邊界的表面相比，這種表面積最小。十九世紀的比利時物理學家喬瑟夫．普拉托（Joseph Plateau）用肥皂泡沫做了實驗，並提出幾個疑問：這種「最小的」面積是否一定會存在？這種表面是不是光滑到任取兩點看起來都一樣，不管鐵絲框多麼繁複或多麼彎曲？他的問題就是所謂的「普拉托問題」（Plateau's problem），而答案是

「對」，至少一般的二維表面是如此，紐約一位數學家在一九三〇年已經證明這點。西蒙斯想知道在更多維空間的極小表面，也就是幾何學家所謂的「極小曲體」，是否也是如此。

專注於純理論問題的數學家往往會埋首於工作，走路、睡覺、甚至做夢都在思考問題，年復一年，沒接觸過那種數學（又稱為**抽象數學**或**純數學**）的人很容易斥之為毫無意義。可是，西蒙斯並不只是像高中生解解方程式而已，他希望找出、整理出普遍性的原理、規則、事實，促進對這些數學物元（mathematical object）的理解。愛因斯坦認為這個世界有自然秩序存在，西蒙斯這樣的數學家就是在尋找那個秩序存在的證據，他們的工作是真正的美，尤其是成功揭開宇宙自然秩序的時候，那些理論通常會找到實際的應用，雖然可能要很多年以後，但卻進一步拓展我們對這個宇宙的認知。

終於，在與附近普林斯頓大學教授、解開普拉托問題在三維空間的答案的小傅雷佐克・艾格倫教授（Frederick Almgren Jr.）進行一連串對話之後，西蒙斯有了突破。西蒙斯創造出一個偏微分方程式，後來被命名為「西蒙斯方程式」，可以找出適用於六維以下空間的統一解答。他另外還提出一個七維空間的反例，後來有三個義大利人證明那個反例是對的，其中一位是費爾茲獎（Fields Medal）得主恩里科・邦比耶里（Enrico

Bombieri）。

一九六八年，西蒙斯發表〈黎曼流形裡的極小曲體〉（Minimal Varieties in Riemannian Manifolds），這篇論文成為幾何學者的基礎論文，在其他相關領域也至關重要，至今仍有人引用，重要性歷久不衰。這些成就讓西蒙斯成為世界一流的幾何學家。

## 量化投資先驅

在解碼和數學研究雙雙功成名就的同時，西蒙斯仍然不忘尋找新的賺錢方法。由於ＩＤＡ給研究人員很大的工作彈性，西蒙斯因而得以投入時間研究股市。在鮑姆和其他兩位同事的合作下，西蒙斯開發出一套新奇的股票交易系統。四人替ＩＤＡ發表一篇機密的內部論文，標題是〈股市行為的機率模型與預測〉（Probabilistic Models for and Prediction of Stock Market Behavior），文中提出一套交易方法，號稱每年至少有五〇%的報酬率。

西蒙斯等人不理會大多數投資人關心的基本面訊息（如盈餘、股利、企業消息），他們這幾個解碼人把那些訊息稱為「股市的基本經濟統計」，相反的，他們建議尋找少數幾個可以預測市場短期行為的「宏觀變數」（macroscopic variable）。他們假定股市有八種基本「狀態」（state），譬如：「高變異」（股價漲跌比平常劇烈）以及「良好」（股票普遍上漲）。

真正特別的地方是，這篇論文並不想利用經濟理論或其他傳統方法來辨識、預測那八種狀態，也不打算了解市場**為什麼**進入某個狀態。西蒙斯和同事是利用數學來判定手上的價格數據最符合哪一種狀態，然後模型就會根據這個判斷來下注。**為什麼**並不重要，西蒙斯和同事似乎認為，該以何種策略來好好利用推斷出的狀態才是重點。

對絕大多數投資人來說，這種方法聞所未聞，但對賭徒來說，可是一點也不陌生。撲克牌玩家會從對手的行為舉止來推測對手的情緒，再依此調整自己的策略。對付一個心情不好的人就動用某種招數，如果對手看起來高興到過度自信，那就改採其他方法，玩家不需要知道對手**為什麼**愁眉苦臉或興高采烈，只需要辨識出對手的情緒，就能從中受惠。西蒙斯和這幾個解碼人提出一個類似的方法來預測股價，採用一種稱為「隱藏性馬可夫模型」的複雜數學工具，其背後原理跟賭徒根據對手的決定來猜測對手的情緒一樣，投資人也可以根據價格走勢來推測市場狀態。

即使以一九六〇年代末的標準來看，西蒙斯的論文仍舊很粗糙。他和同事有些假設很天真，比方說可以在「很完美的情況下」交易，包括不需要交易成本，但他們的模型卻又必須每天頻繁交易。儘管如此，這篇論文某種程度還是可以視為先驅。在以前，投資人一般都是尋找背後可能的經濟原理來解釋、預測股價走勢，不然就是採用簡單的**技術分析**，透過歷史走勢的圖形或其他表現來找出重複的模式。西蒙斯和同事等於是提出第三種方式，類似技術分析，但複雜得多，而且採用的是數學和科學的工具。根據他們的想法，投資人能夠推論出一連串可預知市場未來走勢的「訊號」。

不只有西蒙斯他們認為股價的決定是個複雜過程，影響的因素有很多，有些因素很難或甚至不可能找出來，而且不見得跟傳統的基本因素有關；在當時，芝加哥大學諾貝爾獎學者，同時也是現代投資組合理論之父哈利・馬可維茲（Harry Markowitz）也在尋找證券價格的異常現象，還有數學家愛德華・索普（Edward Thorp）也是。索普後來嘗試過最早的電腦交易，領先西蒙斯一步（請繼續看下去，親愛的讀者）。

西蒙斯是這批先驅之一。他和同事認為，重點不是去了解市場這部機器背後所有的操縱桿，而是找到一套很相配、能持續獲利的數學系統，這個觀點將成為西蒙斯幾年後交易的基本原則。他們的模型預示數十年後橫掃投資世界的金融革命：包括**因子投資**（factor investing，根據無法觀測到的狀態來建模投資），以及其他型式的量化投資。

## 反越戰卻丟掉工作

到了一九六七年，西蒙斯已經在ＩＤＡ鋒芒畢露。他的頭腦不輸俄國人，在數學研究上大有斬獲，學會如何管理聰明人，而且對電腦的威力也有更深入的了解，最特別的是，他能夠看出哪個同事的點子最有前途。

「他很懂得聆聽，」紐沃斯說：「自己有好點子是一回事，能看出別人的好點子又是另一回事……如果馬糞堆裡有一匹小馬，他絕對找得出來。」

當時，賴布樂開始討論退休事宜，西蒙斯有望升任副處長，更高的名望和薪水看來觸手可及。

可是，越戰改變了一切。那年秋天，全美國紛紛出現抗議聲浪，包括普林斯頓大學校園。本來只有少數學生知道學校附近有個支援國安局的單位，直到校刊《普林斯頓人日報》（*Daily Princetonian*）刊登一篇文章提醒同學注意此事。西蒙斯和同事並沒有執行跟越戰有關的事務，單位裡也有很多同事強烈反對打這場仗。那年夏天，吉姆和芭芭拉的女兒麗茲（Liz）去參加住宿營隊，她朋友的爸媽給小孩帶的是一包包糖果，麗茲的爸媽給的卻是和平反戰項鍊。

這些解碼人對越戰的不滿，並沒有阻止普林斯頓學生發起一個又一個抗議，包括擋住ＩＤＡ入口的靜坐示威。ＩＤＡ大樓還曾被扔擲垃圾，紐沃斯的座車被丟雞蛋，抗議者高呼他是「殺害嬰兒的兇手」。[2]

越戰爭議在全國各地愈演愈烈，《紐約時報》（*New York Times*）週日雜誌版的頭條刊登麥斯威爾．泰勒將軍（General Maxwell D. Taylor）的文章，這位戰功彪炳的沙場老將是參謀長聯席會議主席，說服甘迺迪總統派兵進駐越南，他在文章中強力論證美國會贏得戰爭，全國應該團結一致支持。

西蒙斯覺得受不了，他不希望讀者以為ＩＤＡ所有職員都支持這場戰爭，因此寫了一封有六段話的信給《紐約時報》，主張國家資源應該有更好的用途，而不是用於越南作戰。西蒙斯在信裡寫道：「轟炸越南河內並不能讓我們國家更強大，重建電廠才行；去越南摧毀所有橋樑並不能讓我們更強大，在東岸興建像樣的大眾運輸才行。」

報社登出他的投書後，西蒙斯相當得意。同事對他的投書沒什麼反應，他也覺得泰勒將軍應該能容納一點點不同的意見。一陣子過後，《新聞週刊》（*Newsweek*）一位特約記者找上門，他正在撰寫國防部職員反對越戰的報導，想向西蒙斯詢問他們如何處理自己的疑慮。西蒙斯說他和同事有一半時間在做自己的研究，剩下的時間才做政府的計畫，由於他反對戰爭，所以決定把所有時間都投入自己的數學研究，等到戰事結束，再全力進行國防部的工作來彌補。

事實上，西蒙斯並沒有正式把自己的研究和國防部的工作清楚劃分，那只是個人私下的目標，他不該公諸於世才對。

「我才二十九歲，」西蒙斯解釋道，「沒被採訪過……而且又自以為是。」

西蒙斯把接受採訪的事告訴賴布樂，賴布樂立刻跑去向泰勒通報《新聞週刊》即將登出這篇文章，過沒多久，賴布樂帶回一個令人焦慮的消息。

「你被開除了。」他說。

「什麼？你不能開除我，」西蒙斯回應，「我是『永久』職員。」

「吉姆，永久職員和臨時職員唯一的差別是，臨時職員有合約，」賴布樂說：「但你沒有。」

西蒙斯當天中午就回家，整個人嚇傻了。三天後，詹森總統（President Lyndon Johnson）宣布中止轟炸任務，暗示即將停止投入戰爭，西蒙斯以為這代表他能拿回工作，但賴布樂要他不用費事了。

當時，西蒙斯有三個年幼的子女要養，不知道接下來該怎麼辦。不過，這麼突然就被開除，讓他堅信以後一定要對自己的未來握有掌控權，只是他不太清楚該怎麼做。西蒙斯的極小曲體論文已經引起注意，除了ＩＢＭ在內的幾家企業，他也接到一些學校的聘書，他告訴數學家朋友雷納德．喬樂普（Leonard Charlap），教數學似乎太無趣，他可能會去投資銀行賣可轉換公司債。喬樂普表示不知道可轉換公司債是什麼，西蒙斯馬上口沫橫飛解釋起來。喬樂普很失望，他這位朋友是世界上最優秀的年輕數學家，不該去兜售華爾街最新商品。

「太荒謬了，」喬樂普說：「你心目中的理想工作是什麼？」

西蒙斯這才承認他比較想做一個大型數學系的系主任，但是他太年輕，沒有人脈可以幫忙介紹。喬樂普說他有個想法。一陣子過後，西蒙斯收到一封署名約翰．托爾（John Toll）的信，他是紐約州立大學石溪分校（SUNY Stony Brook）校長，那是一所公立大學，位於長島，距離紐約市大約六十英里。石溪大學找人來帶領數學系找了五年仍沒找到，因為學校有個不好的名聲，校園裡有吸毒問題。[3]

「我們只知道警察會不時會去那裡突擊搜查毒品。」芭芭拉說。

托爾決心改革。身為物理學家的托爾受到紐約州長尼爾森．洛克斐勒（Nelson Rockefeller）延攬，負責政府資助一億美元的計畫，希望把石溪大學打造成「東岸的柏克萊」。他已經招攬到贏得諾貝爾獎的物理學家楊振寧，接下來的目標是整頓數學系。

托爾提出要給西蒙斯系主任的位子，承諾讓他當家作主，隨自己的意思發展整個科系。

「我願意接下。」西蒙斯告訴托爾。

## 只招攬最優秀的人才

一九六八年，三十歲的西蒙斯舉家遷到長島，在那裡施展迷人的延攬之術，打造一個科系。一開始，他先鎖定康乃爾大學一位名叫詹姆斯・艾克斯（James Ax）的數學家，這位數學家一年前才贏得聲望崇高的柯爾數論獎（Cole Prize in number theory），似乎不太可能離開常春藤名校，跑去屈就石溪這種沒沒無聞的學校，他有太太、年幼兒子，在康乃爾還有大好前程。不過，西蒙斯和艾克斯一起在柏克萊唸研究所時就結為至友，一直保持聯絡，於是，西蒙斯懷抱著希望，跟芭芭拉一路往西北開了五小時的車，到紐約綺色佳（Ithaca）去找這位年輕數學家。

西蒙斯極力遊說艾克斯，承諾給他大幅加薪。之後，他和芭芭拉在石溪鎮招待艾克斯一家人，西蒙斯載著客人到布魯克赫文（Brookhaven）附近、長島海灣上的西草甸海灘（West Meadow Beach），希望如詩如畫的美景能打動他們。回到綺色佳後，艾克斯和太太（也叫芭芭拉）還收到西蒙斯寄來的貼心包裹，裡面裝了海灘卵石及可想起石溪溫暖氣候的小物。

艾克斯考慮好久，讓西蒙斯很灰心。有一天，西蒙斯一身網球裝踏進石溪辦公室，用力把球拍甩到地上，他告訴同事：「如果還要做任何舔屁眼的工作，我就不幹了！」不過，他的懇求有了好結果，艾克斯成為第一位加入石溪的知名學者。

「其實是他的小花招讓我們屈服。」芭芭拉．艾克斯說。

艾克斯的決定所傳遞的訊息讓西蒙斯很認真看待。接下來到其他學校發動追求攻勢時，西蒙斯把話術稍做改進，針對對方的喜好逐一拋出誘餌，看重金錢的就以加薪引誘，想專心做研究的就減少授課、多給假、慷慨補助研究、協助減少惱人的行政規定。

「吉姆，我不想加入委員會。」他想網羅的一位教授這麼告訴他。

「那圖書館委員會呢？」西蒙斯說：「那是一人委員會。」

在延攬學有專精候選人的過程中，西蒙斯開發出辨識人才的獨到眼光。他曾經告訴石溪教授賀雪爾．法可斯（Hershel Farkas），他要的是「最厲害的人」，一心一意投入某個數學問題、沒找出答案絕不罷休那種。西蒙斯也跟另一位同事說過，有些學者「非常聰明」，但思考的原創性不夠，不足以到石溪大學任教。

「有些人很厲害，但還有**真正厲害**的人。」他說。

西蒙斯努力營造一個融洽、能激發熱情的環境，就像IDA一樣。為了讓學者們工作愉快，西蒙斯讓授課量維持在合理水準，並邀請同事到他和芭芭拉新買、停靠在長島海灣的二十三呎船艇。有別於一些頂尖學者，西蒙斯喜歡跟同事互動，他會晃進某位教授的辦公室，問他在做什麼研究計畫，可以幫什麼忙，很像他在IDA的情況。

「很少有人像他這樣替同事著想。」法可斯說。

西蒙斯令身旁的數學家和學生感到很自在、不受拘束，因為學校裡沒人像他穿著這麼隨意。他很少穿襪子，即使在紐約嚴寒的冬天，這個習慣一直持續到八十幾歲。

「我只是覺得穿襪子要花太多時間。」西蒙斯說。

西蒙斯和芭芭拉每週都在家裡開趴。學者、藝術家、左傾知識份子都脫下鞋子，在西蒙斯家的白色長絨地毯上打成一片，把酒閒話政治時事。

西蒙斯也有犯錯的時候，其中一次是放走未來的費爾茲獎得主丘成桐，當時這位年輕幾何學家要求終身職。不過，他組建全世界頂尖的幾何中心，聘請二十位數學家，學會慧眼辨識全國最優秀的人才，也學會如何延攬、管理他們。

## 婚姻觸礁

西蒙斯的數學系成長茁壯的同時，他的私生活卻開始崩潰瓦解。

西蒙斯的魅力吸引各種學生來到他的辦公室，隨時都有。他的極小曲體研究獲得各方讚賞，手握系主任大權時，又正值性規範（以及禁慾）快速鬆綁之際，當時的暢銷書是《開放式婚姻》（*Open Marriage*），鼓勵伴侶「卸下婚姻裡過時的理想」，探索婚姻以外的性關係。同時，女性解放運動也鼓勵女性拋開社會枷鎖，包括保守穿著、甚至一夫一妻觀念。

「祕書似乎個個在比賽誰的裙子最短。」石溪教授喬樂普回憶。

西蒙斯才三十三歲，不安分的心再度蠢蠢欲動。有傳言說他跟系上一個嫵媚動人的祕書有婚外情；至少有一次，他對著一位女老師開低級玩笑，令同事驚訝不已。

當時，芭芭拉覺得自己活在丈夫成就的陰影下，對於太早結婚生子阻礙學業生涯感到沮喪。芭芭拉聰明又有抱負，卻在十八歲就結婚，十九歲就生女兒。

「我覺得有點被困住。」她說。

有一天，西蒙斯聽說芭芭拉跟他網羅並指導的一位年輕同事有曖昧關係，整個人大受打擊。有個同事回憶，曾經在一場晚宴上，有人問西蒙斯為什麼心煩意亂，還提到西蒙斯跟芭芭拉的關係不太好，似乎對老婆不是很忠貞，喝醉的西蒙斯突然用力搥牆。

西蒙斯決定休假一年，到加州大學洛杉磯分校接受當時蔚為文化風潮的原始療法（primal therapy）。這種療法是透過尖叫等方法將**原始**壓抑的痛苦表達出來，就像新生兒從子宮出來一樣。西蒙斯有時會在夜裡尖叫驚醒，對這種療法很感興趣。

治療幾週後，西蒙斯開始起了疑心。一聽完指導員建議使用大麻會更有療效，他立刻決定走為上策。

**看起來像是詐騙**，他心想。

於是，西蒙斯回到東岸，那一年剩餘的時間在普林斯頓高等研究院（Institute for Advanced Study）度過。他和芭芭拉的婚姻無法挽回，最後以離婚收場。芭芭拉去了柏克萊，一九八一年在那裡取得電腦科學博士學位，她的博士論文解決理論電腦科學一個未解問題。之後，她進入ＩＢＭ擔任研究員，還當上電腦協會（ＡＣＭ）會長，這是全世界最大的教育性、科學性電腦社團。後來，芭芭拉搖身一變成為美國電子投票安全問題的專家，展露出她對科技的興趣，而且跟西蒙斯一樣，都在處理整個社會所面臨的大挑戰。

「我們太早結婚了，」芭芭拉說：「我父母是對的。」

## 提出陳西不變式

回到長島的西蒙斯，這回是獨自一人，他要找一個住進家裡的保母，幫忙照顧三個小孩。有一天，他面試一個二十二歲金髮美女瑪麗蓮・霍黎絲（Marilyn Hawrys），後來她在石溪大學唸經濟研究所。聘用瑪麗蓮沒多久，西蒙斯就邀她出去約會，兩人斷斷續續交往了一陣子，後來瑪麗蓮離開，去做詹姆斯・艾克斯小孩的保母，幫忙艾克斯夫婦捱過痛苦的離婚。瑪麗蓮跟芭芭拉・艾克斯和兩個兒子凱文（Kevin）與布萊恩（Brian）同住，深夜裡跟他們一家人玩拼字遊戲，做可口的起司通心麵給他們吃，讓孩子們靠在她的肩膀上哭泣。

「瑪麗蓮是上帝派來給我們的。」艾克斯的兒子布萊恩・基廷（Brian Keating）回憶。

吉姆和瑪麗蓮漸漸日久生情。瑪麗蓮在經濟學博士學業上有所進展，西蒙斯跟陳省身的研究也有突破，陳省身就是他跟去柏克萊才發現去休假的教授。

西蒙斯自己有個發現，跟量化三度彎曲空間裡的形狀有關，他把這個發現拿給陳省身看，陳教授立刻意識到可以延伸到所有維度的空間。一九七四年，陳省身和西蒙斯發表〈特徵形式和幾何不變式〉（Characteristic Forms and Geometric Invariants），這篇論文首度提出陳西**不變式**（Chern-Simons invariants），不變式是即便經歷某種大改變仍維持不變，在數學各個領域都派得上用場。

一九七六年，三十七歲的西蒙斯獲頒美國數學學會的維布倫幾何獎（Oswald Veblen Prize in Geometry），這是這個領域的最高榮譽，表彰他跟陳省身的研究，以及他以前的極小曲體研究。十年後，理論物理學家愛德華・威頓（Edward Witten）等人發現陳西理論可以應用在好幾個物理學領域，包括凝體、弦理論、超重力，甚至在微軟（Microsoft）等企業為解決藥物開發和人工智慧等現代電腦解決不了的問題而開發量子電腦的過程中，陳西理論也不可或缺。到了二〇一九年，陳西理論已經獲得上萬次的學術論文引用，大約是一天三次，這鞏固了西蒙斯在數學和物理學界的泰斗地位。

## 從外匯市場賺錢的機會到了！

西蒙斯已經攀到專業領域的巔峰，但他很快就離開數學，渴望攀登另一個新高峰。

一九七四年，西蒙斯和艾蒙度・愛絲奎納齊、吉米・梅爾合資成立的地磚公司出脫一半股份，西蒙斯和其他出資人獲利入袋。西蒙斯建議艾絲奎納齊、梅爾、維克多・蕭（艾絲奎納齊的岳父）把錢拿給查理・弗萊費爾德（Charlie Freifeld）投資，弗萊費爾德是跟西蒙斯一起在哈佛修過一門課的同學。維克多・蕭為西蒙斯成立的一個海外信託也投入弗萊費爾德的基金。

弗萊費爾德採取的投資策略與眾不同。他建構了一個**計量經濟**（econometric）模型來預測原物料商品的期貨價格，包括糖。他將經濟等數據輸入模型裡，比方說，如果農作物產量下滑，他的模型就會計算出接下來價格會上漲，這是量化投資的雛形。

隨著糖價漲將近一倍，弗萊費爾德的方法有了好結果。這群合夥人的投資市值飆漲，足足漲了十倍，達到六百萬美元，對於這筆多到嚇人的意外之財，有幾個投資人的反應卻出人意料。

「我很沮喪，」西蒙斯的哥倫比亞朋友梅爾說：「我們賺了這麼多，但我們做的事對社會並沒有價值。」

西蒙斯則有非常不同的反應。這筆一下就到手的錢財再度燃起他的炒作魂，讓他想起在市場上殺進殺出的刺激。弗萊費爾德的方法甚至與他和同事在ＩＤＡ論文所提到的數學交易系統有幾分類似，而他一直認為用數學模型來交易大有可為。

「吉姆玩上癮了。」梅爾說。

儘管才剛獲得肯定，西蒙斯仍需要暫時離開數學。他和幾何領域剛嶄露頭角的後起之秀傑夫・齊格（Jeff Cheeger）一直想證明某些幾何定義的數字幾乎在任何情況下都是無理數，譬如$\pi$。他們的研究沒什麼進展，挫折感愈來愈深，甚至感到毫無希望。

「那是一個比較大的遊戲，但我們解不開，」西蒙斯說，「我很抓狂。」[4]

另一方面，西蒙斯的私生活也有困惑要處理。他跟瑪麗蓮的關係愈來愈親密，但婚姻破碎的痛楚猶在。交往四年後，西蒙斯跟朋友透露他打算求婚，但對於再次進入婚姻有所遲疑。

他告訴朋友：「我遇見一個女子，她真的很特別。我不知道該怎麼辦。」

吉姆跟瑪麗蓮結了婚，但他仍舊繼續思考人生的方向。他減少石溪大學的工作，把一半的時間拿來替維克多・蕭成立的基金炒作外匯。到了一九七七年，西蒙斯很確定從外匯市場賺錢的時機到了。世界各國的貨幣已經開始**浮動**，可以自由波動，不必受黃金價格影響，再加上英鎊暴跌，西蒙斯認為一個新的、波動劇烈的時代已經開啟。一九七八年，西蒙斯離開學術圈，開設一家專做外匯交易的投資公司。

西蒙斯的父親跟他說放棄終身職是大錯特錯，數學界更是震驚，大多數人過去只是隱約知道他有個業餘興趣，對他可能離開去全職投資感到大惑不解。一般來說，數學界和金錢有著很複雜的關係，他們認同財富的價值，卻又把追求金錢貶為他們崇高職業以外的低下消遣。教授們雖然不會當面對他說，但他們私下都認為他糟蹋難得的天分。「我們看不起他，彷彿他墮落了，把靈魂出賣給惡魔了。」當時在康乃爾大學教書的雷諾．卡莫納（René Carmona）說。

不過，西蒙斯從未完全融入學術圈。他喜歡幾何學，欣賞數學之美，但他對金錢的熱情、對商業世界的好奇、對新冒險的需求，讓他跟那個圈子格格不入。

「不管我做什麼，我一直覺得自己像個局外人，」[5]他後來說，「我埋首於數學世界，但從來不那麼覺得自己是數學圈的一份子。我永遠有一隻腳（踏在外面世界）。」

西蒙斯是傑出的解碼專家，攀上數學界的巔峰，也成功打造一個世界級的數學系，這些全都在四十歲前完成，他有信心可以征服交易世界。投資人幾百年來都試圖主宰市場，但成功者少之又少。同樣的，這些挑戰並沒有讓西蒙斯退卻，反而激起他的熱情。

「他真的很想做不尋常的事，做別人認為不可能的事。」他的朋友喬．羅森翔說。西蒙斯會發現，這件事的難度超乎他的想像。

第三章

# 金錢計量學公司

被炒魷魚也是好事，嚐過一次就不會想養成習慣。

——吉姆．西蒙斯

一九七八年初夏，西蒙斯離開石溪大學遼闊、綠樹成蔭的校園，短短幾週後，就已置身於距離石溪大學僅數英里處，但他卻感覺那裡恍如另一個世界。

他坐在一座死氣沉沉商場後的一家店裡，隔壁是女裝店，再過去是一家披薩店，對面則是小小的、一層樓的石溪火車站。他那個空間是用來做零售店的，有米色壁紙、一台電腦螢幕，還有時好時壞的電話線路。從窗戶往外看，他幾乎看不到恰如其名的「羊牧場路」（Sheep Pasture Road），也就是說，他一下子就從人人敬仰，淪為沒沒無聞。

這位四十歲、即將展開事業第四春、希望革新投資界數百年歷史的數學家並沒有任何勝算。事實上，他的外表還比較接近退休人士，壓根不像要做什麼歷史大突破的樣子。他日漸灰白的頭髮又長又細，幾乎長到肩膀，微凸的肚子更像是跟不上現代金融步調的老教授。

在這之前，西蒙斯涉獵過投資，但未展現任何特殊天分。沒錯，他和父親投資在查理・弗萊費爾德合夥投資的資金成長到一百萬美元，因為弗萊費爾德準確料到糖價飆漲，但也因為他們剛好躲過一場災難。弗萊費爾德出脫所有部位之後，糖價在短短幾週後就重挫，弗萊費爾德和西蒙斯都沒料到會暴跌，他們只不過是同意賺多了就獲利了結。

「那次脫手的時間好到不可思議，」西蒙斯說：「但完全是運氣好。」[1]

不知為什麼，西蒙斯就是自信滿滿。他征服了數學，懂得解碼，還打造世界級的大學科系，現在，他有把握自己能精通金融炒作之術，原因是他有獨到的眼光，能洞悉金融市場的運作方式。有些投資人和學者認為市場起伏是隨機的，他們主張所有可能的資訊已經反映在價格上，所以只有不可能預測的消息能夠推動價格走升或下跌。還有一些人認為，價格波動反映出投資人在回應、預測經濟與企業消息時所做的種種努力，這些努力有時會得到好結果。

西蒙斯來自另一個世界，視角獨特。他習慣仔細檢視龐大的數據，從他人眼中的隨機找出秩序。科學家和數學家所接受的訓練是挖掘自然界混亂表象之下意想不到的簡樸、構造、甚至美麗，所挖掘出的模式和規律就是科學定律。[2]

西蒙斯推斷，市場對消息或其他事件的反應並非每次都很合理或可解釋，所以光靠傳統研究、見識、洞察力是不可行的。不過，不管市場看起來多麼混亂，金融價格似乎至少有某些模式存在，就好像天氣型態看似隨機的外表下隱藏著可識別的走向。

**這裡面似乎有某種架構存在**，西蒙斯心想。

只是他必須找出來。

西蒙斯決定把金融市場當成混沌系統來看待。就像物理學家仔細端詳大量數據，建構簡潔的模型來找出自然界的定律，同樣的，西蒙斯也要建構數學模型來找出金融市場的秩序。他的方法類似多年前在國防分析研究院所開發的策略，當時他和同事寫出一份研究論文，斷定市場有幾種隱藏狀態可以用數學模型辨識出來。現在，他要在現實世界驗證那套方法。

**一定有方法可以將它模型化**，他心想。

西蒙斯把他的投資公司取名為金錢計量學公司（Monemetrics），結合金錢

（money）和計量經濟學（econometrics），意味他要用數學來分析金融數據、從交易中獲利。在IDA，他建構出數學模型，從敵人的通訊雜音中找出暗藏的「訊號」；在石溪大學，他辨識、延攬、管理有天分的數學家；現在，他要網羅最聰明的人組成一支團隊，鑽研市場數據，找出市場趨勢，並且開發數學公式來從中獲利。

西蒙斯不知道該從哪裡著手，他只知道外匯市場已經鬆綁，是賺錢的好時機。他已經為剛起步的公司想好一個理想合夥人選：藍納德．鮑姆（Leonard Baum）＊，他是IDA那份研究論文的作者之一，也是數學家，曾辨識出混沌環境裡的隱藏狀態，並做出短期預測。只是，西蒙斯必須說服鮑姆，讓他願意賭上自己的職業生涯，嘗試西蒙斯那套激進、未經檢驗的方法。

## 發明第一個語言辨識系統

藍尼．鮑姆出生於一九三一年，父母是移民，從俄羅斯逃到紐約布魯克林，逃離貧窮肆虐與反猶太主義。藍尼十三歲的時候，爸爸莫里斯（Morris）開始在一家帽子工廠工作，後來當上經理和老闆。十幾歲時，藍尼就有一八二公分高，壯碩的胸肌，是高中數一數二的短跑好手，也是網球校隊，只是他纖細的雙手似乎比較適合翻課本，而不是在球場一較高下。

有一天，藍尼跟朋友到附近的布萊頓海灘（Brighton Beach）注意到一個活潑動人的年輕女子在跟朋友聊天。她是茱莉亞．李伯曼（Julia Lieberman），跟家人從捷克斯洛伐克一個小村莊來到美國，當年才五歲的她，手裡抓著心愛的洋娃娃，登上一九四一年最後一班從歐洲出發的船班，逃離納粹。茱莉亞的父親路易（Louis）曾在紐約找了好幾個月的工作都沒有結果，氣餒的他，決定混進當地一家工廠的工人裡面，用行動證明自己是個勤奮不懈的工人，於是正式受雇。後來，路易在自家小小的排屋經營自助洗衣店，但李伯曼一家仍然持續處於財務困頓中。

藍尼和茱莉亞陷入愛河，後來結婚，搬到波士頓，藍尼在那裡唸哈佛大學，一九五三年畢業，接著拿到數學博士。茱莉亞在波士頓大學以班上第四名的成績畢業，之後到哈佛取得教育和歷史的碩士學位。藍尼加入普林斯頓的ＩＤＡ之後，解碼表現更勝西蒙斯，單位裡幾項最重要的成就（至今仍是機密）都要歸功於他。

「我們管理階層喜歡說的『救生艇名單順序』，藍尼和其他一些人的順序絕對排在

---

＊譯注：暱稱為藍尼．鮑姆（Lenny Baum）。

吉姆前面。」李・紐沃斯說。

頂上日漸稀疏、留著小鬍子的鮑姆跟西蒙斯一樣，在做數學研究的同時，也忙著應付政府任務。經過一九六〇年代末連續好幾個夏天，鮑姆和辦公室就在另一頭的資訊理論學家洛伊德・威爾區（Lloyd Welch）開發出一套演算法來分析馬可夫鏈（Markov chain）。馬可夫鏈是一個事件序列，下一個事件出現的機率，只取決於當前狀態，跟過去的狀態無關。在馬可夫鏈裡頭，要完全準確預測未來情況是不可能的，但可以觀察馬可夫鏈，然後對可能的結果做出有依據的猜測。棒球比賽可以視為一種馬可夫賽局。假設打擊者的球數來到兩好三壞，這兩好三壞出現的順序及中間出現的界外球球數都不重要，如果下一球是好球，打擊者就出局了。

**隱藏式**馬可夫鏈過程（hidden Markov Process）是馬可夫鏈的一種，裡面的事件是受到未知、潛藏的參數或變數所影響，你從事件鏈看到的是結果，不是決定事件鏈進程的「狀態」。不懂棒球的人看到每一局分數可能會一頭霧水，這局得一分，另一局得六分，沒有明顯的模式或解釋可言。有些投資人認為金融市場、語音辨識等複雜事件鏈跟隱藏式馬可夫鏈模式很雷同。

針對這種只看得到結果的複雜序列，可用鮑姆—威爾區演算法（The Baum-Welch

algorithm）算出其中的機率和參數。以棒球比賽來說，鮑姆—威爾區演算法可以讓不懂棒球的人猜出是什麼賽況會產生這種分數結果。比方說，如果總得分一下子從兩分跳到五分，根據鮑姆—威爾區演算法的計算，擊出三分全壘打的機率會高於在滿壘下擊出三壘安打的機率。這個演算法可讓人在規則隱藏不知的情況下，從得分的分布推斷出比賽規則。

「鮑姆—威爾區演算法可以讓你知道何者的機率比較大，所以可以讓你最接近真正的答案。」威爾區解釋。

鮑姆總是盡量淡化自己成就的重要性。但時至今日，他這個能讓電腦自己算出狀態和機率的演算法，已被視為二十世紀機器學習（machine learning）的重大進展之一，為日後的重要突破奠立良好基礎，影響數百萬人的生活，從基因體學到天氣預測等領域都有。鮑姆—威爾區演算法促成第一個有效的語音辨識系統，甚至Google的搜尋引擎。

鮑姆—威爾區演算法為藍尼．鮑姆贏得一片讚賞，但他所寫的其他數百篇論文卻大多列為機密，這令茱莉亞很不滿，她愈來愈相信丈夫並未獲得應有的認可和薪資。鮑姆的小孩對父親在忙什麼沒什麼概念，少數幾次問起時，他只說他的工作是機密，不過倒是說過他**沒**做什麼。

「我們沒有做炸彈。」有一天，他向女兒絲黛菲（Stefi）這麼保證，當時正是越戰爭議如火如荼之際。

跟西蒙斯不一樣，鮑姆很戀家，很少花時間在社交、玩撲克牌，以及跟別人交流。晚上，他通常窩在不大的普林斯頓家中，靜靜坐在人造豹皮沙發上，握著鉛筆在黃色筆記本上亂塗亂寫，每當陷入特別困難的問題時，他會停下筆，凝望著遠方沉思。鮑姆正是那種老是陷入沉思而丟三落四的典型教授。有一次，他臉上掛著半邊鬍子去上班，原來他因邊刮鬍子邊想數學問題而分心了。

任職ＩＤＡ期間，鮑姆注意到自己的視力逐漸退化，醫生最後確定他罹患桿錐細胞退化，這是一種會影響視網膜錐狀細胞的疾病。鮑姆發現自己愈來愈難從事需要有清楚視力的活動，譬如網球。有一次，站在網前的他，被一顆直接往頭上飛來的球打個正著，這種情況也在打桌球時發生過，他清澈的藍色雙眼只能短暫看到球，下一秒就看不到，迫使他不得不放棄這兩項運動。

他依舊樂觀得叫人驚訝，只著眼於還能享受的樂趣，譬如每天在普林斯頓校園附近走兩英里。他很慶幸自己還能讀書寫字，即使原本健康、清楚、直視前方的視力在退化，他的樂觀仍然毫不動搖。

孩子們前來關心時，鮑姆通常帶著微笑說：「隨它去，問題會自己解決。」

不過，西蒙斯離開ＩＤＡ去帶領石溪數學系之後，鮑姆的家人開始察覺他有異常的沮喪。鮑姆破解一組俄羅斯的密碼，成功揪出一個間諜，ＦＢＩ卻行動太慢，沒抓到嫌疑犯，他的惱怒全寫在臉上。對自己單位的未來心灰意冷的他，寫了一份內部備忘錄，強調有必要招募更好的人才。

「失去西蒙斯顯然對我們非同小可，不只因為我們在數學上需要他，也因為他離開的方式，」鮑姆寫道，提到西蒙斯被炒魷魚一事，「在據說西蒙斯都沒做國防部任務那七個月裡，他做的國防任務其實比部分成員過去幾年做的還多。」[3]

一九七七年某一天，西蒙斯聯絡鮑姆，問他願不願意找一天到金錢計量學公司在長島的辦公室，幫他架設一套交易系統來炒匯。鮑姆對西蒙斯的邀請暗自竊笑，他雖然跟西蒙斯一起發表過一篇理論性的論文，但他對交易所知不多，對投資也不怎麼關心，家裡的投資全交給太太處理。儘管如此，鮑姆還是答應花點時間協助西蒙斯，就當做是幫老朋友一個忙。

到了辦公室，西蒙斯把各主要貨幣每日收盤價的圖表攤在鮑姆面前，就好像向他提出一個數學問題似的。鮑姆細細檢視這些數據，很快就斷定，時間拉長來看的話，有些貨幣的走勢似乎會穩定向上，尤其是日圓。鮑姆心想：西蒙斯也許是對的，市場似乎真的蘊含某種結構在裡面。鮑姆的假設是，日圓的穩定攀升可能是因為日本政府在外國的壓力下進行干預，買進日圓，「用很日本的方式」讓日本出口商品變得稍微不具競爭力。無論如何，鮑姆認同西蒙斯的看法，可以開發數學模型來畫出各個貨幣的趨勢，順著趨勢進行交易。

鮑姆開始每週來跟西蒙斯工作一天。到了一九七九年，四十八歲的鮑姆已經完全沉浸在交易裡頭，正如西蒙斯所願。大學時是下棋好手的鮑姆，覺得好像發現一種可以測試自己智力的新棋賽。他向ＩＤＡ告假一年，全家搬到長島，租了一棟三房的維多莉亞式房屋，裡面有整面牆的書櫃。由於他視力惡化，所以茱莉亞每天開車載他往返西蒙斯的辦公室。

「看看我們能不能做出模型。」西蒙斯告訴他，準備把目標鎖定在市場。

鮑姆沒花多久就開發出一套演算法，只要貨幣走勢比近期趨勢線低到某個程度，就發出買進指令，反之則發出賣出指令。這是很簡單的工作，沒什麼難度，但鮑姆看來正走在正確的道路上，這給了西蒙斯信心。

「把藍尼找進來之後，我就看到模型成功的可能性。」西蒙斯後來這麼說。[4]

西蒙斯打電話給幾個朋友，包括吉米・梅爾和艾蒙度・艾絲奎納齊，問他們要不要投資他的新基金。西蒙斯再次拿出給鮑姆看的圖表，他提到若過去幾年用他和鮑姆開發的數學交易策略就會賺進多少多少，令他們大為驚艷。

「他帶著圖表來找我們，聽到很有機會賺大錢，我們很心動。」梅爾說。

西蒙斯沒有募到原訂目標的四百萬美元，但已經足以讓基金開始運作，裡面也有他的錢。他把這支新的投資基金命名為Limroy，混合英國小說家康拉德在小說《吉姆爺》（*Lord Jim*）中的同名主人翁，以及負責經手這家新公司匯款事宜，以便利用境外公司相關稅金優勢的百慕達皇家銀行（Royal Bank of Bermuda）。這名字既帶有大筆金錢交易的意涵，又有一個努力與道德榮譽的理想搏鬥的角色，對一個長久以來一隻腳踏在商業世界、一隻腳在數學和學術界的人來說，再適合不過。

西蒙斯把Limroy定位為**避險基金**，這是個定義寬鬆的名稱，是指替富有的個人和機構管理金錢的民營合夥投資，所追求的投資策略形形色色，包括避險，也就是避免在市場上全盤皆輸。

金錢計量學公司先用西蒙斯的帳戶投資一點資金，在各個不同市場測試投資策略，如果看起來可以獲利，就會拿Limroy的資金去做同樣的交易，只是金額大多了，不僅替西蒙斯投資，也替外部人投資。鮑姆可以從公司的交易獲利分得二五％。

西蒙斯希望靠著這種結合數學模型、複雜圖形和大量直覺的交易方式，他和鮑姆能賺大錢。鮑姆對他們的方法非常有把握，再加上迷上了投資，於是就辭掉ＩＤＡ的工作，全職跟西蒙斯一起工作。

西蒙斯為了確定自己和鮑姆是走在正確的路上，便邀請他在石溪禮聘的教授詹姆斯．艾克斯過來看看他們的策略。跟一年前的鮑姆一樣，艾克斯對投資不甚了解，甚至更不關心，不過，他立刻看懂兩位前同事想做的事，也相信他們確實發現不得了的東西。艾克斯認為，鮑姆的演算法不僅能在外匯市場成功，類似的預測模型也能用於原物料商品期貨，像是小麥、黃豆、原油。一聽到這裡，西蒙斯立刻說服艾克斯離開學術界，並安排給他操盤帳戶。這下西蒙斯真的**興奮**起來了，他現在有兩位最負盛名的數學家跟他一起揭開市場祕密，手上也有足夠的現金可以嘗試。

才一、兩年前，鮑姆滿腦子都是數學，如今占據他腦袋的都是交易。一九七九年夏天的一個早上，跟家人躺在海灘上的鮑姆，腦袋思考的是英鎊長期疲軟的問題。當時一般認為英鎊只會走跌，西蒙斯和鮑姆有位交易顧問賣了好多英鎊，甚至連兒子都取名為斯特林（Sterling）。＊

那天早上在海灘放鬆的鮑姆，突然坐直了身子，被興奮沖昏了頭。他相信買點就在眼前。他衝到辦公室，告訴西蒙斯，英國新首相柴契爾夫人不可能一直把英鎊維持在低點。

「柴契爾在壓抑英鎊，」鮑姆說，「她再壓也壓不了多久了。」

鮑姆說應該買進英鎊，但西蒙斯沒有隨他突發的斷言起舞，反而一臉興味。

「藍尼，很可惜你沒有早一點來，」西蒙斯回答，臉上帶著笑意，「柴契爾鬆手了……英鎊才剛升值五美分。」

原來，就在那天早上，柴契爾決定讓英鎊升值。鮑姆不以為意。

「五美分不算什麼！」他堅持，「會漲五十美分，甚至更多！」[5]

鮑姆是對的。他和西蒙斯繼續不斷買進英鎊，一路看著英鎊飆升。順著這波走勢，他們也準確預測日圓、西德馬克、瑞士法朗，基金一下就成長了數千萬美元，幾位南美的投資人紛紛來電向西蒙斯道賀鼓勵。

數學家同儕還是搔著頭，不解西蒙斯為何拋棄大好的學術生涯，寧可坐在一個臨時

＊譯注：與英鎊的正式名稱Pound Sterling同名。

辦公室買賣貨幣，他們同樣訝異鮑姆和艾克斯也跟著去了。就連西蒙斯的父親也似乎很失望。一九七九年，在西蒙斯兒子納撒尼爾（Nathaniel）的成年禮上，西蒙斯的父親告訴一位石溪數學家：「我喜歡跟人說『我那個教授兒子』，而不是『我那個做生意的兒子』。」

西蒙斯很少回顧過往。在外匯市場旗開得勝之後，他修改了Limroy的章程，不只允許買賣原物料商品期貨，也可以交易美國長期公債期貨。他和鮑姆組織一支小團隊（這時兩人已有各自分開的投資帳戶），要建構出能在外匯、原物料商品、債券市場上找出可獲利的複雜交易模型。

當時的西蒙斯一面嘗試破解市場，一面在探索他畢生熱愛的金融投機，玩得不亦樂乎，這或許是他碰過的最大挑戰；更何況，他開玩笑說，太太瑪麗蓮也終於能「跟他的朋友玩在一起，聽得懂他們在聊什麼」。[6]

只是好日子不會一直持續。

## 幾乎壟斷馬鈴薯市場

找人來替電腦寫程式的過程中，西蒙斯聽說有個十九歲的年輕人快被加州理工學院

（California Institute of Technology）踢出校門。葛瑞格・胡蘭德（Greg Hullender）聰明機靈、有創意，但很難專注在課業上，好幾門課的成績都很差。後來他被確診為注意力缺失症（ADD）。當時，他對自己的艱苦掙扎感到沮喪不已，校方也是，最後一根稻草是他被逮到未經許可就在宿舍房間經營高賭注交易。朋友們集資交給他，他買進股票選擇權，由於正好碰到一九七八年市場開始回漲，兩百美元的本金短短幾天就漲到兩千美元。很快的，宿舍裡每個人都想加入，紛紛把錢丟給他，他開始透過美林證券帳戶買進股票選擇權，再重新組合賣給想要的學生。

「好像我就是證券公司。」胡蘭德說，洋洋得意。

美林證券的員工對他的創意可笑不出來。美林證券舉證他違反條款，終止他的投資冒險，學校也把他踢出校門。坐在宿舍等著被踢出去的他，早上七點接到西蒙斯的來電，嚇了一跳。西蒙斯從加州理工一位研究生那裡聽聞胡蘭德未經授權經營交易的事情，對他的大膽及對金融市場的了解印象深刻。西蒙斯開出九千美元的年薪，還可分享公司獲利，請他到紐約替Limory寫交易程式。

圓圓胖胖的臉，蓬亂的棕色頭髮，臉上掛著孩子氣的笑容，胡蘭德像是要出發參加夏令營的青少年，不像要大老遠橫越美國去加入一家不知名的交易公司。他身材瘦高如電線杆一般，掛著厚厚超大眼鏡，胸前口袋永遠放著筆，旁邊還有棕色眼鏡盒，一副忠厚老實的模樣。

胡蘭德沒見過西蒙斯或鮑姆，對這份工作邀請存有戒心。

「吉姆的公司聽起來像是不可告人的勾當。」他說。

不過，這個年輕人還是毫不猶豫的答應了。

「當時，我在宿舍房間等著被踢出去，看起來沒有很多選擇。」

胡蘭德搬到長島，先跟西蒙斯一家人同住了幾週，等到在附近的石溪宿舍租到房間才搬走。這個年輕人沒有駕照，西蒙斯便借了他一輛腳踏車上班通勤用。在辦公室，跟平常一樣穿著開襟棉衫和樂福鞋的西蒙斯，對胡蘭德進行各別指導，說明他是如何交易。他告訴胡蘭德，外匯市場會受到政府和其他人的作為所影響，他的公司希望開發出詳細、逐步的演算法，來找出「市場影武者所造成的趨勢」，這跟他過去在ＩＤＡ解碼時所做的事沒什麼不同。

胡蘭德做的第一件事是寫程式追蹤這家新公司的績效。不到六個月，胡蘭德的數據便顯示出令人不安的虧損：西蒙斯轉做債券交易失敗。客戶仍然不斷打電話來，只是現在並非打來道賀，而是打來問為什麼虧這麼多錢。

西蒙斯似乎對虧損耿耿於懷，虧愈多愈焦慮。某個特別慘烈的一天，胡蘭德發現老闆仰躺在辦公室的沙發上，他感覺老闆似乎想對他吐露心聲，甚至可能是某種懺悔。

「有時候我看著這些，會覺得我只是個搞不清楚自己在做什麼的人。」西蒙斯說。

胡蘭德嚇壞了。這個老闆一向自信爆表，現在卻好像開始懷疑當初捨棄數學去挑戰市場的決定。仍舊躺在沙發上，彷彿在做心理治療似的西蒙斯，跟胡蘭德說起吉姆爺這個關於失敗和贖罪的故事。西蒙斯一直對吉姆爺很感興趣，這個角色自視甚高、渴望榮耀，卻在一場勇氣考驗中敗得一塌糊塗，注定羞愧一輩子。

西蒙斯坐直身子，轉向胡蘭德。

「不過，他死得其所，」他說：「死得很壯烈。」

**慢著！難不成老闆想自殺？**

胡蘭德擔心起老闆來，也擔心自己的未來。他突然意識到自己窮哈哈，孤身一人在東岸，有個躺在沙發上談論死亡的老闆。他試著安慰老闆，但是對話變得很尷尬。

接下來幾天，西蒙斯從畏縮中走出來，堅定更勝以往，決心要打造一個高科技交易系統，由演算法主導，也就是逐步的電腦指令，而不是靠人腦判斷。在這之前，西蒙斯和鮑姆仰賴的是自己的直覺和粗糙的交易模型，這個方法讓他們陷入危機，於是，西蒙斯跟他聘來投資股票的技術專家郝爾德・摩根（Howard Morgan）坐下來，訂下新目標：建立一套完全仰賴演算法的精密交易系統，甚至是自動化交易。

「我不想分分秒秒都得擔心市場，我想要睡覺時也可以賺錢的模型，」西蒙斯說：「一個完全沒有人為干預的系統。」

當時的科技還做不出完全自動化的系統，這點西蒙斯很清楚，但他還是想試試比較精密的方法。他猜想可能需要大量歷史數據，電腦才能從大範圍的時間尋找持續且重複出現的價格模式。於是，他從世界銀行等地方買來一堆書，也從各個期貨交易所買來一捲捲磁帶，每一捲都是原物料商品、債券、貨幣的價格，時間可回溯到幾十年前，有些甚至是二次大戰以前。這些都是老舊的東西，幾乎沒人在乎，但西蒙斯有預感它們可能很有價值。

胡蘭德那台一百五十二公分高、藍白相間的PDP-11/60電腦不能讀取西蒙斯搜集的部分老數據，因為格式太舊，於是，胡蘭德把磁帶偷偷帶到附近的格魯門航空航太公司（Grumman Aerospace）總部，他的朋友史丹（Stan）在那裡上班。午夜時分，那家國防部包商的作業緩下來的時候，史丹會讓胡蘭德啟動一台超級電腦，花好幾個小時轉磁帶格式，以便電腦能夠讀取。轉磁帶的時候，兩個朋友就喝著咖啡敘舊。

為了收集其他數據，西蒙斯叫一個員工大老遠跑到曼哈頓下城的聯準會（Federal Reserve）辦公室，把尚未電子化的利率歷史數據等資料一筆一筆抄下。至於比較晚近的價格數據，則委由西蒙斯以前在石溪大學的祕書、新任辦公室經理凱蘿・艾爾博帆（Carole Alberghine），由她記錄各種主要貨幣的收盤價。每天早上，艾爾博帆會把《華爾街日報》整個仔細瀏覽一遍，然後爬上公司圖書室的沙發和椅子，在懸掛於天花板或貼在牆上的方格紙上填進最新數字。（一直到艾爾博帆從高處跌落，擠壓到神經，變成永久性損傷，西蒙斯才找了一個年輕女子負責爬上沙發更新數字。）

西蒙斯找來小姨子等人，負責將價格輸入胡蘭德建立的資料庫，以便根據西蒙斯、鮑姆等人的數學洞見和直覺，來追蹤價格、測試各種交易策略。他們嘗試的策略當中，有許多策略是以動量（momentum）為主，不過，他們也觀察各種原物料商品期貨之間是否存在連動關係。如果某個貨幣連續走跌三天，第四天繼續下跌的機率有多少？黃金價格會帶動白銀價格嗎？從小麥價格可以預測黃金和其他商品的價格嗎？西蒙斯甚至研究自然現象會不會影響價格，胡蘭德和團隊常常是白忙一場，找不出有確實可靠的關聯性，但西蒙斯會催促他們繼續找。

「這裡有個規律，那裡應該**也有**才對。」西蒙斯會這麼堅持。

這群人終於開發出能下交易指令的系統，可進行原物料商品、債券、外匯市場的交易。辦公室這台唯一的電腦不夠給力，無法收錄所有數據，但可以辨識出幾個可靠的相關性。

活豬是這套系統的交易標的之一，所以西蒙斯就把系統取名為「小豬籠」。這套系統會先消化大量數據，再用線性代數等工具給出交易建議。小豬籠會生出一排數字，例如：〇·五、〇·三、〇·二，代表外匯投資比重應該是：五成日圓、三成馬克、兩成瑞士法朗。等到小豬籠生出大約四十筆期貨交易建議，一個員工就會跟營業員聯絡，依照那些比例下單。這套系統會產生「自動交易建議」，但不會自動交易，不過，西蒙斯當時也只能做到這樣了。

小豬籠連續好幾個月大豐收，用金錢計量學公司的資金做交易，交易金額在一百萬美元左右。他們的部位通常持有一天左右就賣掉。一開始就有好成績，受到鼓舞的西蒙斯便從Limory戶頭轉了幾百萬現金到這個模型裡，得到更多獲利。

接著發生一件意想不到的事。這套電腦系統對馬鈴薯出現不尋常的大胃口，把三分之二的現金轉去買紐約商品期貨交易所的期貨合約，等於買下幾百萬磅的緬因州馬鈴薯。有一天，西蒙斯接到商品期貨交易委員會監管人員的電話，對方不太高興地說金錢計量學公司快要壟斷全世界的馬鈴薯市場了，語氣有點驚慌。

西蒙斯強忍住笑。沒錯，監管人員是打來興師問罪的，不過，西蒙斯告訴對方，他無意囤積那麼多馬鈴薯，甚至不明白電腦系統為什麼買那麼多。沒事的，商品期貨交易委員會一定能了解。

掛掉電話後，西蒙斯用戲謔口吻告訴胡蘭德：「他們以為我們要壟斷馬鈴薯市場了啦！」

結果，商品期貨交易委員會竟然沒看出這起意外的滑稽之處，他們出清西蒙斯的馬鈴薯部位，導致西蒙斯和他的投資人虧損幾百萬美元。沒多久，西蒙斯和鮑姆就對這套系統失去信心。沒錯，他們看得到小豬籠的交易，盈虧也都很清楚，但他們不知道這個模型的交易決策背後的**原因**。也許電腦交易模型終究還是不可行，他們心想。

胡蘭德在一九八〇年辭掉工作，重返學校。沒唸完大學一直是他心頭上一個壓力，而且他很慚愧沒能協助西蒙斯在電腦交易系統取得更多進展，他不懂西蒙斯和鮑姆所使用的數學，再加上一個人孤孤零零又可憐兮兮的，幾週後，他向同事透露自己是同性戀，同事們很努力讓他感覺自在，卻反而讓他更覺得格格不入。

「我覺得加州比較有機會碰到合得來的人，有些事比金錢更重要。」胡蘭德這麼說。他後來拿到學位，成為亞馬遜（Amazon）和微軟（Microsoft）的機器學習專家。

## 低點買進，然後永遠抱著

胡蘭德走了，小豬籠也不管用，西蒙斯和鮑姆漸漸從數學預測模型回到比較傳統的交易方式。他們開始尋找價格被低估的投資，同時也對影響市場的消息做出反應，在幾個不同的市場投資三千萬美元。

西蒙斯認為，如果能搶先對手一步得知歐洲的消息應該會有幫助，於是，他雇用一個在石溪唸書的巴黎人，請他比別人更早閱讀難懂的法國金融訊息，然後翻譯成英文。另外，西蒙斯也找了一位名叫艾倫．葛林斯潘（Alan Greenspan）的經濟學家當顧問，他就是後來的聯準會主席。西蒙斯還一度在辦公室裝了一支紅色電話，每當有重大突發的金融消息，電話就會響起，他和鮑姆就能比別人早一步交易。有時紅色電話響了，他們卻不見人影，新任的辦公室經理潘妮．艾爾博帆（Penny Alberghine，凱蘿的姑嫂）會飛奔去找他們，有時在當地一家餐廳或商店找到人，有時在洗手間，這時她會大力敲門引起他們的注意。

艾爾博帆有一次大喊：「回來！小麥跌三十點了！」

西蒙斯的幽默帶有放肆不敬，讓整個團隊很輕鬆自在。他會取笑艾爾博帆濃濃的紐約口音，艾爾博帆則會模仿她老派的波士頓腔。有一次，西蒙斯很興奮得意，因為公司在銀行的存款享有特別高的利息。

「投資人拿到他媽的一一．七八%！」他大叫。

聽到他講髒話，一個年輕員工倒抽一口氣，西蒙斯則是咧嘴一笑。

「好啦好啦！不過，這個利率**真的**很高耶！」

瑪麗蓮一週會來公司幾次，通常帶著兩人的寶寶尼可拉斯（Nicholas）；芭芭拉有時也會來看看前夫；其他員工的另一半和小孩也會到辦公室繞繞。每天下午，全公司會在圖書室一起喝茶，西蒙斯、鮑姆等人會討論最新消息，辯論經濟走向。西蒙斯也會邀請員工上他的遊艇遊玩，遊艇取名為**吉姆爺**，停靠在附近的傑佛遜港（Port Jefferson）。

大多時候，西蒙斯會坐在他的辦公室，穿著牛仔褲配高爾夫球衫，眼睛盯著電腦螢幕，醞釀新交易，他採取的方法跟大多數人一樣：閱讀新聞，預測市場走向。他特別專心思考的時候，手裡會叼著菸，嚼著臉頰內側。鮑姆則在旁邊一間比較小的辦公室，用自己的帳戶交易，他偏愛有點破爛的毛衣、皺皺的褲子，還有破舊的Hush Puppies鞋。視力愈來愈惡化的他，不得不彎腰駝背挨近電腦，一面試著無視西蒙斯手上的菸飄過來的煙霧。

他們靠傳統的方法做得非常順利，隔壁精品店結束營業時，西蒙斯就把它租了下來，把相鄰的牆壁打掉，新空間用做新進人員的辦公室，有一位經濟學家，還有其他新人負責提供專業知識，也自己做交易，協助提高報酬率。同一時間，西蒙斯開始顯露另一種熱情：贊助有前途的科技公司，包括一家電子字典公司富蘭克林電子出版公司（Franklin Electronic Publishers），第一台掌上型電腦就是他們研發而成。

一九八二年，西蒙斯把金錢計量學公司改名為文藝復興科技公司（Renaissance Technologies Corporation），反映出他對科技新創公司的興趣日漸濃厚。西蒙斯不只把自己視為交易員，也自認是創投家。他每週多數時間都待在紐約的辦公室，除了跟他的避險基金投資人交流，也處理他所投資的科技公司。

西蒙斯還要抽空照顧小孩，其中一個尤其需要照料。他和芭芭拉生下的老二保羅（Paul），一出生就罹患一種罕見遺傳疾病，叫做「外胚層增生不良症」（ectodermal dysplasia），皮膚、頭髮、汗腺發育不良，身材比同齡者矮小，牙齒稀疏殘缺。為了解決疾病衍生的不安全感，保羅會要求父母購買時尚、流行的服飾給他，希望藉此融入小學同學。

保羅的困難是西蒙斯沉重的壓力，他有時會開車載保羅到紐澤西州特倫頓

（Trenton），去找一位兒童牙醫幫保羅的牙齒做矯正美化。後來，紐約一位牙醫幫保羅做了全口植牙，增強他的自尊心。

西蒙斯遠在紐約的辦公室上班，處理自己外面的投資，還要分身照顧家裡的事，鮑姆對這些都沒有意見，他並不需要什麼協助。當時，鮑姆靠本事和直覺交易多種貨幣就賺到好多錢，相較之下，追求一套系統性的「量化」交易似乎只是浪費時間。建構公式既困難又耗時，估算出來的獲利雖然很穩定，但絕對不龐大。相比之下，快速消化辦公室裡的跑馬燈新聞、研讀報紙上的新聞、分析地緣政治事件，似乎更刺激、更有賺頭。

「我為什麼需要開發那些模型？」鮑姆問女兒絲黛菲：「在市場上賺個幾百萬比找出數學證明簡單太多了。」

西蒙斯非常尊敬鮑姆，不敢妄稱要教他做交易。再說，鮑姆連戰皆捷，而公司的電腦又不夠給力，不管要做哪一種自動系統似乎都不可能。

鮑姆喜歡鑽研經濟數據之類的資料，關上辦公室的門，仰躺在綠色沙發上，一躺就是很長時間，思考下一步。

「他會忘了時間，會有點出神。」潘妮．艾爾博帆說。

等到鮑姆走出辦公室，通常已經下了買單。天性樂觀的他，喜歡買進就抱著，等到上漲，不管等多久都無所謂。鮑姆告訴朋友，持有不賣是需要膽量的，他很自豪別人膝蓋軟掉的時候他連彎都沒彎。

「如果沒有出手的理由，我就保持原樣，什麼都不做。」他寫給家人，解釋他的交易手法。

「老爸的理論是低點買進，然後永遠抱著。」絲黛菲說。

這個策略讓鮑姆安然度過一九七九年七月到一九八二年三月的市場震盪，獲利超過四千三百萬美元，幾乎是他最初從西蒙斯分得的股份翻倍。一九八二那年，鮑姆看多股市，寧願錯過公司在西蒙斯的遊艇舉辦的年度郊遊，也要看盤買進更多股票期貨。到了中午左右，鮑姆心不甘情不願加入同事，西蒙斯問他為什麼一臉悶悶不樂。

「我才買到一半，」鮑姆說：「就得來吃這頓午餐。」

鮑姆或許應該留在辦公室的。他準確預測美國股市那一年的歷史低點，等到股市開始飆漲，他的獲利也跟著不斷累積，他和太太茱莉亞買下長島灣一棟世紀之交興建的六房豪宅。茱莉亞還是開一輛老舊的凱迪拉克，只是不必再為錢擔心了。在市場翻滾的生活雖然獲利豐厚，但對她先生的影響並不算正面。昔日樂觀自在的鮑姆變得嚴肅緊張，連深夜都在接西蒙斯等人的電話，討論如何因應當天的新聞。

「他好像變了個人。」絲黛菲回憶。

## 與鮑姆拆夥

鮑姆緊抱投資不賣的偏好，終於導致他跟西蒙斯產生嫌隙。兩人的緊張關係要回溯到一九七九年秋天，當時，兩人各自以一盎司兩百五十美元左右買了黃金期貨。那年年底，伊朗政府扣押五十二個美國外交人員和公民為人質，再加上俄羅斯入侵阿富汗扶植共產黨政權，這些事件造成的地緣政治緊張，推升黃金和白銀的價格。長島辦公室的訪客看到的景象是，平常寡言內省的鮑姆興高采烈站著，為金價上漲高聲歡呼，西蒙斯則是坐在一旁，面露微笑。

到一九八〇年一月，黃金和白銀的價格仍在飆漲。金價短短兩週就狂飆到七百美元高點，西蒙斯這時出脫手上的部位，數百萬獲利入袋，鮑姆照例還是捨不得賣。有一天，西蒙斯聽一個朋友提起珠寶商的太太把他的衣櫥搜了一遍，把黃金做的袖扣和領帶夾統統拿去賣。

「你破產了嗎？」西蒙斯關心地問。

「不是，是因為她能插隊賣金子。」那個朋友回答。

「**排隊**賣金子？」

朋友解釋說，美國到處都有人排隊等著賣出珠寶首飾，趁著黃金飆漲賺一筆。西蒙斯一聽大驚失色，黃金供給如果暴增，價格會崩盤。

回到辦公室，西蒙斯立刻對鮑姆下令。

「藍尼，馬上賣掉。」

「不要，漲勢還會繼續。」

「把他媽的黃金賣掉，藍尼！」

鮑姆不理會西蒙斯，這令他非常抓狂。鮑姆帳上獲利已經有一千多萬美元，黃金已經飆破每盎司八百美元，他有把握還會賺更多。

「吉姆一直纏著我嘮叨個不停，」鮑姆後來告訴家人：「但我找不到任何脫手的理由或消息，所以什麼都不做。」

終於，一月十八日，西蒙斯撥了電話給營業員，把話筒強壓在鮑姆的耳朵上。

「跟他說你要賣掉，藍尼！」

「好好好。」鮑姆嘟囔著。

不到幾個月，黃金衝破每盎司八百六十五美元，鮑姆很不滿地抱怨西蒙斯害他少賺一大筆。接著，泡沫就破掉了，短短幾個月後，黃金已經跌到每盎司不到五百美元。

稍後，鮑姆找到一個哥倫比亞當地人，他在赫頓證券公司（E. F. Hutton）工作，號稱對咖啡期貨市場有犀利眼光。那個哥倫比亞人預測價格會上漲，鮑姆和西蒙斯買進的部位之大，是整個咖啡市場數一數二。結果，咖啡價格幾乎馬上就跌掉一〇%，虧掉他們好幾百萬美元。再一次，西蒙斯立刻拋售持有的部位，但鮑姆依舊捨不得賣。到最後，鮑姆的虧損多到不得不請求西蒙斯替他出清，他沒辦法自己動手。鮑姆後來說這次事件是「我在這一行做過最蠢的事」。

鮑姆無可救藥的樂觀開始令西蒙斯受不了。

「他有逢低買進的能耐，但不是每次都能逢高賣出。」西蒙斯後來說。[7]

到了一九八三年，鮑姆和家人已經搬到百慕達，他們喜歡那個島嶼風光明媚的氣候及稅金優惠。島嶼的美麗更強化鮑姆的樂觀天性和多頭直覺。美國的通貨膨脹看來已在掌控中，再加上聯準會主席保羅．沃克（Paul Volcker）預言利率將調降，於是，鮑姆買進數千萬美元的美國公債，這在當時的環境下是很理想的投資。

不料，雷根政府發行的公債激增，美國經濟快速成長，恐慌賣壓在一九八四年春天碾壓債券市場。隨著虧損不斷擴大，鮑姆依舊維持一貫的不為所動，但西蒙斯擔心這些麻煩會拖垮公司。

「放手吧，藍尼，不要固執了。」西蒙斯說。

鮑姆的虧損不斷增加，他另外押賭日圓會繼續升值也事與願違，讓他壓力加倍。「不能再繼續這樣下去了！」有一天鮑姆瞪著電腦螢幕大喊。

等到鮑姆的投資部位暴跌四成，他和西蒙斯簽訂的協議就自動生效，由西蒙斯介入出清鮑姆所有投資部位，兩人的交易聯盟關係也隨之解除，兩位備受尊敬的數學家長達幾十年的關係就此劃下悲傷句點。

最後事實證明，鮑姆是有先見之明的。接下來幾年，利率和通貨膨脹雙雙暴跌，債券投資人終於獲得回報，這時鮑姆在做自己的交易，他和茱莉亞也搬回普林斯頓。跟西蒙斯一起做交易的那些年，鮑姆壓力大到很少能一夜好眠，現在經過休養已經重振精神，也有時間重新回歸數學。年紀愈來愈大的鮑姆，把重心放在研究質數及一個著名未解的難題「黎曼猜想」（Riemann hypothesis）。出於好玩，他旅行美國各地參加圍棋錦標賽，為了彌補日漸退化的視力，他只好把整盤棋背下來，不然就得貼著棋盤才能看清楚。

邁入八十歲之後，鮑姆喜歡從普林斯頓大學校園附近的家裡走兩英里到維斯朋街（Witherspoon Street），一路上邊走邊停下來聞聞含苞待放的花朵，不時會有路過駕駛放慢速度，要幫忙這位動作緩慢、衣著講究的老紳士，但他總是予以婉拒。鮑姆會花好幾個小時坐在咖啡店曬太陽，跟陌生人攀談，家人有時會看到他慈祥的安慰想家的研究生。二〇一七年夏天，完成最新一篇數學論文之後，鮑姆過世，享壽八十七歲，子女在他過世後發表了那篇論文。

## 月底才給績效報告

鮑姆一九八四年一敗塗地的交易虧損，給西蒙斯留下很深的傷痕。他終止公司的交易，把心有不滿的投資人阻隔在外。過去員工會熱情招呼頻繁來電詢問「績效如何？」的西蒙斯友人，如今基金一天就虧掉幾百萬美元，於是，西蒙斯給客戶訂下新規矩：每個月底才給績效報告。

這次虧損實在太令人煩亂，西蒙斯甚至考慮完全放棄交易，專心打理他日益擴大的科技公司投資。他給客戶撤資的機會，但大部分人都表示對他有信心，期待他能找出改善績效的方法，但西蒙斯卻愈來愈懷疑自己，飽受折磨。

這次挫敗「痛徹心扉」，他告訴一個朋友：「那簡直莫名其妙。」西蒙斯得另闢蹊徑。

第四章

# 機器學習

真相（truth）……實在太複雜，要取得全貌並不可能，頂多只能接近。

——約翰．馮紐曼（John von Neumann）

吉姆．西蒙斯很慘。

他拋棄前途似錦的學術生涯，不是為了來應付突然虧損和易怒投資人。他得另外找個方法在金融市場投機才行。藍尼．鮑姆那套仰賴腦袋和直覺的方法似乎行不通，也會讓西蒙斯深陷於焦慮之中。

「你如果有賺錢，就會覺得自己是個天才，」他告訴朋友：「但如果你虧錢，就會變成笨蛋。」

西蒙斯打電話給查理．弗萊費爾德訴苦，他炒作糖期貨變成百萬富翁。

「用這種方法太辛苦了，」西蒙斯說，語氣聽起來很火大：「必須用數學才行。」

西蒙斯想知道科技是不是已經到位，是不是已經可以用數學模型和演算法來交易，不必只靠智力和直覺來押注市場，搞得心情七上八下。他身邊還有詹姆斯．艾克斯替他工作，那是一位看來最適合開創電腦交易系統的數學家。西蒙斯下定決心要給予艾克斯充裕的後援和資源，希望有不一樣的東西出現。

有那麼一陣子，一場投資革命似乎就近在眼前。

## 艾克斯

沒有人知道詹姆斯．艾克斯為什麼老是怒氣沖沖。

他曾經一腳踢穿系上的牆壁，也曾跟另一個數學家打起來，還常常對著同事破口大罵；功勞到底歸誰要吵一吵，有誰讓他失望也要生悶氣，事情不如意就大吼大叫。

這麼容易發火其實沒什麼道理。艾克斯是個廣受讚譽的數學家，有輪廓分明的帥氣長相，還有犀利的幽默感，事業有成，同儕讚賞，然而，他大部分時間不是處於不悅就是暴怒。

艾克斯很小就展露天分。他出生於紐約布朗克斯（Bronx），高中唸的是曼哈頓下城的史岱文森高中（Stuyvesant High School），是紐約市最有名望的公立高中。後來，他以模範生之姿畢業於布魯克林理工學院（Polytechnic Institute of Brooklyn），這所學校對於微波物理、雷達、美國太空計畫的發展有卓越貢獻。

艾克斯內心埋藏的痛苦，從學業成績看不出來。七歲時，父親拋家棄子，這個小男孩從此變得鬱鬱寡歡。他從小到大都在對抗持續不斷的腹痛和疲勞，直到快二十歲才被醫生診斷出克隆氏症（Crohn's disease），之後接受了一連串治療，情況才得以改善。

艾克斯在一九六一年拿到加州柏克萊大學數學博士學位，也是在那裡結識同為研究生的西蒙斯；西蒙斯和芭芭拉生下老大時，艾克斯是第一個到醫院探望的人。到康乃爾大學擔任數學教授後，艾克斯幫忙發展出「數論」（number theory），這是純數學的一個分支。在這過程中，他跟一位資深的終身職教授賽門．柯亨（Simon Kochen）建立密切的聯繫。柯亨是數學邏輯專家，兩人攜手想證明奧地利知名數學家埃米爾．阿廷（Emil Artin）一個長達五十年的著名推測，卻馬上碰到難解的挫折。為了抒發鬱悶，兩人開始跟同事及紐約綺色佳當地人每週打一次撲克牌。原本一開始只是朋友聚會，輸贏很少超過十五美元，卻漸漸愈打愈大，演變成幾個大男人為好幾百美元賭注廝殺的局面。

艾克斯的牌打得相當不錯，但就是贏不了柯亨。他每輸一次，怒氣就增添一分，打到後來，就愈來愈相信柯亨一定是讀他的表情才能占得上風，所以決定把無意中露出的馬腳藏起來。某個夏日夜晚，頂著酷暑的熱浪，幾個撲克牌玩家坐下來打牌，艾克斯卻戴著羊毛做的厚重滑雪面罩，把臉藏起來，弄得汗如雨下，幾乎無法從僅剩的眼睛孔洞看清楚。結果，他再一次莫名的輸給柯亨，氣呼呼離開牌桌，完全不知道柯亨的祕訣何在。

「不是他的臉，」柯亨說：「他拿到好牌的時候，往往會挺起身子。」

整個一九七〇年代，艾克斯都在尋找新的競爭對手，然後想辦法打敗他們。不只是撲克牌，他還打高爾夫和保齡球，同時還是全美頂尖的雙陸棋好手。

「艾克斯是個停不下來的人，有一顆不安分的心。」柯亨說。

艾克斯把大部分精力投注於數學，那是一個競爭程度超乎多數人想像的世界。數學家通常是因為熱愛數字、結構、模型才踏入這個領域，但事實上，成為第一個做出重大發現或進展的人才真正叫人興奮激動。成功證明費馬定理而聲名大噪的普林斯頓數學家安德魯·懷爾斯（Andrew Wiles）形容數學是一場穿越「一棟黑漆漆、沒有人進去過的大宅院」的旅程，會「跌跌撞撞」好幾個月，甚至好幾年，一路上壓力不斷。數學被認為是年輕人的遊戲，若沒在二十幾歲或三十出頭取得重大成就，就沒機會了。[1]

事業有所進展的同時，艾克斯的焦慮和惱怒也在成長。有一天，他氣沖沖向柯亨抱怨他的辦公室太靠近系上的浴室，浴室裡的聲音會妨礙他專心，講完他就一腳猛踢辦公室和浴室之間的牆壁，踢出一個洞。他成功證明牆壁的脆弱，但馬桶沖水聲這下聽得更清楚了。為了惡搞他，教授們故意把洞留下來，把他惹得更火冒三丈。

柯亨跟艾克斯愈來愈熟，知道他小時候的痛苦經歷，所以對這位同事採取比較寬容的態度。柯亨對其他人說，艾克斯的火爆脾氣是源自內心深處的不安全感，不是本性殘酷，而且他的不爽通常來得快去得也快。這兩位數學家成為很親近的朋友，兩人的妻子也是。後來，他們終於找到巧妙的解決方法，解開兩人長期奮鬥的數學難題，這項進展就是所謂的艾柯定理（Ax-Kochen theorem）。某方面來說，他們所採取的方法比他們的成就更叫人眼睛一亮，因為從未有人用這種數學邏輯技巧去解決數論問題。

「我們用的方法比較意想不到。」柯亨說。

一九六七年，發表於三份創新論文裡的艾柯定理，為柯亨和艾克斯贏得柯爾數論獎，這個獎項是數學界最高榮譽之一，每五年才頒發一次。艾克斯廣獲好評，一九六九年獲康乃爾大學升為正教授，年僅二十九的他，成為康乃爾有史以來最年輕的正教授。

就在那一年，艾克斯接到西蒙斯的電話，邀請他加入石溪日漸壯大的數學系。艾克斯是土生土長的紐約市人，但海洋的平靜對他有某種吸引力*，這也許是早年的動盪所致，同時，他的太太芭芭拉對綺色佳酷寒的冬天也愈來愈厭煩。

艾克斯去了石溪之後，康乃爾揚言，如果西蒙斯再來挖人，他們就向州長洛克斐勒（Rockefeller）提出抗議，不難想見這所常春藤學校失去知名數學家的失望驚慌。

來到石溪之後不久，艾克斯就跟同事說數學家的巔峰在三十歲前，這話可能透露出他的壓力，深怕自己很難超越早期的成功。同事們可以感覺到艾克斯很失望，他覺得自己和柯亨的成就並沒有給他帶來足夠的恭維。他的論文發表率減少，開始縱情於撲克牌、下棋，甚至釣魚，尋找數學以外的排遣。

跟明顯憂鬱症徵兆搏鬥的同時，艾克斯也常常跟太太芭芭拉吵架。和數學系其他人一樣，艾克斯也是年紀輕輕就結婚，早在那個年代的性解放和性實驗開始之前。當艾克斯開始把頭髮留長，開始喜歡穿緊身牛仔褲，他有外遇的傳言也開始不脛而走。對於其他有兩個幼子的人來說，很可能會看在孩子的份上努力維持婚姻，但對艾克斯來說，當父親他並不拿手。

「我喜歡小孩，」他用布朗克斯長長的口音說：「只要他們開始學代數。」

離婚一事愈演愈難堪，再加上失去凱文和布萊恩兩個兒子的監護權，艾克斯跟兒子便少有聯繫。他似乎陷入永無止盡的憂鬱。系上開會時，艾克斯常常打斷同事，搞到雷納德．喬樂普開始拿著一個搖鈴，只要艾克斯打斷別人就搖一次。

「你到底在搞什麼鬼？」艾克斯有一天大吼。

喬樂普一講完搖鈴的用途，艾克斯馬上就衝出去，留下哈哈大笑的同事們。

還有一次，艾克斯出拳打一位副教授，同事們很用力才把他拉開。原來，艾克斯不斷數落那位年輕副教授，導致那位副教授認為艾克斯會阻撓他的升等，兩人的關係因而緊張起來。

「我差點被你打死！」年輕副教授對著艾克斯大叫。

雖然人際關係充滿戲劇性，艾克斯在數學領域的名聲依舊不墜，一位名叫麥可．弗萊德（Michael Fried）的年輕教授甚至因為他而婉拒芝加哥大學的終身職，寧願到石溪與他共事。艾克斯敬重弗萊德的能力，似乎還迷上他與生俱來的魅力。弗萊德有肌肉健壯、一八三公分的運動員身材，頂著一頭紅褐色波浪鬈髮和稀疏小鬍子，在硬漢長相風靡全美國的一九七〇年代初，他是數學界僅見外表最有男子氣概的人。根據弗萊德的回

---

＊譯注：石溪靠海。

憶，系裡的派對上，女性為他神魂顛倒，剛離婚的艾克斯似乎對此特別有興趣。

「艾克斯好像是請我去那裡吸引女人的。」他說。

不過，兩人關係還是出現了裂痕，弗萊德懷疑艾克斯擅自盜用他的作品，獨攬功勞，艾克斯則認為弗萊德對他不夠尊重。有一次，艾克斯跟弗萊德、西蒙斯、石溪一位行政人員開會，現場瀰漫濃濃的不滿氣氛，艾克斯當著弗萊德的面撂下狠話。

「我一定會想盡辦法毀掉你的事業，不惜一切代價手段。」艾克斯破口大罵。震驚到目瞪口呆的弗萊德，無力做出反駁。

「算了。」弗萊德回應。

說完，他便走了出去，從此沒跟艾克斯說過一句話。

## 打造演算法

一九七八年西蒙斯首度邀請艾克斯加入他的交易事業時，艾克斯認為金融市場有點無聊。不過，去了西蒙斯的辦公室、看過鮑姆早期的交易模型之後，他立刻改變想法。西蒙斯把交易比喻成終極拼圖，向艾克斯承諾，只要他願意離開學術界專心交易，就拿自己的資金來支持他；渴望新的競爭又亟需離開學術圈喘口氣的艾克斯，也想知道自己是不是能打敗市場。

一九七九年，艾克斯加入西蒙斯，進駐那個旁邊是披薩店和女裝店的商場辦公室。艾克斯一開始是鎖定市場基本面，譬如黃豆需求會不會成長、惡劣氣候型態會不會影響小麥供給等等。他的績效並不亮眼，於是，他轉而利用自己的數學背景，著手開發交易系統。他挖掘西蒙斯等人已經收集到的各式資料，然後打造演算法來預測各種貨幣和原物料商品期貨的走向。

艾克斯一開始的研究並不是特別有開創性。他先抓出幾筆投資的小漲趨勢，再看看這些投資過去十天、十五天、二十天、五十天的平均價格有沒有預示到後來的小漲。這個方法很類似所謂的**趨勢交易**，檢視**移動平均線**，然後跳上市場趨勢，一路順著走，直到趨勢消失。

艾克斯的預測模型有潛力，但相當粗糙；西蒙斯等人收集的寶貴資料證明沒什麼用處，主要是因為錯誤殘缺的價格充斥其中；此外，艾克斯的交易系統怎麼看都不是自動化的：他的交易是透過打電話，一天打兩次，一次在早上，一次在收盤前。

為了領先對手，艾克斯開始仰賴一位即將展露隱藏天分的前任教授。

## 建立數據庫

桑德爾・史特勞斯（Sandor Straus）是費城人，一九七二年拿到柏克萊大學數學博士學位，為了石溪數學系的教職而移居長島。外向、喜愛人群的他，教學深獲好評，不吝於分享他對數學和電腦的熱情，也使他深受同事歡迎。從外表來看，他活脫脫就是那個年代成功學者的典型。從不掩飾自由派立場的他，連太太菲（Faye）都是在一九六八年尤金・麥卡錫（Eugene McCarthy）競選總統的反戰集會上認識的，而且跟當時校園很多人一樣，他戴著約翰藍儂風格的圓形眼鏡，並把棕色長髮梳到腦後綁成馬尾。

不過，長時間下來，史特勞斯也開始擔心起自己的未來。他意識到自己是個不夠格的數學家，也很清楚自己不擅長處理系上的勾心鬥角。跟其他數學家爭搶研究計畫補助總是不如人的他，了解自己很難在石溪或任何有受推崇數學系的大學取得終身教職。

一九七六年，史特勞斯加入石溪的電腦中心，協助艾克斯和其他老師開發電腦模擬（computer simulation），年薪不到兩萬美元，升遷機會渺茫，前途未卜。

「我當時很不快樂。」他說。

一九八〇年春天，胡蘭德打算離開金錢計量學公司的時候，艾克斯向公司推薦史特勞斯擔任新的電腦專員。西蒙斯對史特勞斯的學經歷留下好印象，再加上有點急著填補胡蘭德的遺缺，於是開出高於史特勞斯年薪一倍的薪資。史特勞斯陷入掙扎，三十五歲的他已經老大不小，而且電腦中心的薪水很難養活太太和一歲的孩子，但他又覺得只要在大學撐個幾年，就能取得相當於終身職的職位，爸爸和朋友給的忠告也都一樣：不要放棄穩定工作，去一家沒沒無聞、可能倒閉的交易公司，連考慮都不必。

史特勞斯不理會忠告，接受西蒙斯的延攬，但做了避險動作：向石溪申請留職停薪一年，而不是斷然辭掉工作。艾克斯迎接新人的方式是請他幫忙做電腦模型，艾克斯說想用**技術分析**來投資原物料商品、貨幣、債券期貨。技術分析是一種由來已久的方法，是根據市場歷史數據中的規律來做預測。他要史特勞斯挖掘所有能找到的歷史資料，以此來改善他的預測模型。

史特勞斯一搜尋價格資料就碰到問題。當時，交易大廳所使用的Telerate機器並沒有介面可供投資人自己收集、分析資料。幾年後，一個被裁員的商人麥可．彭博（Michael Bloomberg）才推出一台具備這種功能的機器。

史特勞斯向印第安納州的Dunn & Hargitt公司購買原物料商品期貨的歷史數據磁帶，再併入公司內部已累積的歷史資料中，拼湊出專屬的資料庫。至於比較晚近的數據，他弄來開盤與收盤價格，還有每天最高與最低的價格。另外，他也終於找到可傳送逐筆**成交**數據的來源，可取得原物料商品等期貨交易的盤中波動。就這樣，靠著一台Apple II電腦，他和其他人寫了一個程式來收集、儲存愈來愈龐大的數據庫。

沒有人要求史特勞斯蒐羅這麼多資料。對西蒙斯和艾克斯來說，開盤價與收盤價似乎已經足夠，他們甚至不知道該怎麼利用史特勞斯收集的數據，再加上電腦處理能力仍然有限，這些數據似乎不太可能用得到。不過，史特勞斯仍然打算繼續收集，以後若有需要就派得上用場。

眾人還看不出數據的潛在價值時，史特勞斯對數據的追尋就已經有點強迫症的味道，他甚至連股票交易資料也收集，以備西蒙斯團隊日後之需。對史特勞斯來說，收集數據已經變成關乎個人尊嚴的事。

不過，史特勞斯仔細查看成堆的數據卻擔憂了起來。拉長時間來看，有些原物料商品期貨的價格似乎完全沒動，這沒有道理，二十分鐘連一筆交易都沒有？甚至會出現奇怪的缺漏，幾年前，芝加哥連續幾天沒有期貨交易，同一時間其他市場卻有交易。（原來是因為發生一場大水災，芝加哥暫停交易。）

史特勞斯對這些數據前後不一的情況很傷腦筋，他雇用一個學生來寫電腦程式，從他們收集的資料中抓出異常的上漲、下跌和缺漏。史特勞斯坐在沒有窗戶的小辦公室工作，隔壁是艾克斯的辦公室，旋轉樓梯上面是西蒙斯，他開始拿著期貨交易所的年報、期貨表格、《華爾街日報》等報紙的檔案及其他資料，一筆一筆核對手上的價格。沒有人要他這麼在意價格，但他已經變成追求準確數據的人，全心全意搜尋、清理世界上沒什麼人在意的數據。

有些人花了好多年才找到自己天生適合的職業，也有人一輩子都找不到。史特勞斯的某些天分這時才顯現出來。要是在其他交易公司或過去的年代，他追求準確價格資料的執念可能會顯得格格不入，甚至有點怪誕，但他把自己看成一個探險家，走在一條財富多到不可計量、但幾乎沒有人追逐的小路上。也不是沒有其他交易者在收集、清理數據，但沒有人像史特勞斯收集這麼多，他已經可說是數據大師。在這樣的挑戰和機會激勵之下，他做了一個想當然爾的決定。

**我不回電腦中心了。**

## 一定要贏

得力於史特勞斯的數據，艾克斯的交易績效提高了，他出現難得的好心情，對他們的方法愈來愈樂觀，不過呢，賭博、打壁球和保齡球還是照舊，他還大老遠跑到拉斯維加斯，在那裡拿到雙陸棋世界業餘錦標賽第三名，名字還登上《紐約時報》。

「他一定要有競爭，而且一定要贏。」另一個程式設計人員瑞吉・杜加德（Reggie Dugard）說。

不過，艾克斯已經發現交易的刺激、扣人心弦並不輸他曾遭遇的挑戰。他和史特勞斯用電腦程式把過去的價格走勢編入交易模型中，希望可以預測未來走勢。

「這個有搞頭。」西蒙斯告訴艾克斯，對他們的新方法鼓勵有加。

為了尋求其他協助，西蒙斯找上亨利・勞佛（Henry Laufer），石溪一位備受推崇的數學家，請他一週來幫忙一天。勞佛跟艾克斯的數學專長正好互補，艾克斯是數論學家，勞佛則研究複數的函數，這代表兩人的合作或許行得通。不過，兩個人的個性南轅北轍。接手藍尼・鮑姆辦公室的勞佛，有時會把剛出生的寶寶帶進辦公室，放在汽車安全座椅上，艾克斯會一臉不以為然。

勞佛做出電腦模擬，用來測試某些買賣策略是否該納入交易模型中，這些策略所依據的想法通常是，價格開高或開低之後會出現反轉。如果某個期貨的開盤價異常低於上次收盤價，勞佛就會買進，如果開盤價比上次收盤價高很多則會賣出。西蒙斯對這套不斷演進的系統也做了一些修改，並且很堅持團隊合作和功勞同享，但艾克斯有時很難做到，他會斤斤計較功勞和報酬的多寡。

「亨利誇大自己的角色。」艾克斯有一天向西蒙斯抱怨。

「別擔心，我會公平對待你們兩個。」

西蒙斯的回應對艾克斯沒什麼安撫作用。接下來半年，艾克斯拒絕跟勞佛講話，只不過勞佛太專心工作，根本沒注意到。

艾克斯在辦公室不斷散播陰謀論，尤其是甘迺迪暗殺事件的陰謀；另外，他還要求同仁稱呼他「艾克斯博士」，以示對他博士頭銜的尊敬（但大家拒絕）。有一次，艾克斯要潘妮．艾爾博帆到隔壁停車場請一位駕駛移車，因為車玻璃反射的陽光照得他很不舒服。（不過艾爾博帆假裝找不到駕駛。）

「他很沒有自信，老是誤會別人有惡意，」艾爾博帆說：「只要沒惹他不高興或惹火他，我就謝天謝地了。」

艾克斯和他的團隊有賺錢，但看不出會做出什麼不得了的東西，就連西蒙斯會不會讓這種交易方式繼續下去都還在未定之天。當時，有個員工得到格魯門航空航太公司的工作機會，史特勞斯很贊成他離職，那家國防部包商是很穩定的公司，明文簽訂的紅利甚至包括一隻免費火雞，離開似乎是想都不必想的事。

## 艾克斯康有限公司

一九八五年，艾克斯說要搬家，西蒙斯非常錯愕。艾克斯想搬到氣候溫暖的地方，讓他一年到頭都可以遊船、衝浪、打壁球。史特勞斯也想逃離東北的酷寒。西蒙斯沒什麼選擇，只好同意讓他們把交易業務搬到西岸。

艾克斯和史特勞斯落腳於加州杭亭頓海灘，距離洛杉磯三十七英里，他們成立一家新公司，取名為艾克斯康有限公司（Axcom Limited）。西蒙斯占有二五%的股份，並同意提供交易上的協助及負責跟客戶溝通，艾克斯和史特勞斯則負責管理投資，平分另外七五%股份。勞佛無意搬到西岸，便重回石溪教書，但有空仍會跟西蒙斯一起做交易。

艾克斯搬家還有一個原因，他沒有告訴西蒙斯：他還在處理離婚造成的永久傷痛，他一直把責任歸咎於前妻。一離開紐約，艾克斯就拋下小孩，就像當年他父親從他的生活突然消失一樣。接下來有長達十五年的時間，艾克斯都沒跟兒子說過一句話。

## 馬可夫鏈

杭亭頓海灘辦公室位於一棟兩層樓辦公園區的頂樓，園區是石油巨擘雪佛龍（Chevron）的子公司所有，是你絕對想不到會有頂尖交易公司隱身其中的地方，停車場上的油井幫浦不斷唧唧抽送，原油氣味瀰漫周遭。這棟建築沒有電梯，所以，史特勞斯和工人用爬梯機，把又大又重、儲存容量三百MB的VAX-11/750電腦搬進辦公室，而有九百MB的儲存容量，大小跟一台大冰箱差不多、龐大的Gould超級迷你電腦，則必須用堆高機從卡車卸下，從二樓陽台搬進辦公室。

到一九八六年，艾克斯手上交易的期貨商品已經多達二十一種，包括英鎊、瑞士法朗、德國馬克、歐洲美元，還有小麥、玉米、糖等原物料商品。買賣決策大多由艾克斯和史特勞斯所開發的數學公式產生，但還是有少數決策是根據艾克斯的主觀判斷。每天開盤前及下午快收盤前，電腦程式會送出電子訊息給外部公司的營業員葛雷格・歐森（Greg Olsen），裡面會有下單訊息及簡單的條件，例如：「如果小麥開盤價高於四・二五美元，就賣出三十六口合約。」

歐森會用老派的方法交易：打電話給各個期貨、債券交易所的營業員。這套半自動交易系統的績效有時很亮眼，但更常令他們氣餒。這其中存在一個很大的問題：西蒙斯和杭亭頓海灘團隊都找不到能賺錢或改進原有策略的新方法，而他們有些策略已逐漸被競爭對手掌握。西蒙斯考慮過太陽黑子和月亮盈缺可能對交易產生的影響，但沒找到什麼明確的規律；史特勞斯有個表親在氣象預測公司AccuWeather工作，因而得以檢視巴西氣候史，研究是否能預測咖啡價格，但最後證明只是白忙一場；另外，從大眾情緒及期貨交易員留倉的資料也得不出可靠的序列。

艾克斯會花時間尋找其他演算法，但也花很多時間打壁球、學風浪板，還不時要照顧剛萌芽的中年危機。他有寬闊的肩膀、健壯的體格、棕色的鬈髮，看起來像是個放鬆閒散的衝浪好手，但他一點也放鬆不了，即使人在慵懶的陽光加州。

艾克斯開始舉辦激烈的減重比賽，擊敗同事的決心非常堅定。有一次，就在測量體重前，他狼吞虎嚥吞下一堆香瓜，體重多了好幾磅，他的盤算是，新增的這幾磅很快就可以減掉，因為香瓜都是水分。還有一次，為了減輕體重，他在烈陽下死命騎腳踏車到公司上班，抵達時全身被汗水浸透，於是，他把內褲放進辦公室的微波爐烘乾，幾分鐘後，微波爐冒出火焰，一個同仁連忙衝去拿滅火器。

西蒙斯一年會飛到加州幾次，討論可能的交易方法，但他製造的痛苦多過突破性進展。現在都住到加州來了，部分同仁開始擁抱有健康意識的生活，但西蒙斯仍然菸不離手，一天抽三包Merit。

「他會在辦公室抽菸，沒有人想跟他一起，」當年的員工說：「所以，我們會外出吃午餐，然後盡量把他留在外面工作。」

吃完午餐後，西蒙斯會提議回辦公室，但所有人都很怕關在辦公室燻他的菸霧，所以會編造藉口躲避。

「你知道的，吉姆，待在外面很舒服的。」有一次午餐後，同事告訴西蒙斯。

「是啊，我們就留在外頭工作好了。」另一個同事附和。

西蒙斯點頭答應，渾然不知同事不願回去的真正原因。

終於，艾克斯決定有必要用比較複雜的方式來交易。他們一直沒用過比較複雜精細的數學來建構交易公式，原因之一是電腦運算能力似乎還不夠，現在艾克斯覺得可以試試看了。

長久以來，艾克斯便認為金融市場跟馬可夫鏈有著共同點，馬可夫鏈就是下個事件只取決於當前狀態的事件序列。在馬可夫鏈中，要百分之百準確預測每一步是不可能的，但如果用一套好的模型，就可以做出具有一定準確度的預測。西蒙斯和鮑姆十幾年前在ＩＤＡ開發那套假想的交易模型時，也是把市場視為一個類似馬可夫鏈的過程。

為了改進預測模型，艾克斯決定是該引進有隨機方程經驗的人了，因為馬可夫鏈屬於隨機方程家族的一部分。對於那種會隨著時間演化、有很大不確定性的**動態**過程，可以用隨機方程將它模型化。史特勞斯剛讀過的學術文獻也提到，用隨機方程所建構的交易模型是有價值的工具。他贊同艾克斯的想法，是有必要添加數學方面的軍火了。

一陣子過後，附近加州大學爾灣分校的教授雷諾·卡莫納接到朋友來電。

「有一群數學家在做隨機微分方程，他們想找人幫忙，」那個朋友說：「你對那個東西熟不熟？」

四十一歲的卡莫納是法國人，後來去普林斯頓大學當教授，對市場或投資了解不多，但隨機微分方程是他的專業。這種方程式可以藉由看似隨機的數據來做預測。舉個例子，天氣預測模型就是用隨機方程來得出合理精確的估計。艾克斯康團隊透過數學的角度來觀察投資，了解金融市場複雜、不斷演化、行為難以預測，至少長期來看是如此，就像是一個隨機過程（stochastic process）。

不難想見他們為何認為隨機過程和投資很相似。首先，西蒙斯、艾克斯、史特勞斯並不認為市場如同某些學者所說是真正的「隨機漫步」（random walk），也就是完全無法預測。市場雖然明顯有隨機的成分，跟天氣很像，但西蒙斯和艾克斯這些數學家認為機率分布（probability distribution）能描述期貨價格，就像機率分布可以描述任一隨機過程一樣。所以，艾克斯才會認為，聘請這方面的數學專家，對他們的交易模型可能有幫助。也許請來卡莫納就能開發出一個模型，能產生一連串的結果供他們投資，提高他們的績效。

卡莫納很想幫忙，當時他是當地一家航太公司的顧問，也很樂意一週去艾克斯康工作幾天賺點外快。提高交易績效的挑戰也令他躍躍欲試。

「目標是發明一套數學模型，以它為骨架來做一些推論或決定，」卡莫納說：「重點不是**每次**都必須正確，只要正確的次數夠多就行了。」

卡莫納沒有把握這個方法一定可行，甚至不確定能否優於當時多數人擁抱的非量化投資策略。

「如果我對心理學或交易大廳的交易員更加了解，也許我們就會做那種非量化的投資。」卡莫納說。

一開始，卡莫納用史特勞斯的數據來改善艾克斯康原有的數學模型，但是進展不大。他做的模型雖然比原本的模型更複雜，但效果似乎沒有好很多。文藝復興公司日後會完全擁抱隨機微分方程，用於風險管理和選擇權定價，但眼前仍不知如何利用這些技術，卡莫納很氣餒。

## 核方法

到了一九八七年，卡莫納深感內疚。他的薪水來自艾克斯個人的部分紅利，可是，他對這家公司的貢獻幾乎是零。那年暑假，他決定到艾克斯康上全天班，希望投入更多時間來得到較好的結果。但事與願違，他的進展仍然很有限，令他更加火大。艾克斯和史特勞斯似乎不在意，但卡莫納覺得糟透了。

「我拿他們的錢，卻一事無成。」他說。

有一天，卡莫納突然有個想法。艾克斯康一直在找各種方法利用手上的價格數據來交易，其中一個方法就是仰賴**突破**（breakout）訊號，另外，他們也用簡單的線性迴歸，那是很多投資人使用的基本預測工具，用來分析兩個數據或變數之間的關係，前提是兩者會保持線性關係。把原油價格標在X軸，汽油價格標在Y軸，圖上的點連起來會形成一條直直的**迴歸線**，延伸這條直線，只要知道原油的價格，就能準確預測汽油的價格。

不過，市場價格往往很亂，簡單的線性迴歸模型通常無法預測複雜、波動大的市場。罕見暴風雪、恐慌拋售、波濤洶湧的地緣政治事件等，都會嚴重打亂原物料商品期貨等的價格。另一方面，史特勞斯已經收集數十個數據庫，有各個歷史階段的原物料商品期貨收盤價。卡莫納判定他們需要建立一套迴歸模型，來抓出市場數據之間的「非」線性關係。

卡莫納建議用另一種方法來建立模型。他的想法是讓電腦從史特勞斯累積的數據裡尋找關聯，也許能在遙遠的過去找到類似的交易環境，然後就能檢視當時價格是如何做出反應。透過找出可類比的交易情勢，並追蹤後續的價格走勢，他們就能開發出一套複雜精密、預測準確的模型，而看出隱藏的規律。

這個方法要能夠成功，必須要有**非常多**的數據，甚至要比史特勞斯等人所收集的數據還多。為了解決這個問題，史特勞斯不光收集數據，還開始將數據**模型化**。換句話說，為了解決歷史數據裡的缺漏，他用電腦模型來做合理猜測，猜出到底缺什麼數據。舉個例子，假設缺少一九四〇年代大量的棉花價格數據，也許**生出**數據就足夠了。玩拼圖時，你會根據已經拼好的圖象來推斷缺片長什麼樣子，同樣的，艾克斯康團隊會推論出缺少的資料是什麼，然後將它輸入資料庫。

卡莫納建議讓模型自己運作，先消化所有各式數據，再吐出買賣決策；某種程度來說，這就是機器學習的雛形。這套模型會根據卡莫納等人不懂、而且無法用肉眼看出的複雜規律、叢集（cluster）、相關性，來產生商品價格的預測。

在其他地方也有統計學家用類似的方法來分析資料庫裡的規律，這種方法稱為**核方法**（kernel method）。在長島的亨利．勞佛，也在自己的研究裡進行類似的機器學習，並且開始分享給西蒙斯和其他人。卡莫納對此並不知情，他只是提議運用精密的演算法給艾克斯和史特勞斯一個骨架，讓他們能夠從現在的價格走勢中找出與過去類似的規律。

「你們應該用這個。」卡莫納力勸同事。

他們把這套方法說給西蒙斯聽，他聽完臉色一白。他們過去那套用來產生交易決策和資金配置的線性方程式西蒙斯可以理解，相較之下，卡莫納的程式是怎麼得出結果的就不是那麼好懂了，他的模型並不是西蒙斯用一套標準方程式就能歸納的，這很令西蒙斯擔心。卡莫納的結果是怎麼得出來的？是跑一個程式跑好幾個小時，讓電腦自己挖出規律，然後產生出交易。在西蒙斯看來，就是**感覺**不太對。

「我對這個不是很放心，」西蒙斯有一天告訴團隊：「我不懂為什麼（程式說買進而不是賣出）。」

後來，西蒙斯更是火大起來。

「這是黑箱！」他沮喪地大喊。

卡莫納也認同西蒙斯的評論，但他堅持繼續做。

「跟著數據走，吉姆，」他說：「不是我，是數據。」

跟卡莫納漸漸變成好朋友的艾克斯也成為這套方法的信徒，幫忙出聲捍衛。

「這套方法可行，吉姆，」艾克斯對西蒙斯說，「而且它是有道理的……人沒辦法預測價格。」

「由電腦自己去做，」艾克斯力勸。這不正是西蒙斯最初希望做到的事嗎？但他到現在卻仍無法完全相信這套激進的方法；在他的腦袋裡，他百分之百接受這套仰賴模型的概念，但他的心裡顯然還沒辦法接受。

「吉姆想搞清楚這套模型在做什麼，」史特勞斯回憶：「他不是很愛核方法。」

過了一段時間，史特勞斯和同事生出並找到更多的歷史價格數據，以卡莫納的建議為基礎，幫忙艾克斯開發出新的預測模型；他們後來找到的每週股票交易數據，有些甚至可回溯到十九世紀，都是幾乎沒人拿得到的可靠資料。當時，他們能對這些數據做的有限，但已經可以搜尋歷史，查看以前市場如何回應異常事件，這個能力日後會協助他們建立起能在市場崩盤等突發事件中獲利的模型，讓這家公司得以在非常時期征服市場。

艾克斯康團隊一著手測試這個方法，很快就開始看到績效提高，於是，公司開始納入**更高維度的**核迴歸方法（kernel regression approaches），這種方法似乎最適合用於**趨勢交易**模型，也就是預測投資往某個趨勢走的時間會持續多久。

西蒙斯深深相信還能更好。卡莫納的想法有幫助，但還不夠。西蒙斯會打電話來，人也會跑來，希望提高艾克斯康的績效，但他主要還是擔任**基金經理人**的角色，負責找有錢的投資人，讓投資人開心滿意，同時他也要照顧公司所投資的多家科技公司，那些投資已經占公司一億美元資產的一半左右。

為了尋求更多數學火力，西蒙斯安排一個備受推崇的學者來公司當顧問，這個舉動為日後一個歷史性突破打下重要基礎。

第五章

# 成立大獎章基金

我強烈相信，對所有小貝比和絕大部分成人來說，好奇心是比金錢更大的驅動力。

——艾爾文・伯利坎普（Elwyn Berlekamp）

在艾爾文・伯利坎普人生多數時候，如果有人說他日後會促成金融世界的改革，所有人大概都會覺得那個人在說冷笑話。

伯利坎普生長於肯塔基州湯瑪斯堡（Fort Thomas），位於俄亥俄河南岸，他的生活就是教會、數學遊戲，以及盡可能遠離運動，愈遠愈好。他父親華都・伯利坎普（Waldo Berlekamp）是牧師，隸屬於福音歸正教會（Evangelical and Reformed Church），現在是聯合基督教會（United Church of Christ），是美國最大最自由派的新教教派之一。華都・伯利坎普是一位和藹慈祥、提倡各教派統一的領袖，會跟其他新教教會、天主教聖會共同舉辦禮拜，他極具魅力的佈道和迷人的個性為他贏得眾多忠實追隨者。伯利坎普一家搬走時，來參加離別派對的會眾多達四百五十人，還送上一輛DeSoto汽車，可見他們對華都牧師的愛戴與感謝。

在辛辛那提郊區的湯瑪斯堡人口有一萬人，向來以廢奴歷史為榮，伯利坎普從小就養成強烈的反南方偏見，以及不管興趣多麼冷門，都會堅定追求的信念。唸小學時，別人都在操場上飛撲、丟球、摔角，認真又削瘦的伯利坎普卻待在教室在其他領域上較量。他和幾個朋友喜歡抓起紙筆玩「點格棋」（dots and boxes），輪流將點連成線，再將線連成四方格。這個有百年歷史的策略遊戲當時在中西部很流行，有人認為那只是簡單的小孩遊戲，不過，點格棋蘊含出人意料的複雜性和數學理論基礎，正是他往後人生會漸漸領悟的東西。

「那是賽局理論（game theory）的初級課程。」伯利坎普說。

一九五四年，伯利坎普進入湯瑪斯堡高地中學（Fort Thomas Highlands High School），這時他已是一七八公分的精瘦小伙子，很清楚自己在課堂內外喜歡什麼。在學校，數學和科學是他的最愛，因為智力測驗高人一等而被班上同學選為班長。他對其他科目也有好奇心，只是對文學的熱情幾乎被一個老師澆熄，因為那個老師堅持把半個學期都花在分析小說《飄》（*Gone With the Wind*）。

運動完全不在伯利坎普的興趣清單上，但他覺得不參加會有壓力。「書呆子很不討人喜歡，而且重視體育是學校風氣，」他說：「所以，我決定隨波逐流，找個運動加入。」

伯利坎普用他的數學頭腦算了算，發現游泳最適合他。「游泳隊永遠在缺人，所以，我知道我至少不會被踢掉。」

每天晚上，幾個男孩全身光溜溜在當地ＹＭＣＡ游泳池游泳，泳池加了好多氯，多到他們得沖好久才沖得乾淨，這可能就是游泳隊人氣不高的原因。也有可能是因為教練，他會從頭到尾一直對著孩子大吼大叫，游得最慢最爛的伯利坎普通常被罵得最慘。

「伯利坎普，快一點！」教練大吼：「你褲子裡放了鉛是不是？快點！」

這話聽在這個男孩耳裡尤其無厘頭，因為他根本什麼都沒穿。

伯利坎普游得慢，體力又不好，少數幾次好不容易游第二名拿到獎牌，卻是因為參賽者只有兩個。

一九五七年有一場州際比賽，因為陰錯陽差的關係，伯利坎普不得不硬著頭皮在接力賽上場，對上比他們健壯很多的游泳選手。幸好隊友交棒給他的時候領先很多，多到連他都不可能搞砸。他們那隊拿下金牌，人生僅此一次在運動場上發光的經驗，給他上了一堂受用一生的課。

「一定要搭上厲害團隊。」他說。

幾十年後，那場接力賽的主將傑克·沃茲沃斯（Jack Wadsworth Jr.）成為銀行家，負責幫一家名叫蘋果電腦的新創公司進行IPO。

申請大學的時候，伯利坎普設定了兩個條件：學術水準世界一流，體育水準三流。他一向認為這個社會過度重視運動，他不想再假裝自己很關心運動。

麻省理工學院是很當然的選擇。「我一聽說MIT沒有美式足球隊，馬上就知道那是我要的學校。」他說。

伯利坎普搬到麻州劍橋，開始涉獵物理學、經濟學、電腦、化學。大一時，他獲選修習一門高等微積分課程，授課老師是約翰·納許（John Nash），就是那位賽局理論大師及數學家，後來被席爾薇雅·納薩（Sylvia Nasar）寫進《美麗境界》（*A Beautiful Mind*）而成為不朽的存在。一九五九年初某一天，納許正在講述黑板上的內容，有個學生舉手要發問，納許轉頭一直盯著他，尷尬的沉默持續好幾分鐘後，納許伸手指著那個學生，斥責他竟敢干擾上課。

「他好像瘋了。」伯利坎普回憶。

那是納許第一次在大庭廣眾下讓人懷疑他可能有精神疾病。幾週後，納許辭掉MIT的教職，被送進當地一家醫院接受精神分裂症的治療。

伯利坎普對大部分課業都遊刃有餘。有一年，他一個學期就拿到八個A，學業成績平均點數四．九（滿分是五），只有人文一科拿C，少掉的〇．五就是那個C拖累的。大四那年，他贏得一項聲望很高的數學競賽，榮登普特南會員（Putnam Fellow），接著開始唸MIT博士班，主修電機，師從彼得．埃里亞斯（Peter Elias）和克勞德．夏農（Claude Shannon）。兩位老師都是資訊理論（information theory）的先驅，而資訊理論是一套開創性的方法，用於量化、編碼、傳送電話訊號、文字、圖片，以及供應給電腦、網路、數位媒體的種種訊息。

有一天下午在學校走廊，夏農正經過伯利坎普身旁。這位一七八公分、削瘦的教授是出了名的內向，伯利坎普得趕快想方法吸引他的注意。

「我正要去圖書館看您的論文。」伯利坎普突然冒出這句。

夏農露出嫌惡表情。

「千萬不要。你自己動手寫會學到更多。」夏農堅定的說。

他把伯利坎普拉到一旁，好像要說什麼祕密似的。

「現在不是投資股票的好時機。」夏農說。

夏農沒跟很多人說，但他私下已開始在建立數學程式，想用數學戰勝股市，那時，他的程式只會出現一堆閃爍的警告訊息。伯利坎普努力忍住不笑出來，他銀行裡幾乎一毛錢也沒有，這位教授的警告對他毫無意義，更何況他對金融很不屑。

「我當時的印象是，金融是有錢人互相亂搞的遊戲，對世界沒什麼幫助，」伯利坎普說：「到現在我**還是**這麼覺得。」

自己敬佩的人竟然在玩股票，這件事讓伯利坎普有點震驚。

「那真的是大消息。」他說。

一九六〇和一九六二這兩年的暑假，他到位於紐澤西州墨里山（Murray Hill）、大名鼎鼎的貝爾實驗室（Bell Laboratories）研究中心做研究助理，在小約翰・賴瑞・凱利（John Larry Kelly Jr.）手下做事，凱利是英俊的物理學家，有濃濃的德州腔，母音拖得老長，還有各種廣泛的興趣和習慣，其中有些一開始令伯利坎普不敢恭維。凱利曾在二次大戰當了四年的美國海軍飛行員，他客廳的牆上放著一把超大來福槍，一天抽六包香菸，熱愛職業和大學美式足球，甚至愛到用一套新奇賭博系統預測球賽比分。

每當工作上碰到挫折，凱利會口出年輕助理不習慣聽到的話。「操他媽的積分。」凱利有一天大喊，嚇到伯利坎普。

儘管外在偶爾粗俗，但凱利是伯利坎普遇過最聰明的科學家。「我很震驚，他的數學都是對的，」伯利坎普說：「我以前認為南方人都很笨，凱利讓我改觀。」

凱利幾年前發表一篇論文介紹一套系統，那是他為了分析網路傳播的訊息而研發的策略，也適用於各種賭博投注。他開發一個在賽馬場贏錢的方法來解釋他的想法。如果有內線管道，可以不必理會賽馬場公告的勝率，而以自己比較準確的內線，也就是「真正的」勝率來下注，透過凱利的公式，就能找出最理想的下注方式。

凱利的公式是從夏農稍早的資訊理論衍生而成。晚上會去凱利家打橋牌，討論科學、數學等的伯利坎普，也漸漸看出賭馬和買賣股票的相似之處，因為機率對兩者都是重要因素；另外，他們也討論到精確訊息和完美拿捏賭注大小如何能讓人立於不敗之地。

凱利的系統強調賭注大小的重要，伯利坎普會在後來的人生用到這個重點。「我對金融完全沒興趣，但凱利就在我眼前講他這套投資組合理論。」伯利坎普說。

漸漸的，伯利坎普也開始體會到金融帶來的智力挑戰，以及……金錢報酬。

## 伯利坎普加入

一九六四年，伯利坎普發現自己卡在一成不變裡。他持續交往的年輕女子跟他分手，他陷入自哀自憐中。柏克萊大學問他願不願意飛到西岸面試一份教職時，他馬上一口答應。

「東岸冰天雪地的，我需要有個改變。」他說。

伯利坎普最終接受柏克萊的教職，在那裡完成博士論文，成為電機系助理教授。有一天，他在自己的公寓裡玩雜耍，聽到地板傳來敲擊聲，原來，他製造的噪音打擾住在樓下的兩個女子。他的道歉讓他結識一個英國來的學生，名叫珍妮佛・威爾森（Jennifer Wilson），後來兩人在一九六六年結婚。[1]

他成為數位訊息解碼的專家，協助NASA解讀探索火星、金星及太陽系其他星球的衛星所傳回來的影像。另外，他運用從拼圖和點格棋等遊戲所開發出的原則，他共同創造一個數學分支，稱為「組合對局理論」（combinatorial game theory），並寫下《代數編碼理論》（*Algebraic Coding Theory*）一書，成為該領域的經典。他還架構出一套演算法，名稱就是「伯利坎普演算法」（Berlekamp's algorithm），用於有限體（finite field）上多項式的因式分解，是密碼學等領域不可或缺的工具。

伯利坎普在校園政治的應對上就沒那麼得心應手了，他很快就發現自己捲入文理學院系所一場波濤洶湧的地盤爭奪戰。

「我被罵說跟不該一起吃飯的人吃飯。」他回憶。

他漸漸明白，人類的互動不是非黑即白，而是深淺不一的各種灰色，沒有絕對的對錯，他有時也很難分辨。相較之下，數學的答案是客觀的、沒有偏見的，他可以從中找到平靜和安心。

「生活中的真相是多元廣泛的、講究細微差異的，各種論點都言之成理，譬如某位總統或個人到底是很棒還是很糟都各有理由，」他說：「這就是我喜歡數學問題的原因，數學有清楚的答案。」

一九六〇年代末期，伯利坎普的編碼理論成就受到國防分析研究院的注意（就是雇用過西蒙斯的非營利機構ＩＤＡ）。一九六八年，他開始替ＩＤＡ做機密工作，有好幾年的時間在柏克萊和普林斯頓執行各種計畫。在那段時間，一個同事把他介紹給西蒙斯，但兩人並不投緣，雖然同樣熱愛數學，也同樣待過ＭＩＴ、柏克萊、ＩＤＡ。

「他的數學跟我的不一樣，」伯利坎普說：「而且吉姆對於金融和賺錢欲求不滿，他喜歡採取行動……他以前就一直在打撲克牌、在各種市場投資，而撲克牌對我只是暫時拋開工作的消遣，我對撲克牌的興趣還比不上棒球或美式足球，也就是說幾乎沒有興趣。」

西蒙斯打造石溪數學系的同時，伯利坎普回到柏克萊擔任電機和數學教授。一九七三年，伯利坎普成為一家密碼公司的股東，當時，他認為西蒙斯可能會想投資，結果西蒙斯拿不出四百萬美元，不過他接下董事一職。伯利坎普注意到，西蒙斯在董事會上是個很有耐心的傾聽者，給出的建議也很中肯有理，雖然常常會議開到一半溜出去抽菸。

一九八五年，伊士曼柯達公司（Eastman Kodak）收購伯利坎普創辦的一家公司，那是專門將區塊碼（block code）運用在太空與衛星通訊的公司。這筆好幾百萬美元的意外之財給他的婚姻帶來新挑戰。

「我太太想要更大的房子，我想要旅行。」他說。

他決心保護這筆新得來的財富，因此買進評等最高的地方政府債券（municipal bond），但一九八六年春天有謠言傳出，國會可能將這種投資的免稅優惠取消，債券價格應聲受到重創。國會從頭到尾都沒有動作，但這次經驗讓伯利坎普學到，投資人有時會做出不理性的行為。他考慮把錢拿去投資股票，但以前的大學室友警告他企業高層

「會欺騙股東」，所以大部分股票都有風險。

「你應該看看原物料商品。」那位大學朋友說。

伯利坎普知道原物料商品買賣牽涉到複雜的期貨合約，於是打了電話給他認識的人當中唯一對這個領域有點了解的人：西蒙斯，想徵得一點意見。

西蒙斯接到電話似乎很興奮。

「我正好有個工作機會想找你。」他說。

西蒙斯邀請他一個月飛去杭亭頓海灘幾次，一方面學做交易，一方面也看看他在統計資訊理論（statistical information theory）的專業是否能幫上艾克斯康。

「你真的應該下去跟吉姆．艾克斯聊聊，」西蒙斯告訴他：「你這樣的人對他會有幫助。」

過去一向對交易投資輕蔑不屑的伯利坎普，現在卻被這個新挑戰激起好奇心。一九八八年，他滿懷期待飛去杭亭頓海灘辦公室，但人都還沒坐定，艾克斯就一臉不悅走過來。

「如果是西蒙斯要你來這裡工作，那你的薪水就得由他付，」艾克斯劈頭就告訴他，介紹寒暄都省了，「**我**可不付。」

伯利坎普當場愣住，艾克斯要他離開辦公室，馬上就走。他大老遠從柏克萊過來，可不想就這樣掉頭回家。他決定多逗留一會兒，只是不能讓艾克斯看見，就像被炒魷魚的喬治·柯斯坦薩（George Costanza）重返工作的情況，這是電視影集《歡樂單身派對》（*Seinfeld*）的經典橋段。

沒多久，伯利坎普就發現艾克斯和西蒙斯正處於激烈、延續很久的宿怨之中，爭執重點是公司不斷增加的支出該由誰支付，而西蒙斯並沒有跟伯利坎普提到兩人的對立。

傾整個團隊人才之力，再加上卡莫納等人的襄助，艾克斯康的模型通常以兩個簡單且常見的交易策略為主：一是**追價**，也就是鎖定漲勢或跌勢會繼續的原物料商品；一是押賭走勢即將反轉的原物料商品，也就是**反轉**策略。

由於史特勞斯收集的歷史數據日益龐大、準確完整，艾克斯能夠取用的價格資料遠勝對手，又因為價格走勢往往跟過去走勢相似，所以，這個數據庫能讓他們更準確研判走勢究竟會持續還是退潮。另外，電腦運算能力有了改善，也愈來愈便宜，他們因而得以做出更精細複雜的交易模型，包括卡莫納的核方法，也就是令西蒙斯很不舒服的機器學習雛形。綜合以上優勢，艾克斯康平均年化報酬大約有二〇％，勝過大部分對手。

可是，西蒙斯還是不斷問為什麼報酬率不能再更好，再加上不斷有競爭對手冒出來，也給西蒙斯和艾克斯的緊張關係增添柴火。美林證券有位資深分析師約翰．墨菲（John Murphy）出版《金融市場技術分析》（*Technical Analysis of the Financial Markets*），用淺顯易懂的詞彙說明如何追蹤價格走勢並做出交易決策。

「上漲買進、下跌賣出」有違學術理論首要原則，「逢低買進、逢高賣出」才是學界推薦的操作法則，後者就是華倫．巴菲特和其他鼎鼎大名投資人擁抱的**價值**投資法。不過，還是有一些激進的交易員採取**順勢**交易策略（trend following strategies），避險基金經理人保羅．都鐸．瓊斯（Paul Tudor Jones）*就是其中之一，那就類似西蒙斯團隊採用的方式。為了走在這幫競爭對手前面，西蒙斯需要新的方法。

伯利坎普開始提供建議。他告訴艾克斯，艾克斯康的交易模型似乎沒有適時調整交易金額大小。伯利坎普主張，模型出現的賺錢訊號若是愈強，買賣金額就愈該加碼，這個準則是他從凱利那裡學來的。有一次他說：「這裡應該加碼。」

艾克斯似乎不以為然。

「那個再說，」艾克斯回答，沒什麼興趣的樣子。

---

*編注：知名避險基金經理人，因為預言一九八七年十月的股災而成名。

伯利坎普發現艾克斯康的操作也有問題。這家公司除了交易豬隻之類的肉品、穀物之類的商品，也交易黃金、白銀、銅等金屬，但買賣下單還是透過電子郵件傳給營業員葛雷格．歐森，在每天開盤和尾盤的時候下單，而且通常留倉好幾週，甚至好幾個月。

伯利坎普認為這麼做很危險，因為市場有時波動很大，低頻率交易很容易錯失機會，如果遇到長期跌勢也會虧損更多。他力勸艾克斯鎖定比較小、短期的機會，短進短出。艾克斯再次不予理會，這回搬出高頻交易的成本來搪塞，更何況，史特勞斯的盤中價格數據仍然充斥不準確數字，他還沒完全「清理」完畢，所以還做不出可做短期交易的可靠模型。

艾克斯答應給伯利坎普一些研究工作，但每次伯利坎普過來，都會發現艾克斯對他的建議幾乎置之不理，說這些建議只是小修改無大用，不然就是草草執行。讓伯利坎普偶爾過來提供意見本來就不是艾克斯的主意，所以，他才不會自找麻煩，聽信一個才剛開始了解交易的教授所提的理論和建議。

看起來艾克斯並不太需要協助。前一年，也就是一九八七年，艾克斯康有兩位數的報酬率，避開道瓊指數十月那個單日暴跌二二．六%的崩盤。當時，艾克斯沒理會交易模型的建議，很有先見之明的買進歐洲美元期貨，在股票一片暴跌聲中飆漲，讓艾克斯康得以彌補其他虧損。

西蒙斯找數學奇才嘗試新策略的消息傳了開來，有幾個人表示有興趣投資艾克斯康，包括量化投資先驅愛德華．索普。索普原本跟西蒙斯約好在紐約碰面，但對艾克斯康做了點盡職調查（due diligence）之後就取消。索普之所以打退堂鼓，並不是因為對西蒙斯的交易策略有所懷疑。

「我聽說西蒙斯是個老菸槍，去他們公司就像走進一個巨大菸灰缸，」當時已搬到加州新港灘（Newport Beach）的索普說。

客戶對艾克斯康也出現質疑。有些人對西蒙斯的創投投資沒有信心，不希望一個基金有那種投資。為了避免投資人跑掉，西蒙斯一九八八年三月關閉Limroy，出清創投投資，另外跟艾克斯共同成立一支境外避險基金，完全只做交易。新基金取名為「大獎章」（Medallion），紀念兩人過去拿到的數學大獎。

大獎章基金不到半年就岌岌可危，其中有些虧損要回溯到艾克斯的重心轉移。

## 內部衝突

搬到加州後，艾克斯在杭亭頓港租下一棟可停靠船隻的安靜房子，從辦公室沿著太平洋海岸公路往南開五英里就可到達。過沒多久，他又開始尋找更偏僻的地點，最後在馬里布（Malibu）租下一棟濱海大宅院。

艾克斯從未真正喜歡身邊有人，尤其是同事，現在他跟人更不相往來了，遠距離遙控杭亭頓辦公室十幾位員工，一週只進公司一次，伯利坎普有時飛過去開會，卻發現他一步都沒踏出馬里布。艾克斯娶了名叫法蘭西斯（Frances）的會計師後，出一趟門來跟團隊開會的意願就更低了。有時他會打電話進公司做些要求，卻淨是一些跟演算法和預測模型完全無關的事。

「好，那你要我帶哪一種早餐麥片過去？」一位員工有一天拿著電話跟艾克斯講話。

艾克斯對公司愈來愈不關心，艾克斯康的績效也跟著愈來愈惡化。

「大家對研究工作並不那麼積極，」卡莫納說：「老闆不在，動力就完全不一樣了。」

伯利坎普則是這麼形容：「艾克斯是稱職的數學家，但不是稱職的研究主管。」

還想找更僻靜處所的艾克斯，買下太平洋帕利賽德區（Pacific Palisades）懸崖上的一棟景觀豪宅，從山上俯瞰，聖塔莫尼卡山脈（Santa Monica Mountains）盡收眼底。卡莫納每週開車去一次，給艾克斯帶些食物、書及其他必需品，他們會打幾場很累人的板網球，卡莫納會一面耐心聽艾克斯最新的陰謀論。同事們漸漸把艾克斯視為某種隱士，推斷他之所以老選擇住在海邊，是因為至少屋子有一面不會有人來打擾。一位同事答應替他的院子裝設鹽磚，讓他能引來鹿之類的動物，裝完之後，他就會花很多時間盯著窗外景象。

艾克斯開始憑直覺做一部分交易，漸漸脫離他和史特勞斯開發的那套精密模型，很像幾年前轉向傳統交易的鮑姆，以及從一開始就對卡莫納的「核方法」不放心的西蒙斯，看來量化投資並不是一件自然容易的事，即使對數學教授也是如此。艾克斯得知《紐約時報》西岸版在四十英里外的托倫斯市（Torrance）印刷之後，就想辦法讓人在午夜就把明天的報紙送到他家，然後他會根據從報上讀來的政府官員等人的發言，在國際隔夜市場進行交易，希望搶先對手一步。他還在家裡四處裝設超大電視螢幕，除了監看新聞，也透過他所建立的電視連線跟同事溝通。

「他開始很沉迷於科技。」伯利坎普說。

艾克斯開一輛白色 Jaguar，常常打壁球，還會騎著越野腳踏車在附近山裡繞繞，有一次他摔倒，頭先著地，緊急動腦部手術。公司的績效在一九八八上半年仍然很強勁，接著就開始虧損，艾克斯有信心很快會好轉，但西蒙斯愈來愈擔心，沒多久，他和艾克斯又開始爭吵。艾克斯想升級公司電腦，好讓交易系統跑更快一點，但他絕不可能付費買單，西蒙斯也拒絕簽任何支票。隨著兩人關係愈來愈緊張，艾克斯開始抱怨西蒙斯沒有善盡職責。

「全都拿給西蒙斯去付。」帳單送來的時候，艾克斯這樣告訴同事。

到了一九八九年春天，艾克斯對伯利坎普已產生一定程度的尊重，畢竟伯利坎普跟他一樣是世界級數學家，也同樣有好勝性格，但艾克斯還是不願落實伯利坎普的交易建議，只不過，他漸漸察覺自己處境艱難，身邊又沒什麼人願意聽他抱怨西蒙斯。

「所有交易都是我在做，他只需要應付投資人。」艾克斯告訴試圖表示同情的伯利坎普。

有一天，伯利坎普來公司，看到艾克斯一臉悶悶不樂。他們的基金連續虧了好幾個月，比起去年中已經虧掉將近三〇％，這是很沉重的打擊。艾克斯康的黃豆期貨價格崩盤，因為義大利一個集團原本打算壟斷市場卻失敗，造成價格狂跌。來自其他趨勢操作者的競爭壓力愈來愈大，也是艾克斯鬱悶的原因之一。

艾克斯給伯利坎普看一封信，是西蒙斯的會計師馬克．席爾巴（Mark Silber）寄來的，信中下令艾克斯康所有根據長線預測訊號所做的交易都要停止，等到艾克斯和團隊擬出計畫翻修改進之後再說。西蒙斯只准許短線交易繼續，而短線交易只占艾克斯康一〇%的交易量。

艾克斯氣炸了。交易是他負責的，投資人才是西蒙斯該處理的。

「他憑什麼叫我停止交易？」艾克斯說，聲音愈來愈高：「他沒有權力叫我不做！」

艾克斯仍有把握基金績效會回升。做趨勢交易本來就會碰到比較難熬的時期，也就是趨勢退潮或難以分辨的時候，因為只要撐過去，通常就是一個新趨勢開始。西蒙斯終止交易已經違反兩人的合夥協議，艾克斯決定告他。

「他已經使喚我做這做那太久了！」艾克斯怒吼。

伯利坎普試圖讓艾克斯冷靜下來。他說打官司並不是明智之舉，耗財耗時，最後還不一定告得贏，更何況西蒙斯是站得住腳的。嚴格來說，艾克斯康是替西蒙斯所掌管的一家普通合夥企業做交易，所以，他在法律上有權利決定要不要讓艾克斯康繼續做。

艾克斯並不知道，其實西蒙斯也有壓力要面對。老朋友和投資人不斷打電話來，對嚴重虧損憂心忡忡，有些人甚至承受不了，撤出資金。西蒙斯在辦公室面對史特勞斯和其他人的時候，常常三言兩語就草草打發，大家都看得到虧損不斷增加，公司的氣氛愈來愈不愉快。

西蒙斯斷定艾克斯的交易策略太普通了。他告訴艾克斯，要避免客戶撤資，要延續公司生命，唯一的方法是削減長線交易：長線交易是造成他們虧損的主因。並且要開發全新、較好的策略來讓投資人安心。

艾克斯完全聽不進去。他轉向杭亭頓海灘的同事尋求支持，但運氣不是很好。史特勞斯向艾克斯說他不想選邊站，而且夾在他們兩人日漸惡化的對立中間很尷尬，不只公司受到傷害，他的事業也受到波及。艾克斯聽了大為光火。

「你怎麼可以這麼不忠誠！」他對著史特勞斯放聲大喊。

史特勞斯不知道該如何回應。

「我坐在那裡，感覺像個笨蛋，」他說。

西蒙斯花了十多年支持幾個交易員，嘗試一種新的投資方式，無奈進展有限：鮑姆失敗了，亨利．勞佛不常來，現在他跟艾克斯、史特勞斯的基金又虧到只剩兩千萬美元。西蒙斯投注於各種副業的時間也比交易多，似乎心不在投資業，史特勞斯和同事愈來愈有理由相信西蒙斯可能會結束公司。

「吉姆還有沒有信心，我們不知道，」史特勞斯說：「公司到底會繼續存活，還是關門大吉，也不得而知。」

晚上回到家，史特勞斯和太太會花好幾小時為最壞情況預做打算。兩個年幼小孩在一旁玩耍，夫妻倆則忙著計算支出習慣，清點剩餘財產，討論萬一西蒙斯關掉艾克斯康、不做交易，他們該搬到哪裡。

在辦公室，西蒙斯和艾克斯仍然爭吵不休，史特勞斯老是聽到艾克斯對著電話那頭的西蒙斯和席爾巴大吼大叫。情況愈來愈叫人受不了。

「我要去休假，」史特勞斯終於告訴艾克斯：「你們自己去解決。」

## 艾克斯退出

到了一九八九年夏天，艾克斯覺得已經別無選擇。他請了二線律師，以勝訴抽成的方式替他打官司，西蒙斯則雇用紐約一流律師，很明顯，法律戰打下去，西蒙斯會勝出。

有一天，伯利坎普向艾克斯提出一個點子。

「乾脆我把你的股份買下，怎麼樣？」

伯利坎普私底下開始思考，他或許有辦法讓艾克斯康起死回生。他心想，他每個月只花一、兩天來這家公司，要是他專心投入改良這套交易系統呢？從來沒有人知道該如何建立一套能賺取龐大報酬的電腦系統，也許伯利坎普可以成為第一個成功的人。

「我迷上這個動腦活動。」伯利坎普說。

艾克斯覺得自己沒有更好的選擇，只好同意把大部分持股賣給伯利坎普。交易完成後，伯利坎普持股四成，史特勞斯和西蒙斯各擁有兩成五，艾克斯仍保留一成的股份。

艾克斯躲在家裡好幾個月，說話對象只有太太和少數幾個人。終於，他開始緩慢、顯著的改變。他和太太搬到聖地牙哥，他終於學會稍微放鬆、寫詩、參加劇本創作班，甚至完成一部科幻驚悚劇本，標題是《機器人》（*Bots*）。

他上網閱讀賽門・柯亨寫的量子力學論文，決定跟這位還在普林斯頓教書的老同事重新聯絡。沒多久，兩人就開始合寫學術論文，探討量子力學的數學層面。[2]

艾克斯的人生仍有空虛。他追查出小兒子布萊恩的下落。有一天，他拿起電話，打給人在普洛維登斯布朗大學宿舍的布萊恩，父子倆已經超過十五年不曾講話。

「喂，」他試探地開口：「我是詹姆斯・艾克斯。」

那晚，兩人聊了好幾個小時，就此開啟艾克斯和兩個兒子後續一連串長時間、熱烈的對話。艾克斯吐露當年遺棄兒子的懊悔，坦承自己的火爆脾氣造成的傷害。兩個兒子原諒了爸爸，渴望父親重回他們的生活。隨著時間過去，艾克斯和兒子打造出親密關係。二〇〇三年，艾克斯當上爺爺，他和前妻芭芭拉再次聚首，建立起外人難以想像的朋友關係。

三年後，艾克斯因結腸癌過世，享年六十九歲，兒子在他的墓碑刻上了艾柯定理公式。

第六章

# 短線交易

科學家也是凡人，就是太凡人了，所以欲望和數據互相衝突時，證據有時會輸給情緒。

——布萊恩．基廷（Brian Keating），宇宙學家，摘自他的著作《失去諾貝爾獎》（*Losing the Nobel Prize*）

一九八九年夏天，艾爾文．伯利坎普接下大獎章基金的韁繩，當時投資業正如火如荼的發展。在這個小說《燈紅酒綠》（*Bright Lights, Big City*）和瑪丹娜歌曲〈拜金女孩〉（Material Girl）描繪的貪婪放縱年代，十年前只占全美獲利一〇%左右的金融公司，如今正往雙倍成長的路上飛奔而去。

交易員、銀行家、投資人止不住對金融消息（**即資訊優勢**）的饑渴（一般大眾無法取得這些消息），助長華爾街的獲利，企業併購、盈餘、新產品等內線消息成為雷根年代後期的通行貨幣。一九八三到一九八七年，垃圾債券大王麥可・米爾肯（Michael Milken）遭到內線交易調查而鋃鐺入獄之前，已經有超過十億美元進了口袋；其他人也起而效尤，包括投資銀行家馬汀・席格（Martin Siegel）和交易員伊凡・博斯基（Ivan Boesky），他們不只交換企業併購消息，也交換裝滿一疊疊百元鈔票的公事包[1]；一九八九年，電影《華爾街》（*Wall Street*）的主角葛登・蓋可（Gordon Gekko）展現出這一行野心勃勃、狂妄自負、巧取豪奪不正當優勢的從業人員。

在那個睪丸激素橫流的年代，伯利坎普顯得很異常。對這位學者來說，重大傳言或最新內線沒什麼用處，他對各家企業如何賺取利潤也幾乎一無所知，更沒興趣知道。

即將過四十九歲生日的他，身材也跟那些擅長搜刮華爾街戰利品的高手大相逕庭。他重視體適能，擁抱一連串極端且不安全的飲食，喜歡耗體力的騎腳踏車，體重甚至一度減輕過多，消瘦模樣嚇壞同事。頂上稀疏、戴著眼鏡、蓄著灰白參雜整齊鬍鬚的他，很少打領帶，胸前口袋有多達五支各色ＢＩＣ原子筆。

即使站在一群在商場各角落都頗有知名度的電腦怪傑當中，伯利坎普還是很顯眼。一九八九年他到加州卡梅爾（Carmel）參加一場會議，去研究機器如何做出更好的預測模型，他若有所思的樣子很難不被注意到。

「艾爾文有點衣衫不整，襯衫下襬沒塞進去，還皺皺的，沉思的時候眼睛會轉啊轉，」朗頓．惠勒（Langdon Wheeler）說道，他就是在那場會議認識伯利坎普並結為朋友的。「但是，他太聰明了，我會自動無視他的怪癖，一心只想跟他學東西。」

在艾克斯康辦公室，伯利坎普說話老是不斷離題，而且說個沒完，同事們雙手都搓扭了好幾回，還不見他停止。他曾說他喜歡掌控八〇％的對話，認識他的人都說八〇％的估計稍嫌保守。儘管如此，他在數學界的名望贏來同事的尊敬，他對改善大獎章的績效深具信心，也給公司帶來樂觀。

伯利坎普第一件事就是把公司搬到柏克萊，搬離他家近一點，史特勞斯和太太也贊同這項決定。一九八九年九月，史特勞斯租下富國銀行大樓（Wells Fargo Building）九樓辦公室，那棟歷史性建築是當地第一棟高樓，樓高十二層，走一小段路就是柏克萊校園。辦公室原有的線路傳輸速度不夠快，一個同事想辦法利用奧克蘭附近論壇報大樓（Tribune Tower）樓頂的衛星天線，接收最新的期貨價格。一個月後，舊金山地區發生洛馬普雷塔（Loma Prieta）地震，造成六十三人喪命，艾克斯康的新辦公室沒受到嚴重損害，但書架和桌子倒塌，書本和設備受損，衛星天線也傾倒，這對一家亟欲恢復生機的公司來說是不祥的開始。

艾克斯康團隊大步前進，伯利坎普先從艾克斯以前置之不理的建議當中挑出幾個最可行的建議來執行，跟艾克斯吵了好幾個月的西蒙斯也認同這個做法。

「我們先做好有把握的事。」伯利坎普告訴西蒙斯。

艾克斯遲遲不願改採頻率較高、較短期的交易策略，原因之一是擔心短線高頻交易所衍生的佣金和其他成本會抵銷獲利。另一個原因是，艾克斯擔心快速交易會推升價格，壓縮獲利空間，也就是所謂的**滑點**（slippage），對此，大獎章無法精確估算。

他的顧慮是合理的，因此，華爾街才會有個不成文規定：交易次數不要太多。不只有成本上的考量，短線操作的獲利通常很小，很少有投資人感興趣。好處這麼少，辛辛苦苦頻繁交易是何苦來哉？

「你並不會從這個角度來質疑打棒球、當媽媽、做蘋果派這些事，不是嗎？」伯利坎普說。

伯利坎普沒在華爾街工作過，骨子裡對傳統教條本來就充滿懷疑，更何況他猜那些教條是不怎麼講究分析的人規定的。他主張多做短線交易。艾克斯康有太多不中用的長線交易，而大獎章的短線交易已經證明是賺最多的部位，多虧艾克斯、卡莫納等人的努力，把希望寄託於短線交易很合理。此外，現在的時機也對，史特勞斯的盤中交易數據大多已清理完畢，更容易找出新的短線交易點子。

他們的目標還是一樣，以投資人的行為模式會一再重複為前提，仔細從歷史價格中找出會重複出現的連動事件。在他們眼中，這套方法跟**技術分析**有幾分類似，雖然華爾街普遍認為這種交易方法是某種暗黑伎倆，但伯利坎普和同事愈來愈相信，只要用精密、科學的手法來執行，這套方法是可行的。唯一的前提是，必須鎖定短線價差，不能做長線趨勢操作。

另外，伯利坎普還認為，若是交易不頻繁，每一次的結果就會放大，只要搞砸幾次，整個投資組合就完蛋了；相反的，如果交易次數很多，各別交易的影響就沒那麼大，不至於拖垮整個投資組合。

伯利坎普和同事希望大獎章類似賭場。賭場每天經手的賭注非常多，多到他們只需要贏半數多一點的賭注就行了，同樣的，艾克斯康團隊也希望頻繁交易，多到只要有半數多一點的交易賺錢就能有不錯獲利。這就是大數法則，只要在統計上有一點點優勢，就會得到有利的結果，就像賭場一樣。

「如果交易次數很多，只要有五一％做對就夠了，」伯利坎普告訴同事：「每筆交易只要小賺一點就行。」

他們開始仔細觀察數據，尋找可加入交易模型裡的短線操作，陸續揪出市場上幾個耐人尋味的不尋常現象。某些投資的價格常在重要經濟報告公布前夕下跌，公布之後馬上回升，但也不是公布前**一定**會下跌、公布後**一定**會立刻上漲，而且不知道為什麼，美國勞工部（US Department of Labor）的就業統計和某些數據公布就沒有這種現象。不過，要是這種現象很可能出現時，他們的數據就會透露出端倪，然後模型就會建議在公布前夕買進、公布後幾乎立刻賣出。

為了尋找更多短線操作模式，伯利坎普開始打電話給亨利・勞佛。艾克斯辭職後，勞佛答應多花時間協助西蒙斯翻轉大獎章。勞佛在西蒙斯長島辦公室的地下室工作，連同幾位從石溪地區來的研究助理，試圖改進大獎章的交易模型，就像伯利坎普和史特勞斯在柏克萊做的事一樣。

徹底細究史特勞斯的數據，勞佛發現幾個跟週間某些天有關的規律，比方說，星期一的價格走勢通常跟星期五同步，星期二的走勢則會出現**反轉**；另外，勞佛也發現前一天的交易通常會預示隔天的走勢，他稱為**二十四小時效應**。還有，如果出現明顯的上漲趨勢，大獎章的模型會在星期五收盤前買進，星期一一早賣掉，善用他們所謂的**週末效**

應。

西蒙斯和研究人員認為不該花時間測試直覺想出的交易點子，他們讓數據自己指出異常之處，再趁機介入獲利。另外，他們也認為不必了解那些異常發生的原因，發生次數夠頻繁、經過測試並非統計上的偶然才是重點。

他們也有自己的理論。伯利坎普等人發展出一個論點：為了促使市場活絡而自行買賣期貨和債券的場內交易者（locals，又稱為floor traders），會在每週最後一個交易日只留下少數期貨合約在手，或者完全出清，以免週末出現壞消息造成虧損。同樣的，期貨交易所的營業員似乎也會在經濟報告出爐前減少期貨部位，以免意外消息傷及自己的投資部位。

週末假期結束或消息發布後，那些交易員會馬上買回原本的部位，助長價格反彈，所以，大獎章會在他們賣出時買進，等到他們沒有風險疑慮而買回時，再賣回給他們。

「我們在經營保險業。」伯利坎普告訴史特勞斯。

外匯市場的異常尤其誘人。從德國馬克賺到錢的機會似乎特別多，這個貨幣如果某天上漲，第二天也上漲的機率出奇的高，如果下跌，通常第二天也會下跌，不管是按月、按週、按日或甚至按小時來比對，都會出現同樣的連動，德國馬克的走勢往往會從某段時間延續到下一段時間，同個走勢持續的時間超乎預期。

如果扔一枚硬幣，連續扔出兩次頭像的機率是二五%，但這次扔和下次扔不會有任何相關。但是，史特勞斯、勞佛、伯利坎普卻發現，德國馬克任兩段連續時間的走勢相關性高達二〇%，也就是說，有超過一半的機率會出現重複。相較之下，他們發現其他貨幣任兩段連續時間的相關性大約是一〇%，黃金是七%，活豬和其他原物料商品期貨是四%，股票只有一%。

「時間長短似乎不是重點，」伯利坎普有一天告訴同事，帶著驚訝：「統計上都會出現同樣的異常。」

某一段時間跟下一段時間之間的相關性，不管頻率多少都不該發生的，至少當時擁抱**效率市場假說**（efficient market hypothesis）的經濟學家大多這麼認為。根據效率市場假說，要利用價格異常來打敗市場是不可能的，因為根本就不會有異常存在，只要一有異常被發現，投資人就會介入將異常去除。

從德國馬克觀察到的連動現象實在太出乎意料，日圓的連動甚至更強，伯利坎普團隊覺得有必要了解背後可能的原因。史特勞斯發現有學術論文提到，全球各國的央行都不喜歡貨幣價格突然變動，因為會對經濟造成混亂，所以他們會介入來減緩劇烈變動，漲跌都是，如此一來，就會延長那些走勢持續的時間。在伯利坎普看來，從伊士曼柯達這種大企業做決策之緩慢，就可看出左右貨幣價格變動的經濟力量很可能一上演就是好幾個月。

「人對習慣的堅持往往很久，久到不應該。」他說。

貨幣價格變動只是大獎章日漸增多的**可買賣效應**（tradeable effects）之一，這是他們發展出的術語。伯利坎普、勞佛、史特勞斯花好幾個月鑽研數據，長時間黏在電腦前，觀察價格如何因應成千上萬的市場事件；西蒙斯每天都會報到，不是本尊現身就是打電話來，分享如何改進交易系統的點子，並且鼓勵團隊把重點放在挖掘別人輕忽的「細微異常」。

除了清楚好懂的規律之外，伯利坎普、勞佛、史特勞斯開發的系統也能揪出不同市場中難以辨識且無法輕易解釋的規律，這些趨勢和異常往往來得很快，以致於大多數投資人難以察覺；而且這些異常非常微弱，所以他們稱為**幽靈**，出現的頻率又高到必須加入他們的交易裡。西蒙斯開始接受「**背後原因**並不重要」的觀點，能賺錢才是重點。

這群人一面努力辨識市場過往的行為模式，一面動用一項大優勢：他們的價格數據精準度遠勝對手。幾年下來，史特勞斯已收集到盤中交易量和價格的**分筆數據**（tick data），涵蓋各種期貨，都是其他投資人辨識不出來的細微資料。一九八九年之前，艾克斯康跟多數投資人一樣只仰賴開盤和收盤數據，當時史特勞斯收集的盤中數據幾乎無用武之地，但隨著更現代、更強大、每秒可執行百萬個指令的電腦進駐新辦公室，他們開始有能力快速拆解史特勞斯收集的價格數據，得出數千個在統計上有意義的觀察，揭開過去察覺不出的價格規律。

「我們知道我們已經存了不少盤中數據，」史特勞斯說：「不是非常精確，也不全是分筆數據。」但是可靠性和數量都遠勝別人的數據。

## 遇到騙子

到一九八九年底，經過半年左右的努力，伯利坎普和同事開始有把握他們重建的交易系統會成功鎖定原物料商品、外匯、債券。他們找出的異常和趨勢有些會持續好幾天，有些只持續幾小時，甚至只有幾分鐘，但伯利坎普和勞佛仍然深具信心，相信這套改良後的系統一定能從那些異常和趨勢中獲利。他們發現股市走勢很難精準判定，不過沒關係，他們在其他市場找到的異常和趨勢已經夠多。

他們找出的交易訊號當中，有些並不是特別新奇或精妙，但很多投資人往往會忽略，不是因為發生機率只勉強超過五成，就是因為獲利似乎不足以抵銷交易成本，所以投資人毫不眷戀，就轉身離去尋找其他利潤更高的機會，就好像漁夫無視漁網裡的小魚，只想捕捉更大尾的魚一樣。然而，在大獎章團隊的盤算裡，透過頻繁交易，把握住所有抓得到的小魚仍是值得的。

一九八九年底，他們開始把新方法付諸實行，拿基金剩下的兩千七百萬美元進行交易，成果幾乎馬上就顯現，辦公室每個人都嚇了一大跳。他們的交易次數比以前更頻繁，平均持有時間從以前的一週半縮短為一天半，幾乎每天都有獲利。

問題也一下子冒出來。大獎章每次一交易加拿大幣就賠錢，幾乎每一筆都是。這沒有道理，模型明明說會賺錢，但每次卻都賠錢，一再賠，天天賠。

有一天下午，伯利坎普把交易加拿大幣的挫折告訴西蒙斯，西蒙斯打電話給芝加哥期貨交易所一個交易員，請教他的意見。

「你不知道嗎？吉姆，」交易員輕聲笑著告訴他：「那幾個人是騙子。」

期交所負責加幣期貨的人只有三個，他們聯手利用傻傻跟他們往來的客戶。西蒙斯團隊下買單的時候，經紀商會把訊息傳給那三個交易員，三人就立刻替自己買進加幣合約，把價格稍微拉高，再轉手賣給西蒙斯，中間的差價就落入自己口袋；如果大獎章下賣單，三人就反向操作。這小小的價差就足以把加幣交易變成虧損。這種招數在華爾街已經是最老掉牙的一種，但伯利坎普和他那些教授同事毫不知情。西蒙斯立刻把加幣合約從大獎章的交易系統剔除。

幾個月後，一九九〇年初，西蒙斯打電話給伯利坎普，帶來一個更令人不安的消息。

「有傳言說史塔勒公司（Stotler）陷入麻煩。」西蒙斯說，語氣滿是焦慮。

伯利坎普大為震驚。大獎章每一筆部位都放在史塔勒公司的帳戶裡，史塔勒是一家期貨交易公司，老闆是卡爾斯登．瑪爾曼（Karsten Mahlmann），芝加哥期貨交易所最高選任官員；伯利坎普等人以為史塔勒公司是芝加哥最安全、最可靠的經紀商。如果史塔勒公司倒閉，他們的帳戶會被凍結，後續清算整理的幾週內，幾千萬美元的期貨合約勢必動彈不得，可能造成慘烈虧損。另外，史特勞斯在交易所的眼線透露史塔勒公司負債累累，更增添緊張不安。

不過，這些都只是傳言。把所有交易和帳戶移轉到其他經紀商很麻煩、耗時，而且在大獎章的績效正要好轉時還得另外花一筆錢；再說，史塔勒公司一直是這一行最具權威和名望的經紀商，應該能安然度過任何挫折才對。伯利坎普跟西蒙斯說，他不知道該如何是好。

西蒙斯不懂他在猶豫什麼。

「艾爾文，都聞到煙味了，還管它三七二十一，當然要**趕快跑！**」西蒙斯告訴他。

史特勞斯關掉在史塔勒公司的帳戶，把他們的交易移轉到其他經紀商。幾個月後，瑪爾曼辭掉史塔勒公司和芝加哥期貨交易所的職位，兩天後，史塔勒公司申請破產，最後監管單位指控這家公司詐欺。

西蒙斯和他的公司驚險逃過死劫。

## 獲利超過50%

一九九〇年大部分時間，西蒙斯團隊沒犯什麼錯誤，彷彿在實驗室摸索十年，終於發現某種神奇配方。伯利坎普、勞佛、史特勞斯不只每天在開盤、尾盤時交易，中午也交易，主要是短線交易，長線交易只占一〇%左右。

有一天，艾克斯康單日就賺了超過一百萬美元，是公司有史以來第一次。西蒙斯開香檳犒賞團隊，就像IDA人員解決棘手問題後會一個接一個把香檳酒杯傳下去一樣。單日一百萬美元的獲利愈來愈頻繁，香檳喝到有點失控，西蒙斯不得不傳話過來，說報酬率單日增加三%才能開喝，但仍舊阻止不了團隊喝到飄飄然。

儘管獲利亮眼，公司外卻很少人認同他們的方法。伯利坎普向柏克萊商學院學生解釋他們的方法時，有些學生會取笑他。

「我們被當成想法荒謬的怪人。」伯利坎普說。

教授同事們則是一派客氣，不會口出批評或懷疑，至少不會讓他聽到，但伯利坎普很清楚他們在想什麼。

「同事會避免發表意見。」他說。

西蒙斯完全不在乎別人的批評懷疑，亮眼的獲利強化他的信心，他更堅定相信自動交易系統可以打敗市場。

「這真的大有可為，」他告訴伯利坎普，熱情愈來愈高漲。

大獎章一九九〇年的獲利高達五五．九%，跟前一年虧損四%相比是很戲劇性的進步，尤其這還不包含基金收取的高額費用（包括五%*的資產管理費及二〇%的獲利抽成），所以特別不簡單。

才一年前，西蒙斯除了基金的工作，也花很多時間在副業上，現在他很確信團隊終於找到某個不一樣的東西，他想參與更多，於是開始打電話給伯利坎普，不斷的打，幾乎天天打。

那年八月初，伊拉克入侵科威特，黃金和石油的價格飆漲，西蒙斯打電話給伯利坎普，鼓勵他把黃金和原油期貨加進系統的投資裡。

「艾爾文，你有看到金價嗎？」

原來西蒙斯仍然繼續在做自己的交易，自己畫各種原物料商品的技術線型，他想分享他對黃金投資的多頭看法。

伯利坎普客氣的聆聽他的建議，一如往常，聽完之後告訴他，最好還是讓模型主導，不要調整他們花了很多工夫才改好的演算法。

「好吧，回去做你的事。」西蒙斯說。

過了一會兒，黃金又漲了一點，西蒙斯又撥了電話：「艾爾文，又漲了！」

伯利坎普感到很不解。急著開發沒有人為干預的電腦交易系統的人是西蒙斯，想仰賴科學方法、想試試被輕忽的異常、不想用粗糙圖表或直覺的人，也是西蒙斯，伯利坎

---

＊五％的資產管理費早在一九八八年就已經訂下，當時史特勞斯告訴西蒙斯，電腦系統運作及其他營運成本需要八十萬美元，正好是當時基金所管理的一千六百萬美元資金的五％。這個收費對西蒙斯來說似乎很適當，所以就這樣沿用下去。

普、勞佛和整個團隊辛辛苦苦盡量除去交易過程裡的人性，現在西蒙斯卻說他覺得黃金價格會漲，想稍微改一下系統？

「吉姆認為大獎章的操作應該系統化，結果他自己一有時間，每週有五到十個小時只憑著一時興起就買賣黃金或銅，自以為他這是在學東西。」伯利坎普說。

跟鮑姆、艾克斯一樣，西蒙斯也會忍不住隨消息起舞。

伯利坎普一口回絕他。

「吉姆，我已經說過了，我們不打算調整手上的部位，」伯利坎普有一天氣沖沖的告訴西蒙斯。

掛上電話，伯利坎普轉身對同事說：「所有交易都由系統決定。」

大獎章的主要交易從來都不是西蒙斯下令的，但他讓伯利坎普買進一些原油買權，當做「保險」，以免波灣戰爭開打造成原油價格節節上漲；中東各國的敵對情況持續加劇的時候，他也把大獎章的部位縮減三分之一。

西蒙斯覺得有必要向客戶解釋這些調整。

「面對突發、劇烈的變化，我們還是得仰賴人為判斷和人為干預。」那個月他寫了一封信解釋。

西蒙斯繼續不斷打電話來，伯利坎普愈接愈火大。

「有一天他打了四次，」他說：「煩死了。」

西蒙斯又打來了，這次是要研究團隊搬到長島。一來他已經說服勞佛全職回來工作，二來他希望在交易部分扮演更多角色，他認為搬到長島就能一起工作，不過，伯利坎普和史特勞斯都拒絕了。

隨著那一年慢慢過去，西蒙斯開始不斷說大獎章該怎麼做會更好，那時基金有將近四千萬美元的資產。他很熱情參與交易模型最新的微調，信心滿滿認為大獎章就快要有非凡成果。

「我們試試這套系統，」西蒙斯有一天說：「明年應該可以提高到八〇％。」

伯利坎普不敢相信聽到的話。

「吉姆，某方面來說，我們是運氣好。」伯利坎普告訴西蒙斯，希望稍稍控制一下他滿腔的興致。

掛斷電話後，伯利坎普無奈的搖搖頭。大獎章的獲利已經很驚人了，能不能繼續這樣連戰皆捷都很難說了，竟然還想要更好？

西蒙斯的要求甚至更多。他想擴大團隊、再買幾個衛星天線放在屋頂、添購基礎設備來升級交易系統，他還要求伯利坎普一起出錢支付這些新開銷。

這些壓力讓伯利坎普身心俱疲。他還繼續在柏克萊兼課，這時發現自己比以前更喜歡教書，可能是因為沒有背後靈隨時在監督他。

「吉姆不斷打電話來，再加上我覺得教書比較快樂。」伯利坎普解釋。

他終於受不了。最後，他打電話給西蒙斯，提出一個建議。

他說：「吉姆，你覺得我們可以做到八〇％，我覺得可以做到三〇％，也就是說，你眼中的公司價值一定比我眼中的價值還要高，那不如你乾脆買下我的股份？」

西蒙斯真的這麼做。一九九〇年十二月，艾克斯康解散，西蒙斯用現金買下伯利坎普的股份，史特勞斯和艾克斯的股份換成文藝復興公司的股票，大獎章基金納入文藝復興公司旗下。伯利坎普回柏克萊教書，全職做數學研究，他賣掉艾克斯康股份的價格是十六個月前買入價的六倍，這筆交易真是撿到便宜了！

「我沒想到我們會賺這麼多。」伯利坎普說。

後來，伯利坎普自己開了一家投資公司，叫做柏克萊量化公司（Berkeley Quantitative），專做期貨交易，基金規模一度超過兩億美元，二〇一二年因為收益平平而關閉。

「驅動我的，向來都是好奇心，」伯利坎普說：「而吉姆重視的是金錢。」

二〇一九年春天，伯利坎普死於肺纖維化的併發症，享年七十八歲。

## 挑戰還在前頭

伯利坎普、艾克斯、鮑姆相繼離去，但西蒙斯並不特別憂慮，他有把握他已開發出一套**有系統**的萬全方法，透過電腦和演算法來交易原物料商品、債券、外匯，他所採取的方法可說是比較科學、精密的技術交易，尋找市場上被輕忽的規律。

不過，西蒙斯畢竟是數學家，對投資歷史了解有限。他不知道他的方法並不如他以為是首創，也不知道已有多少採用類似方法的人壯烈成仁，其中有些人甚至走在他前面好幾步。

要真正征服金融市場，西蒙斯必須克服一連串接踵而來的障礙，但他甚至連障礙已擋住他的去路都不知道。

# 第七章
# 量化交易史

一九九〇年底讓吉姆・西蒙斯如此興奮的是一個簡單易懂的想法：一個以歷史規律為基礎的電腦模型，能夠辨識出被忽略且進行中的市場趨勢，可讓人用過去推測未來。他長久以來都抱持這個看法，但直到最近獲利豐厚才讓他確定這個方法是大贏家。

不過，西蒙斯並沒有花很多時間研究金融史，要是有，可能就會知道他的方法並不是特別新奇。幾個世紀以來，金融炒家早就在擁抱各式各樣識別市場規律的方法，所仰賴的方法跟文藝復興公司很類似，但那些精采人物不是以慘敗收場，不然就根本是騙子，這些例子對西蒙斯來說並不是好兆頭。

西蒙斯這種投資方法最早可回溯到巴比倫時代，當時就有人把大麥、椰棗及其他農作物的價格記錄在泥板上，希望能預測未來動向。十六世紀中葉，德國紐倫堡有個人名叫克里斯多發・闊茲（Christopher Kurz），他有辦法預測肉桂、胡椒等辛香料二十天的價格，因而聲名大噪。當時的社會流行占星術，闊茲也不例外，他的預測靠的是占星，但他也會回測過去的訊號，從中歸納出一些可靠的原則，譬如價格通常是長期的趨勢。

到了十八世紀，日本有個米商兼投機者，叫做本間宗久，被稱為「市場之神」，他發明一種繪圖方法，將國內某段時間內米市交易的開盤價、最高價、最低價、收盤價視覺化，他的圖表，包括經典的K線，造就出最早但相當精密的「均值回歸」交易策略。本間宗久認為人的情緒才是左右市場的關鍵，投機者應該學會「賠錢快停損，贏錢不停利」，這套心法被日後投資人奉為圭臬。[1]

一八三〇年，英國經濟學家把精細的價格圖表賣給投資人。那個世紀末，有個叫做查爾斯·道（Charles Dow）的美國記者設計出道瓊工業平均指數，並協助創辦《華爾街日報》。他把某個程度的數學精確性應用於各種市場假說，仰賴價格走勢、交易量等因素繪成圖表的現代技術分析於焉誕生。

二十世紀初，一個名叫威廉·甘氏（William D. Gann）的金融預言家擄獲大批瘋狂追隨者，儘管他的預言紀錄不甚可靠。根據傳說，他出生於德州一個棉花農場的窮苦浸信會家庭，為了幫忙家人務農，放棄上學機會，唯一的金融教育是在當地一個棉花倉庫獲得。甘氏後來去了紐約市，一九〇八年在那裡開了一家證券公司，他很擅長解讀價格走勢圖，也能準確辨識循環週期和折返（retracement），名聲因而大開。

甘氏的交易準則出自聖經《傳道書》（*Ecclesiastes*）中「已有的事後必再有……日光之下並無新事」這段話；在他看來，這句話的意思是，歷史參考價是開啟交易獲利的鑰匙。他的名聲愈來愈響亮，原因之一是據說他一個月就將一百三十美元滾成一萬兩千美元，死忠追隨者讚他料事如神，從經濟大蕭條到珍珠港偷襲無一不準。甘氏有一套理論，認為自然界有個普遍的秩序統治著生命萬物，他稱之為**波動法則**（Law of Vibration），他還認為可用幾何的數列和角度來預測市場走勢。時至今日，**甘氏分析**（Gann analysis）仍是人氣相當高的技術交易分支。

不過，甘氏的投資表現從未獲得證實，他的信徒也往往無視他許多明顯敗筆。比方說，一九三六年，甘氏說：「我有信心道瓊指數不可能重回三百八十六點。」也就是說他有把握道瓊不可能再漲到那個高點，這個預言並不算通過時間的考驗。*甘氏寫了八本書，每天撰寫一份投資報刊，卻很少分享自己的投資細節，而且根據某些人的描述，

* 譯注：因為經濟大蕭條，道瓊一九二九年從三百八十六點的高點一路往下，直到一九五四年才重回三百八十六點，雖然經過漫長的二十五年，但終究還是回到三百八十六點。

他過世時身家只有十萬美元，不免令人懷疑他的投資是否真有那麼厲害。[2]「他算是金融占星師。」ＭＩＴ史隆管理學院教授羅聞全（Andew Lo）下了這樣的結論。

幾十年後，蔡至勇（Gerald Tsai Jr.）利用技術分析等方法，在狂飆的一九六〇年代末期成為最有影響力的投資人。蔡至勇在富達投資（Fidelity Investment）嶄露頭角，搭上動能股的列車一舉致富，成為第一位成長基金經理人。後來，他成立自己的公司「曼哈頓基金」（Manhattan Fund），是當時受到極力吹捧的寵兒。他在公司設了一個戰情室，用各種幻燈片圖表和可旋轉的圖表追蹤幾百個平均數、比例、震盪指標，他要求戰情室的溫度設定在寒冷的攝氏十三度，確保三位負責更新數字的全職員工能保持全神貫注和機敏。

曼哈頓基金在一九六九到一九七〇年的空頭市場崩跌，績效和方法都成為奚落的對象。當時，蔡至勇已經把基金賣給一家保險公司，他則忙著把金融服務公司Primerica變成銀行巨擘，這家公司後來成為花旗集團（Citigroup）的重要支柱。[3]

久而久之，技術交易者成為嘲笑對象，他們的策略說好聽是簡單懶人法，說難聽是一種巫術。雖然嘲笑奚落不斷，還是有很多投資人繼續把金融市場畫成圖表，努力尋找**頭肩型**等常見的構造和形態。近代有些投資高手，像是史丹利・朱肯米勒（Stanley Druckenmiller）會參考圖形來確認現行的投資邏輯，羅聞全教授等人也認為技術分析是量化投資的「先行者」；不過，技術分析的方法並沒有經過公正徹底的檢驗，大多數準則都是出自主觀的圖形辨識及聽起來滿有道理的經驗法則，成效令人懷疑。[4]

跟過去技術交易的前輩一樣，西蒙斯也在做某種圖形分析，從市場數據中尋找可透露端倪的規律和相關性，只是他採取的方法比較科學，希望藉此能比過去的前輩多一點幸運。他認同伯利坎普的看法，技術指標比較適合用於短線操作，不適合長線投資。不過，他希望嚴謹測試、精密的預測模型能以統計分析為基礎，而不是靠眼睛緊盯著價格走勢圖，好讓他避免步上那些已壯烈成仁的圖表擁護者的命運。

但他不知道的是，別人也在忙著琢磨類似的策略，他們也有自己的高性能電腦和數學演算法，其中好幾個人甚至已經大有進展，也就是說，西蒙斯落後了。

事實上，電腦時代一露出曙光，七早八早就有投資人開始用電腦破解市場。早在一九六五年，財經雜誌《巴隆週刊》（*Barron's*）就提到電腦可以給投資人「數不盡」的好處，還可以讓分析師「卸下枯燥的工作，有時間去做更有創造性的事」。大約同一時間，《華爾街日報》也洋洋灑灑報導電腦能過濾大量股票並加以排序，而且幾乎馬上就可以完成。在當時的經典財經書籍《金錢遊戲》（*The Money Game*）裡，作者喬治・古德曼（George Goodman）以亞當・史密斯（Adam Smith）為筆名，嘲弄「電腦人」開始入侵華爾街。

雖然投資圈已經有人開始用機器引導投資，但科技尚未到位，連有點難度的統計分析都做不到，更何況對電腦模型的需求也不多，因為當時的金融業並不特別講究數學。儘管如此，芝加哥有個交易員理查・丹尼斯（Richard Dennis）還是打造一套由特定預設規則主導的交易系統，目的是除去交易過程中的情緒和不理性，跟那套讓西蒙斯興奮激動的方法沒兩樣。整個一九八〇年代，文藝復興公司的員工費盡心思改良模型的時候，不斷有丹尼斯成功的事蹟傳到耳邊。二十六歲的時候，丹尼斯已經是芝加哥期貨交易所一個獨特的存在，獨特到享有一個名號：期交所王子（The Prince of the Pit）。他戴著厚厚金框眼鏡，皮帶上掛著肥肚，又鬈又細的頭髮「像米格魯小狗的耳朵一樣掛在臉旁」，當時採訪他的人如此描述。

丹尼斯對他的順勢投資系統非常有信心，甚至將規則編纂整理，分享給大約二十個他招募來的「海龜」。他給這些新手現金，派他們分頭去交易，目的是贏得他跟朋友長久以來的爭辯：他的方法連笨蛋都能懂，門外漢也能變成投資專家。其中許多海龜的表現令人眼睛一亮，丹尼斯本人則據說在一九八六年賺了八千萬美元，一年後手上操盤金額大約一億美元，不過，他在一九八七年的市場震盪中遭受重創，成為最新一個跟西蒙斯用類似手法但壯烈成仁的案例。手上現金揮霍大半之後，丹尼斯停止交易，把重心轉向鼓吹自由派政治理想、大麻合法化等。

「人生除了交易還有其他的事。」他告訴當時的採訪者。[5]

整個一九八〇年代，不斷有應用數學家和前物理學家被網羅到華爾街和倫敦金融城，他們的任務通常是建立模型，以便給複雜的衍生性商品和房貸商品定價、分析風險、替投資部位**避險**，這些工作內容就是後來所謂的**財務工程**（financial engineering）。

金融業花了一點時間才替那些設計、執行數學模型的人想出一個名稱。一開始，他們稱之為**火箭科學家**（rocket scientists），根據艾曼紐·德爾曼（Emanuel Derman）的說法，會用這個名稱是因為他們認為火箭是最先進的科學。（德爾曼在哥倫比亞大學取得理論物理博士之後，進入華爾街一家公司。）漸漸的，這些專家後來被稱為「計量金融專家」，簡稱**寬客***。德爾曼回憶，有好多年的時間，銀行和投資公司的資深經理人有很多人以自己是電腦白痴為榮，他們把這個詞當成貶抑字眼。德爾曼說，一九八五年他一加入高盛（Goldman Sachs），「馬上就注意到精於數字計算是種羞恥……兩個成年人在交易員、業務人員、銀行家環伺的場合聊起UNIX或C語言，是很低俗的事。」「你身邊的人會把目光移開。」德爾曼在自傳《一個計量金融大師在華爾街》（*My Life as a Quant*）寫道。[6]

對「電腦人」的懷疑，其實其來有自。一來，他們複雜的避險作為並不是每次都有圓滿結果。一九八七年十月十九日，道瓊工業指數暴跌二三%，是有史以來單日最大跌幅，各方都把矛頭指向當時廣泛流行的**投資組合保險**（portfolio insurance），那是一種避險手段，投資人的電腦一偵測到下跌跡象，就會自動賣出股票指數期貨，以免損失更多。當然，賣出部位會讓價格跌得更深，然後又觸發電腦繼續賣，最後一路跌到底。

二十五年後，《紐約時報》著名金融專欄作家佛洛伊德．諾里斯（Floyd Norris）說道：「那是市場被蠢電腦毀滅的開端，這麼說或許對電腦不公平，應該要說『老是出錯的人所設計』的電腦，以及『不了解電腦程式局限的人所信任』的電腦。電腦正夯，人腦退散。」

一九八〇年代，證明某些參差不齊的數學形狀（稱為「碎形」，fractal）和自然界的不規則非常相似的本華．曼德博教授（Benoit Mandelbrot）主張：金融市場也有碎形。他的理論意味市場的意外事件遠多於普遍認知，這是高性能電腦產生的複雜電腦模型之所以被懷疑的另一個原因。曼德博的研究，使由交易員轉為作家的塔雷伯（Nassim Nicholas Taleb）等人的觀點得到強化：受歡迎的數學工具和風險模型，並不足以讓投資人因應大規模、難以預測、偏離歷史規律的事件，偏離現象發生得太頻繁，遠超過大多數模型的掌握。

由於有這些顧慮，負責修補模型和電腦的人，通常不被允許交易或投資，只擔任從旁協助的角色，幫忙（或者該說不妨礙）銀行和投資公司裡的交易員和重要人士。一九七〇年代，柏克萊經濟學教授巴爾・羅森堡（Barr Rosenberg）開發量化模型，用來追蹤影響股票的因素，他並沒有利用模型去交易賺錢，而是把模型賣給其他投資人，協助他們預測股市行為。

愛德華・索普（Edward Thorp）是近代第一位用量化策略做大筆投資的數學家。他原本是學者，曾經跟資訊理論之父克勞德・夏農共事，擁抱約翰・凱利的依比例下注理論，凱利就是影響伯利坎普的德州科學家。索普先是把他的才能應用於賭博，在賭場狂

---

＊寬客是量化（quantitative）的縮寫。

贏讓他備受矚目，也迎來一本暢銷書《打敗莊家》（*Beat the Dealer*）。書裡描寫他深信系統化、以規則為基礎的賭博策略，也勾勒他的洞見：在機率賽局裡，如果能善用勝算的變化，就能取得上風。

一九六四年，索普把注意力轉到全世界最大的賭場：華爾街。讀了技術分析相關書籍，還有班傑明・葛拉漢（Benjamin Graham）和大衛・陶德（David Dodd）的指標大作、給基本面投資打下基礎的《證券分析》（*Security Analysis*）之後，他「對大多數人所知竟然這麼少感到驚訝，但也深受鼓舞」，他在自傳《他是賭神，更是股神》（*A Man for All Markets*）如此寫道。[7]

索普鎖定認股權證（stock warrant），這種權證的持有人有權以約定價格買進股票。他開發出一套公式來判定權證「正確」的價格應該是多少，然後他就能馬上找出市場價格錯誤的權證。他在一台惠普9830電腦寫程式，用他的數學公式買進相對低價的權證、賣出相對高價的權證，避免他的投資組合在更大的市場受到震盪。

一九七〇年代，索普幫忙主導一支名叫「普林斯頓／新港合夥」（Princeton/Newport Partners）的避險基金（以下簡稱普新基金），獲利豐厚，吸引許多著名投資人，包括演員保羅・紐曼（Paul Newman）、好萊塢製片羅伯特・艾文斯（Robert Evans）、編劇查理・考夫曼（Charles Kaufman）。他的公司用電腦寫成的演算法和經濟模型來做交易，因為用電量太大，位於南加州的辦公室永遠熱到滾燙。

索普的交易公式是受到一篇博士論文影響，論文主人是法國數學家路易・巴舍利耶（Louis Bachelier）。巴舍利耶一九〇〇年為巴黎證券交易所的選擇權定價發展出一套理論，他所使用的方程式，跟愛因斯坦後來解釋花粉粒子布朗運動所使用的方程式很類似。他的博士論文解釋股價的不規則運動，幾十年來一直遭到輕忽，只有索普等人看出那篇論文和現代投資的關聯。

一九七四年，索普登上《華爾街日報》頭版，標題是「單槍匹馬征服市場的祕笈：電腦方程式」。一年後，他的財富暴增，開一輛嶄新的紅色保時捷911S。對他來說，用電腦模型來交易權證、選擇權、可轉換債券及其他所謂衍生性商品，是唯一合理的投資方法。

「電腦模型是真實世界的簡化版，就像能告訴你如何在一個城市從A地到B地的地圖一樣，」他寫道：「只要使用正確，你就能用那些規則來預知新情勢會發生什麼。」

持懷疑態度的人嗤之以鼻，有個人就告訴《華爾街日報》：「真實的投資世界太複雜，無法簡化為一個模型。」雖然受到懷疑，但索普的基金規模到一九八〇年代末期已達到將近三億美元，當時，西蒙斯的大獎章才只有兩千五百萬美元。後來，他旗下的普新基金捲入垃圾債券大王麥可・米爾肯的交易醜聞，索普期待成為投資巨擘的夢想隨之破滅。

索普本人從未被控有不當行為，政府最終也撤回所有跟普新基金有關的指控，但調查期間的媒體曝光已讓他的基金癱瘓，一九八八年底宣告結束，索普形容這個結果「造成心理創傷」。這支避險基金存在的十九年當中，平均年化報酬超過一五％（包含向投資人收取的各項費用），高於那段時間的市場報酬。

要不是政府的舉動，「我們一定會成為億萬富豪。」索普說。

## 自動化自營交易

一九八〇年代初，傑利・班貝格（Gerry Bamberger）對財富和地位都沒有什麼憧憬。高高瘦瘦、哥倫比亞大學電腦科學系畢業的班貝格，在摩根士丹利（Morgan Stanley）為股票交易員提供分析和技術的後援，是這家投資銀行一個小小的螺絲釘。交易員準備替客戶買賣巨額股票時，比方說買進幾百萬美元的可口可樂，同時也會賣出同類股票來避險，如百事可樂，也就是所謂的**配對交易**（pairs trade）。班貝格的工作是寫軟體更新交易員的成交資料，只是許多交易員很不爽自己竟然得靠一個電腦宅男幫忙。

看著交易員的**巨額**買單，班貝格發現股價通常會隨之上漲，這跟預期一樣，反之，大單拋售的股票會下跌。交易員每做一次這種巨額交易，兩支股票（一支是主要的標的股票，一支是搭配避險的同類個股）的**價差**就會改變，即使市場上並沒有任何影響股價的消息。舉個例子，可口可樂的巨額賣單可能會造成這支股票下跌一到兩個百分點，而百事可樂的股價可能連動都沒動。等到可口可樂大單拋售的效應漸漸減退，這兩支股票的價差就會回到常態，這種情況很合理，因為除了摩根士丹利的大單拋售之外，可口可樂並沒有下跌的理由。

班貝格嗅到機會。如果銀行建立一個資料庫追蹤各種配對股票的歷史價格，只要押賭價差會在巨額交易或其他異常買賣之後回歸歷史水準，就能從中獲利。班貝格的主管被說動，給他五十萬美元和一小組人，他便開始開發電腦程式，利用配對股票之間「短暫的上下變化」。班貝格是正統派猶太人，菸不離手，是個冷面笑匠，天天用棕色袋子帶一份鮪魚三明治當午餐。到了一九八五年，他已經在實際執行他的策略，一次交易六到七檔股票，操盤金額達到三千萬美元，為摩根士丹利賺錢。[8]

大企業的行事作風往往就像……呃……大企業，官僚保守，所以很快班貝格就換了一個新主管：農西奧・塔爾塔利亞（Nunzio Tartaglia）。這項舉動明顯是個侮辱，班貝格憤而辭職（他隨後加入索普的避險基金，從事類似的交易，最後以百萬美元身家退休）。

塔爾塔利亞是個天體物理學家，短小精幹，管理風格跟前任非常不同。他是紐約布魯克林人，一直在華爾街各家公司跳來跳去，嚴苛是他的優勢。有一次一個新同事走上前要向他自我介紹，立刻遭到他打斷。

「別想從我這邊得到什麼，因為我從那裡來的。」塔爾塔利亞說話的同時，手指指向一旁的窗戶和紐約街頭。[9]

塔爾塔利亞把團隊改名為「自動化自營交易」（Automated Proprietary Trading），簡稱ＡＰＴ，把辦公室搬到位於曼哈頓中城的摩天大樓、摩根士丹利總部的十九樓，進駐一個十二公尺長的空間。他在系統中加入更多自動化，到一九八七年已經有五千萬美元的獲利。團隊成員對自己買賣的股票完全不了解，也不需要了解，他們的策略只是押賭股票之間過去出現的相關性，也就是「低買高賣」這個古老投資術的延伸版，只不過這次用的是電腦程式和光速交易。

ＡＰＴ團隊注入的新血拉高獲利，其中一位新人是前哥倫比亞大學電腦科學教授大衛・蕭（David Shaw），另一位是數學家羅伯特・弗瑞（Robert Frey）。摩根士丹利這批交易員成為第一批擁抱**統計套利**（statistical arbitrage）的人。整體來說，統計套利是同時做大量交易，這些交易跟整個市場沒有關聯，而是著眼於統計異常之處或其他市場行為，從中獲取利潤。舉個例子，APT的軟體先根據過去幾週的漲跌列出股票排行，然後對某個產業裡漲幅最大的前一〇%股票**放空**，並對跌幅最大的前一〇%股票做多，打的算盤就是走勢會反轉。當然不是每次都能稱心如意，但只要交易次數夠多，這套策略每年就能有二〇%的獲利。可能是因為投資人一開始對好壞消息過度反應，然後才慢慢冷靜下來，有助於讓股票之間回到過去的相關性。

到了一九八八年，APT已經是全世界最大、最神祕的交易團隊，每天買賣價值九億美元的股票。然而，他們在那一年虧損慘重，摩根士丹利高層於是大砍APT三分之二的資本。公司高層對於仰賴電腦模型投資本來就不曾放心過，再加上內部很多人眼紅塔爾塔利亞團隊賺那麼多錢。過沒多久，塔爾塔利亞就丟了飯碗，整個團隊宣告解散。

要過很多年才看得明白，摩根士丹利白白浪費金融史上一個最有賺頭的交易策略。

## 因子投資

早在APT團隊收攤之前，羅伯特·弗瑞就開始焦慮了。不只是因為頂頭上司塔爾塔利亞跟高層處得不好，連帶造成整個團隊只要虧損變多就有被解散之虞；年少時跌斷一條腿和臀部，導致體型肥胖、走路一跛一跛的弗瑞，也非常確信競爭對手已慢慢搞懂他們的交易策略。索普的基金已經在做跟他們類似的交易，弗瑞斷定其他對手肯定也會跟進，他得想出新策略才行。

弗瑞提議解析各類股票的走勢，找出股票走勢的自變數（independent variable）。舉個例子，埃克森美孚石油（Exxon）飆漲的原因可能有好幾個，譬如油價上漲、匯率、市場的整體動能等；寶僑（Procter & Gamble）股票上漲最有可能的原因是資產負債表健康，市場對穩健股的需求變高，因為負債累累的公司令投資人皺眉。果真如此的話，如果數據顯示這兩類股票的價差已大於歷史水位，或許就有必要賣出財務強健的類股、買進高負債的類股。同一時間，已有不少投資人和學者開始在考慮這種**因子投資**（factor investing），但弗瑞想知道用電腦統計等數學方法來找出影響股票的真正因素會不會更好。

弗瑞和同事這套創新的因子投資策略，並沒有激起摩根士丹利高層們的興趣。

「他們叫我不要找麻煩。」弗瑞回憶。

弗瑞辭掉工作，找上吉姆·西蒙斯，獲得他的金援，成立克卜勒財務管理公司（Kepler Financial Management）。他和幾個人安裝幾十台小電腦，把資金押在他的統計套利策略，但幾乎馬上就收到摩根士丹利律師寄來的威脅信。弗瑞沒有竊取任何東西，不過，他的方法是任職摩根士丹利期間發展出來的。幸好他走運。他回想起，塔爾塔利亞並沒讓他和團隊任何人簽署摩根士丹利的保密或競業協議，塔爾塔利亞當時想保留選項，要是紅利落空的話，就帶整個團隊投靠敵對陣營。因此，摩根士丹利在法律上站不住腳，不能阻止弗瑞做交易。帶著些許惶恐不安，弗瑞不理會摩根士丹利持續不斷的威脅，開始交易。

## 對手進逼

到了一九九〇年，西蒙斯除了看好弗瑞和克卜勒公司能在股票交易找到成功之鑰，對他自己的大獎章基金，以及債券、原物料商品、外匯的量化交易策略，更是熱情滿滿。可是，競爭愈來愈多，有些對手甚至採用跟他類似的交易策略，頭號競爭對手應該要算大衛·蕭，他是另一個逃離摩根士丹利APT團隊的流亡者。一九八八年離開摩根士丹利之後，史丹佛大學博士、三十六歲的蕭受到高盛延攬，他不知道該不該答應，便找上避險基金經理人唐納・薩斯曼（Donald Sussman）商討自己的去路，薩斯曼會帶他揚帆遊長島灣。有一天，在薩斯曼那艘快滿三歲的十四公尺單桅帆船上，兩人討論蕭該做什麼選擇。

「我想我有辦法用科技來交易有價證券。」蕭告訴薩斯曼。

薩斯曼建議蕭自己開一家避險基金，不要為高盛作嫁，他願意給蕭兩千八百萬美元當做初始**種子**資金。蕭被說動，成立德劭基金（D. E. Shaw），公司設在革命書店（Revolution Books）樓上的辦公空間，這家書店是一家支持共產主義的書店，位於曼哈頓聯合廣場當時沙塵滿天的區域，蕭做的第一件事是購買兩台超快且昂貴的昇陽（Sun Microsystems）電腦。

「他需要法拉利，」薩斯曼說：「我們就買法拉利給他。」[10]

本身是超級電腦專家的蕭，聘請數學和科學博士，這些人也認同他用科學方法交易的概念。另外，他還引進各種背景的聰明人士，主修英文和哲學的人是他最愛找的對象，他也聘用西洋棋高手、單口喜劇表演者、出過書的作家、有資格參加奧運的擊劍運動員、長號樂手、爆破專家。

「我們不想要那種滿腦子都是成見的人。」德劭一位早期的高階主管表示。[11]

不同於華爾街多數公司吵嘈的交易室，蕭的辦公室很安靜肅穆，訪客彷彿走進國會圖書館的研究室，即便員工都是穿著牛仔褲加T恤。當時是網路剛開啟的年代，只有學者在使用電子郵件，但蕭已跟他一位程式設計師滔滔不絕聊起網路時代的新可能。

「我認為民眾會在網路上買東西，」蕭告訴一個同事：「不只會買東西，而且在買東西的時候……他們會說『這個水管不錯』或『這個水管很爛』，他們會發表評論。」

他們有位程式設計師叫做傑佛瑞·貝佐斯（Jeffrey Bezos），跟蕭一起工作幾年後，他把包袱收一收，搬進一輛開往西雅圖的箱型貨車，坐在駕駛座開車的是他當時的太太麥肯琪（MacKenzie）。一路上，貝佐斯忙著在大腿上的筆電上打出新公司 Amazon.com（亞馬遜）的營運計畫書，他原本挑選的公司名字是Cadabra*，但太多人誤以為是Cadaver（屍體），所以放棄。[12]

蕭一發動法拉利引擎，他的避險基金幾乎馬上開始印鈔票，基金規模很快就達到數億美元，交易一系列股票相關投資，員工超過百人。

吉姆·西蒙斯並不清楚蕭和其他人已經進展到什麼程度，但他倒很清楚，如果要做

* 譯注：來自魔法咒語 abracadabra。

出不一樣的東西來趕上搶在他前頭的人，他就需要找人協助。他打電話給薩斯曼，他資助大衛·蕭成立避險基金，而西蒙斯希望也能得到同樣的支持。

西蒙斯學生時期。

西蒙斯（左一）跟朋友出發前往布宜諾斯艾利斯。

西蒙斯（左一）和IDA的同事李·紐沃斯（Lee Neuwirth）、傑克·佛格森（Jack Ferguson）。

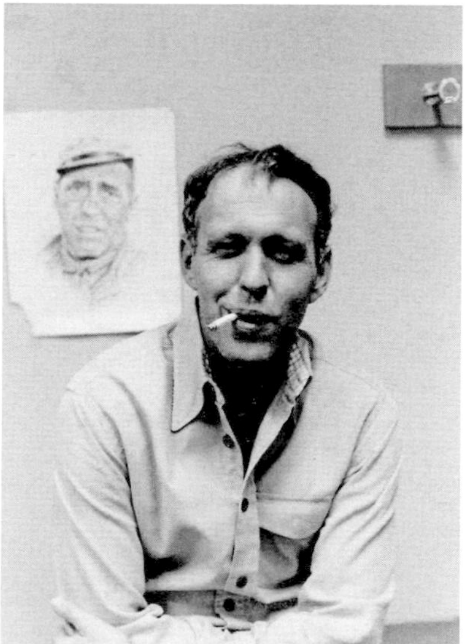

西蒙斯在朋友之間以幽默著稱，和影星亨佛萊·鮑嘉（Humphrey Bogart）有幾分神似。

文藝復興最早的辦公室，鄰近一家女裝服飾店、一家披薩店，以及石溪火車站。

藍尼·鮑姆雖然視力逐漸惡化，仍然不減對圍棋的投入。

詹姆斯．艾克斯聰明帥氣，只是常常怒氣沖沖。

艾克斯晚年搬到聖地牙哥。

艾爾文・伯利坎普在關鍵時期對西蒙斯有很大的幫助。

羅伯特・莫瑟（左）和彼得・布朗是文藝復興取得重大突破的功臣。圖片提供：《華爾街日報》和珍妮・史崔斯伯格（Jenny Strasburg）

羅伯特・莫瑟和莉百嘉・莫瑟在唐納・川普角逐總統的過程中扮演積極角色。

西蒙斯和太太瑪麗蓮，以及聲譽卓著的學者陳省身（就座者）、楊振寧。

西蒙斯在課堂上講授數學。

西蒙斯和他喜歡的狐猴參加石溪一場活動

西蒙斯夫婦。

第八章

# 只要能預測市場規律就好

快到第六大道的時候，吉姆．西蒙斯的脈搏愈跳愈快。那是個悶熱的夏日午後，他卻穿西裝打領帶，只為了給人留下好印象。眼前等著他的是個艱鉅任務。到一九九一年時，大衛．蕭和其他對手已經在用電腦模型交易股票，但華爾街傳統派少數知情人士大多嗤之以鼻。像西蒙斯那樣仰賴神祕莫測的演算法聽起來很可笑，甚至很危險，有人說那是**黑箱**投資，意思是難以解釋清楚，還可能掩蓋嚴重的風險。如果用縝密研究加上日積月累磨練而成的直覺這種老派方法就能賺進大把鈔票，誰還需要西蒙斯和他那些花俏的電腦？

在曼哈頓中城一棟辦公高樓裡等待西蒙斯的是唐納．薩斯曼，這位四十五歲邁阿密人可說是華爾街的異端。二十多年前還在哥倫比亞大學唸書時，薩斯曼休學去了一家小券商工作，偶然發現一種可轉換債券交易的冷僻策略，這是特別複雜的投資標的，他說服老闆忍痛掏出兩千美元購買一台初代的電腦，好讓他可以快速判定哪檔債券最值得買進。有了電腦在手，薩斯曼替公司賺進數百萬美元，這筆意外之財開了他的眼界，原來科技可以帶來那麼大的優勢。

如今，身高一百九十一公分、寬肩、留著小鬍子的薩斯曼，經營帕洛馬基金（Paloma Partners），金援大衛．蕭快速擴展的德劭避險基金。薩斯曼無視業界普遍認知，他認為數學家和科學家有朝一日必定能跟大型交易公司平起平坐，甚至超越它們。外面流傳他很樂意投資其他以電腦交易為主的交易員，這燃起西蒙斯的希望，也許能得到薩斯曼的援助。

西蒙斯之所以拋棄大好的學術生涯，是為了在投資圈做點不一樣的東西，然而，經過整整十年的投入，他的基金規模卻只有四千五百萬美元出頭，只是蕭的德劭基金的四分之一。這場會面很重要，若能獲得薩斯曼的金援，文藝復興公司就能聘請員工、升級科技、成為華爾街一股勢力。

薩斯曼原本就是西蒙斯最早的投資人之一，因為虧損才撤出資金，有過那次經驗的他，對於即將上門的訪客可能會有所存疑。不過，西蒙斯的演算法剛經過大幅改良，這時的西蒙斯信心爆滿。他大步邁入薩斯曼的大樓，那裡跟卡內基音樂廳只相隔一條街。

他搭電梯來到三十一樓，走進一間寬闊會議室，室內的全景視野可將中央公園盡收眼底，還有一塊很大的白板，供來訪的寬客寫下他們的程式。

隔著又長又窄的木桌，薩斯曼看著西蒙斯，忍不住微笑。眼前這位客人一臉落腮鬍、頂上頭髮稀疏灰白，跟平常來他辦公室朝聖、尋求金援的人相去甚遠。西蒙斯的領帶微微歪斜，西裝是華爾街很罕見的粗花呢。他單槍匹馬過來，沒有顧問幕僚簇擁，正是薩斯曼喜歡幫忙的那種聰明投資人。

「他看起來像個學者。」薩斯曼回憶。

西蒙斯開始推銷，把大獎章基金如何改良的過程放送一遍。信心滿滿、言語直率的他，花了一個多小時概述公司的績效、風險、波動性，也把新的短線模型大致介紹一下。

「現在我真的做出來了，」西蒙斯難掩興奮：「我們已經有了突破。」

他懇求薩斯曼投資一千萬美元到他的避險基金，表示有把握賺大錢，文藝復興公司必定能成為大型投資公司。

「我已經領悟到，」西蒙斯說：「我可以做很大。」

薩斯曼耐心的聽，很心動，但他不可能投資西蒙斯。於私，他擔心有利益衝突，因為他是德劭基金唯一的資金來源，況且他幫蕭聘請學者和交易員，就是為了領先西蒙斯這些剛冒出頭的寬客，如果他有多餘的現金要投資，也應該給蕭的基金才對。再說，蕭的年獲利已經有四〇%，文藝復興公司似乎連迎頭趕上的機會都還很渺茫。

「我為什麼要把錢給一個還停留在理論階段的競爭對手？」薩斯曼問西蒙斯：「很抱歉，我已經有大衛了。」

兩人起身握手，約定會保持聯絡。西蒙斯轉身離開時，薩斯曼注意到他的臉上閃過一絲失望。

西蒙斯向其他潛在投資人尋求金援也不走運。投資人沒有當面說，但大多認為仰賴電腦模型很荒謬可笑，同樣荒謬的是西蒙斯收取的費用，尤其他要求投資人每年必須繳五%的基金管理費，遠高於多數避險基金收取的二%。

「我也繳管理費啊，」西蒙斯告訴某位潛在投資人，表示他也是大獎章的投資人，「為什麼你就可以不繳？」

西蒙斯這個邏輯說不過去。他繳的費用是直接進公司的口袋，這點就讓他的說法沒有說服力。不過，更大的致命傷是大獎章的亮眼收益也才不到兩年。

華爾街老手安妮塔．萊佛（Anita Rival）代表公司到西蒙斯的曼哈頓辦公室，討論投資大獎章基金的事情，成為最新一個給他臉色看的人。

「他不解釋他的電腦模型怎麼運作，」她回憶：「你沒辦法了解他到底在做什麼。」

文藝復興公司的內部也在流傳，商品期貨公司（Commodities Corporation）一樣拒絕投資西蒙斯的基金。商品期貨公司旗下還有保羅・都鐸・瓊斯、路易斯・貝肯（Louis Bacon）、布魯斯・柯凡納（Bruce Kovner）等期貨基金經理人所操盤的重要避險基金。

「從業界的角度來看，『文藝復興公司就是一群在用電腦的數學家……**那群人**對這一行懂什麼？』」西蒙斯的朋友說：「他們沒有過去的績效……風險是他們可能連自己都會搞垮。」

還好，西蒙斯還有他的交易系統，在一九九一年獲利三九%之後，基金規模已經達到七千萬美元。如果能找到方法延續勝績，甚至把報酬率拉得更高，他有把握投資人終究會回心轉意。不過，伯利坎普、艾克斯、鮑姆都走了，雖然有史特勞斯負責公司的交易、數據收集等，但他並不是挖掘隱藏交易訊息的研究員。業界競爭愈來愈激烈，大獎章勢必得找出新的獲利方法才行。西蒙斯轉向亨利・勞佛求助，他是展現出過人開創性解決問題能力的數學家。

## 採用單一模型策略

勞佛不像西蒙斯或艾克斯有領過聲望卓著的數學獎，也不像藍尼·鮑姆或艾爾文·伯利坎普有個以自己名字命名的高人氣演算法，但是，勞佛也爬到個人成就的巔峰，而且證明他是西蒙斯的最佳合夥人。

勞佛大學唸的是紐約市立學院（City College of New York），研究所唸普林斯頓大學，分別以兩年的時間拿到學位。他在複變函數（屬於數學領域）一個棘手問題取得進展，並且發現**嵌入**（embedding）的新例子，這是指嵌在數學結構裡的其他結構，這些成就為他贏得讚譽。

一九七一年加入石溪數學系後，勞佛的研究重心是複變函數和代數幾何，從複變分析（complex analysis）的古典領域轉移到研究比較當代的問題。他在課堂上生龍活虎，很受學生喜愛，私底下卻很害羞。高中朋友記憶中的他是個書呆內向的人，身上總是帶著一把計算尺。一進石溪大學，勞佛就跟同事說他想結婚，急著想讓自己做好結婚準備，趕快找到真命天女。有一次跟數學家同事雷納德·喬樂普去滑雪旅行，勞佛建議兩人到飯店樓下酒吧去「認識女生」。

喬樂普看了看這位朋友，笑了出來。

「亨利，你又不是那種人。」喬樂普說，他很清楚勞佛太害羞了，不可能去飯店酒吧搭訕女生。

「他是很正派的猶太男孩。」喬樂普回憶。

勞佛最終還是遇見了真命天女，跟瑪夏・茲拉廷（Marsha Zlatin）結了婚。瑪夏是石溪大學的語言病理學教授，政治理念跟勞佛一樣都是自由派，個性比他樂觀，常常用「超讚」形容自己的心情，遇到艱難挑戰也不氣餒。經過幾次流產，瑪夏依舊保持樂觀積極，讓朋友讚佩不已，最後她生下健康寶寶，後來還拿到語言病理學博士學位。

瑪夏的人生觀似乎影響了勞佛。在同事當中，勞佛是出了名的樂意與人合作。同事也注意到勞佛對投資有興趣，他一九九二年重回西蒙斯團隊的全職工作時，同事們很失望，但並不驚訝。

轉行做投資的學者通常會變得神經兮兮又急躁，任何市場動靜都會令他們擔心發愁，跟西蒙斯一起做交易的鮑姆就是如此，焦慮糾纏不去。當時四十六歲的勞佛卻有不同的反應，根據朋友的說法，薪水增加替勞佛減輕女兒大學學費的壓力，另一方面，琢磨能獲利的交易程式似乎是讓勞佛很享受的腦力挑戰。

對西蒙斯來說，經歷複雜難搞的鮑姆、艾克斯、伯利坎普之後，勞佛的溫和友善令他如沐春風。西蒙斯變成總攬公司全局的人，負責募集資金、網羅人才、規劃緊急應變，以及根據近來強勁獲利制定整個團隊的策略，勞佛則在新的石溪辦公室帶領研究部門，史特勞斯則在柏克萊交易。

勞佛一開始就做了一個日後證明價值連城的決定，那就是大獎章基金採用單一模型策略，不打算依照投資和市場情況的不同而採多重模型，後者是多數量化公司採納的做法。勞佛承認，多重模型策略比較簡單，也比較容易完成，但是他認為，如果採單一模型，就可以用上史特勞斯那套龐大的價格數據，偵測相關性、時機及其他跨資產類別的訊號，相反的，範圍狹小的個別模型有數據太少的疑慮。

還有一點很重要，勞佛很清楚，如果採用單一且穩定的模型，以幾個跟價格和市場行為有關的核心假設為基礎，以後要加入新投資比較容易，甚至連數據較少的投資標的也能加進去，只要大獎章中的類似投資標的有大量數據就行了。沒錯，勞佛也承認，要把各種不同投資合併在單一系統下是個挑戰，譬如某個外匯期貨和某個美國原物料商品期貨，但只要找到方法把那些小問題「撫平」，單一模型會產生比較好的交易結果。

勞佛花了很長的時間伏案改良模型。每到午餐時間，團隊常會擠進勞佛的林肯Town Car老爺車，開往當地一家小餐館，邊吃邊繼續討論。沒多久，他們就想出檢視市場的新方法。

史特勞斯那邊已經整理大量檔案，追蹤數十種原物料商品、債券、外匯數十年的價格，為了更容易消化這麼多數據，他們已經把每週的交易分成十段，也就是有五個通宵時段，那是海外股市開盤交易的時候；以及五個白天時段。等於把一天分成兩半，以利團隊從各時段尋找重複出現的規律和連動，接著在早上、中午、下班時段進行交易。

西蒙斯在想，或許有更好的數據分析方法，也許把一天分得更細，讓團隊更能仔細剖析盤中的價格資料，挖掘出全新、未偵測到的規律。於是，勞佛開始把一天切成兩半，然後再切成四段，最後決定以**五分鐘**為單位是最理想的切割方法。很重要的一點是，史特勞斯這時的電腦處理速度更強大了，所以，勞佛更容易取小塊的歷史數據來做比較。比方說，投資人恐慌的時候，可可期貨市場第一百八十八個五分鐘時段往往會下跌，第一百九十九個時段卻通常會反彈？投資人擔心通膨的時候，黃金市場第五十個時段會出現強勁買盤，第六十三個時段卻常常出現買盤疲弱？

靠著勞佛的五分鐘時段，團隊開始辨識出新趨勢、反常等現象，或者套用他們的術語就是：**非隨機交易效應**（nonrandom trading effect）。史特勞斯這邊會做測試，確定數據不至於挖太深，進而導致他們得出錯誤的交易策略，然而，通過測試的新訊號似乎不少。

大獎章團隊彷彿頭一次戴上眼鏡，用全新的眼光重新檢視市場。他們很快就發現，週五早盤的波段竟然能莫名預測同日尾盤的波段；勞佛這邊也發現，市場尾盤走高的時候，如果在收盤前買進期貨、隔天一開盤就賣出，通常會賺錢。

團隊也挖出跟波動性相關的預測效應，以及一連串的**組合效應**（combination effect），例如：配對投資，像是黃金和白銀、燃料油和原油的走勢往往在某些交易時段同步。有些新的交易訊號並不是馬上就看得出有用，不過，只要**P值**（p-value），也就是機率值（probability value）小於〇．〇一，代表在統計上具有顯著性，統計假象的可能性很低，這些交易訊號就會納入系統。

西蒙斯很快就發現，光有一系列有利可圖的投資策略遠遠不夠。

「要怎麼出手？」他問勞佛和其他團隊成員。

西蒙斯的意思是要他們解決另一個傷腦筋的問題：可行的交易策略這麼多，大獎章的資金又有限，每一筆交易該投注多少金額？還有，應該選擇哪些交易策略？優先順序為何？於是，勞佛開始寫電腦程式，來找出一天中的最佳交易，西蒙斯開始稱它為「**下注演算法**」（betting algorithm）。勞佛決定把這個程式做成「動態」，程式會自己調整，並且根據即時分析、期貨市場走勢的機率，來調節基金的留倉組合，而這就是機器學習的早期雛形。

跟一個投資大獎章的朋友開車往石溪的路上，西蒙斯掩不住興奮。

「我們的系統是活的，隨時在修改，」他說：「它真的能成長。」

大獎章的員工只有區區十幾個，如果西蒙斯想趕上德劭，並且成為業界翹楚，他就得建立一支完整的團隊。有一天，石溪有位叫克里希米爾・沛納維克（Kresimir Penavic）的博士生開車過來面試工作，他等著跟勞佛談的時候，穿著破褲和低跟樂福鞋、兩指間掛著一根香菸的西蒙斯，閒晃過來打量這個應試者。

「你唸石溪？」沛納維克點點頭。西蒙斯又問：「你做過什麼？」

沛納維克不知道眼前這個問問題的傢伙是何方神聖，身高將近兩百公分的他，開始敘述在大學唸應用數學時的研究。

西蒙斯覺得很一般。

「那個很簡單。」他嗤之以鼻的說。一個數學家可以說出最貶抑的話莫過於此。

毫不畏縮的沛納維克又說起他寫的另一篇論文，那篇論文探討一道未解的代數問題。

「那個問題並**不**簡單。」沛納維克強調。

「那**還是**很簡單。」西蒙斯一面說一面揮手，香菸的煙霧往沛納維克臉龐飄去。

這位年輕人火大了，西蒙斯咧嘴笑了出來，彷彿剛剛是對沛納維克惡作劇。

「不過，我喜歡你。」西蒙斯說。

過了一會兒，沛納維克被錄取了。

同一時間，一個名叫尼克．派特森的研究員也加入團隊，只是他拿到這份工作並不算特別興奮。派特森無法拋開內心的猜疑，他懷疑西蒙斯在進行某種詐騙。不是因為大獎章到了一九九二年因為勞佛的短線戰術奏效，連續三年的報酬率超過三三%，也不是因為這檔基金向客戶收取高額費用，或據說有一億美元的基金規模，而是因為西蒙斯累積這些獲利的**方法**是仰賴一套連他自己和員工都無法完全了解的電腦模型。

在派特森看來，連辦公室本身都不是很合法。西蒙斯把文藝復興公司的研究部門搬到樹木林立的北鄉村路（North Country Road）一棟十九世紀房子頂樓，地點位於石溪一處住宅區。屋子裡塞了九個人，分別從事西蒙斯投資的各種生意，包括一些創投及樓下幾個人在做的股票交易，每個人都不太清楚別人在做什麼，西蒙斯甚至沒有天天進辦公室。

辦公空間很擁擠，派特森連一個可以好好坐下來的地方都沒有。最後，他乾脆把桌椅推進西蒙斯辦公室，在裡面一個角落辦公。西蒙斯一週有一半時間在紐約市辦公室，他告訴派特森他不介意共用。

派特森很清楚西蒙斯在數學和解碼上的成就，但還是無法消除他的猜疑。「數學家也有可能是騙子，」派特森說：「避險基金要洗錢很容易。」

整整有一個月的時間，派特森偷偷抄下大獎章各項投資的收盤價，然後和《華爾街日報》證券版一行一行仔細比對，看看是否相符。*

比對無誤後，鬆了一口氣的派特森才全心投入，利用他的數學才能協助模型的建立。派特森花了好多年才了解自己確實喜歡數學，在人生早期，數學只是他的工具，用來保護自己的工具。他患有面部發育不全，那是一種罕見的先天性疾病，導致他左臉扭曲、左眼看不見[1]；身為獨子的他，生長於倫敦市中心的貝斯沃特區（Bayswater），被送去天主教寄宿學校，遭到無情的霸凌，一週只能跟父母說上一次話，再加上決心維持

* 還有另一個理由證明派特森的疑神疑鬼有理。大約也在那時候，另一位出身長島的投資人伯納德・馬多夫（Bernard Madoff）正在精心設計一場史上最大的龐氏騙局。

英國人咬牙堅忍的傳統，他把自己在課堂上的才能化為優勢。「我進化成學校的聰明人，典型的英國人，」派特森回憶：「在別人眼中，我是個怪咖，但是很有用處，所以他們不會來煩我。」

派特森最受數學吸引，因為他超級好勝，而且找到一個自己能稱霸的領域是很滿足的事；他一直到十六歲才發現自己真的喜歡數學。幾年後，派特森從劍橋大學畢業，接下一份需要寫商業程式（commercial code）的工作，他證明自己是天生寫程式的好手，在數學家同事當中一枝獨秀，其中有幾位同事甚至不知道該如何寫電腦程式。

派特森也是下棋高手，閒暇時間大多耗在倫敦一家咖啡店，那家店有棋盤出租，常常主辦激烈棋賽給客人參加，派特森經常痛宰比他年長很多的棋手。一陣子過後，他推斷這家店只是個掩護，果不其然，有個祕密樓梯通往非法、高賭注的撲克賭局，經營者是當地一個混混。派特森獲准進入，而且很快就發現他在撲克賽局也是個狠角色，並賺進大把現金。那個混混注意到派特森的長才，提出一個他自認派特森不會拒絕的提議：只要在樓下替我詐賭，贏錢就分你，輸了全算我的。

派特森不必承擔任何風險就有錢可賺，但他拒絕了；混混撂狠話說派特森犯了大錯。

「你瘋了嗎？你靠**數學**賺不到錢的。」他冷笑地說。

那次經驗告訴派特森，大部分賺大錢的生意都不可信，即使看似正當也不可信，這就是他對西蒙斯會那麼懷疑的原因之一。

研究所畢業後，派特森在英國政府部門擔任密碼專家，做得有聲有色，負責建構統計模型來破譯攔截到的訊息。另一方面，他也替一個單位將機密訊息加密，該單位在二戰期間因艾倫．圖靈（Alan Turing）破解德軍密碼而聲名大噪。他運用的是簡單但深奧的貝氏定理（Bayes' theorem），根據這個定理，最初的看法如果加進更新的客觀資料，可以得出更準確的推斷。

派特森解決密碼領域一個長期未解的問題，解開一個別人沒看出的數據規律，成為英國政府不可或缺的人物，有些跟盟國共享的最高機密文件還會標註「只限美國與尼克．派特森可閱」。

「那是詹姆斯．龐德（James Bond）等級的東西。」他說。

幾年後，組織制定新的薪資級別，把行政管理人員的薪資調高到密碼專家之上，派特森非常氣憤。

「那是一種侮辱，跟錢無關，」派特森說，他告訴太太他寧願去開巴士也不想繼續待下去，「我必須離開那裡。」

派特森換到美國國防分析研究院工作，在那裡認識西蒙斯和鮑姆，但在邁向五十歲生日之際，他開始變得神經兮兮。

「我爸爸快五十歲時過得很辛苦，所以，我很擔心，」派特森回憶，當時他有兩個準備上大學的小孩，「我的錢不夠用，我不想步上老爸後塵。」

當一位資深同事獲准到俄羅斯參加業餘無線電大會，派特森就知道冷戰快結束了，他必須趕快行動。

**我要失業了！**

很意外的，西蒙斯沒多久就突然來電，語氣很緊急。

「我必須跟你談一談，」西蒙斯說：「你願意到我這裡工作嗎？」

對派特森來說，到文藝復興公司工作是個很合理的選擇。西蒙斯的團隊是在分析大量雜亂、複雜的價格數據，以此來預測未來價格，派特森心想，他天生疑神疑鬼的個性很適合從市場隨機波動中看出真正的訊號，而且他寫程式的能力也派得上用場。還有一點，不同於文藝復興公司那十幾個員工，派特森會看財經版，至少偶爾會翻翻，對金融略知一二。

「我覺得我當時相當先進了，因為我有投資指數基金。」他說。

派特森看到這世界「愈來愈走向數學化」，也知道電腦運算能力呈指數成長，他意識到西蒙斯有機會用高階數學和統計翻轉投資業。

「五十年前，我們什麼都做不了，但現在是最完美的時機。」他說。

派特森使勁的把電腦搬進西蒙斯辦公室的角落，在認定文藝復興公司應該不是詐騙集團之後，便開始協助勞佛處理一個頑強問題：找出有利可圖的交易策略只完成了一半，因為買賣動作本身就會影響價格，甚至可能導致利潤瞬間縮水。舉個例子，假設你知道銅價會從一口三・〇〇美元漲到三・一〇美元，但如果你的買單在交易完成前就把價格推升到三・〇五美元，也許是交易員拉高了價格，也可能是競爭對手也在買，潛在利潤就足足少了一半，就算你預先知道會上漲也沒多大意義。

從大獎章基金最早期開始，西蒙斯團隊就對這種所謂**滑點**的交易成本有所警覺，他們會固定拿實際交易跟一個模擬模型比對，模型會追蹤在沒有討厭的交易成本的情況下，真正的盈虧應該是多少，他們給兩者之間的價差取了個名字：魔鬼。

有好一段時間，這個魔鬼到底多大純屬猜測，但是，隨著史特勞斯收集的數據愈多、電腦運算能力愈強，勞佛和派特森便開始寫程式追蹤實際交易跟幾乎不計入交易成本的理想狀態之間的差距。派特森進入文藝復興公司的時候，公司已經做出一個模擬器，可以將收到的成交價減掉這些交易成本，立刻知道少賺多少。

為了縮減這種價差，勞佛和派特森開始研發精密的方法，把交易分流到各個不同的期貨交易所，降低每一筆交易對市場價格的影響。這時大獎章更能精準判定哪些投資值得做，這對於開始嘗試新市場和新投資的他們來說是一大優勢。他們開始進入德國、英國、義大利的債券市場，接著是倫敦的利率相關契約，再來是日經指數期貨、日本政府債券期貨等。

大獎章開始更頻繁交易，從一開始一天下單五次，後來增加到一天十六次，並且集中在成交量最大的時段交易，以降低對市場價格的影響。大獎章的交易員還是得拿起電話下單，不過，這支基金已經在往更快速交易的路上前進了。

## 獲利快速累積

在這之前，西蒙斯和同事從未花太多時間去了解他們愈來愈繁複的演算法**為何**能如此有先見之明的預測價格，他們都是科學家和數學家，不是分析師，也不是經濟學家，只要某些訊號在統計上有顯著性，就足以納入交易模型。

「我不知道為什麼行星繞著太陽轉，」西蒙斯告訴同事，意思是不必花太多時間去搞清楚為什麼市場有這些規律存在，「但不代表我預測不出那些規律。」

雖然不懂為什麼有規律，獲利倒是累積得很快，快到有點不合理。光是一九九四年六月，大獎章的報酬率就飆升到二五％以上，一路往全年七一％的報酬率飛奔，連西蒙斯都說「實在太了不起」。更不簡單的是，如此高的獲利是發生在聯準會意外連續調升利率導致投資人虧損慘重的那年。

文藝復興團隊是一群天生充滿好奇心的人，她的投資人也是，他們忍不住開始納悶到底發生什麼事。如果大獎章在大部分交易都是大贏家，那麼虧錢的人是誰？

隨著時間過去，西蒙斯漸漸得出結論，他向投資人說，虧錢的人八成不是低頻交易者，譬如買進就長期持有的散戶，也不是「跨國企業的財務長」，這些人每隔一段時間就會調整外匯投資組合，以因應公司的需求。

看來，文藝復興公司是利用投機者同行的小毛病和缺失才賺到錢的，大小投機者都有。

「那種老在猜測法國債券市場走向的全球避險基金經理人，可能是比較容易被賺走錢的人。」西蒙斯說。

勞佛對他們令人樂翻天的獲利則有稍微不同的見解。派特森跑去問他，想知道他們賺的錢是從何而來，勞佛把矛頭指向那些因過度交易、過度相信自己對市場走向研判而臭名昭著的各種投資人。

「有很多是牙醫。」勞佛說。

勞佛的見解聽起來油嘴滑舌，但他的看法與西蒙斯的觀點可以說很深刻，甚至很激進。當時，學術界大多相信市場本質上是有效率的，也就是說看不出有任何方式能勝過市場報酬，而且個人做的金融決策大致是理性的。西蒙斯和同事直覺那些教授錯了，他們倆認為投資人有認知偏誤（cognitive bias）的傾向，這就是市場之所以有恐慌、泡沫、暴漲、暴跌的原因。

西蒙斯並不知道，當時有一種新品種的經濟學正在崛起，會證明他的直覺是對的。一九七〇年代，以色列心理學家阿莫斯．特佛斯基（Amos Tversky）和丹尼爾．康納曼（Daniel Kahneman）研究個體是如何做決定的，結果證明，大多數人的行為往往有不理性的傾向。後來，經濟學家理查．塞勒（Richard Thaler）利用心理學的洞見，來解釋投資人行為的異常，激發**行為經濟學**（behavioral economics）的發展，這個領域探討的是個人和投資人的認知偏誤，其中已知的認知偏誤包括**損失規避**（loss aversion）：對投資人來說，虧錢的痛苦是贏錢的快樂的兩倍；**定錨**（anchoring）：人的判斷會受到最初訊息或經驗影響而有所偏差；**稟賦效應**（endowment effect）：投資人會給自己手上的投資組合賦予過高的價值。

康納曼和塞勒後來以他們的研究獲頒諾貝爾獎。有一種共識開始形成：投資人的不理性程度超過想像，他們會一再犯下同樣的錯誤，面對壓力會過度反應，會做出情緒性的決定。確實，金融市場最動盪混亂之際正是大獎章獲利最多的時候，這很可能不是偶然，這種現象未來數十年仍會持續。

跟多數投資人一樣，西蒙斯在基金遭遇亂流之際也會緊張不安，有少數幾次他還大幅縮減持有部位。不過，整體來說，他對交易模型還是保有信心，過去用直覺做交易的艱辛仍記憶猶新，所以，他承諾會克制想凌駕模型的衝動，確保基金的運作不受大獎章報酬率的影響，也不受文藝復興員工的情緒左右。

「P&L並不是我們設定的，」派特森說，用上獲利（profit）與虧損（loss）的交易行話，「我們也是普通的投資人，只是我們的系統不會跟女朋友吵架，像吵架這種事就是造成市場出現規律的原因。」

西蒙斯會採行以統計為主的方法，並不是因為採信某個經濟學家或心理學家的研究，他用演算法也不是為了避免（或利用）投資人的偏誤，不過，長時間下來，西蒙斯和團隊愈來愈相信，投資人的失誤和過度反應確實貢獻給他們一部分獲利，他們的系統似乎很擅長從投資大眾常見的錯誤中獲益。

「我們真正要建模的是人類行為，」研究人員沛納維克解釋：「人類在高壓下最容易預測，這時，他們會憑著直覺和恐慌行事。我們的假設是人的反應會跟以前的人一樣……而我們知道如何從中受益。」

## 客戶的質疑

投資人終於開始注意到大獎章的收益。一年前，一九九三年，倫敦一家專門替有錢客戶管理財富的投資公司，也是首批投資避險基金的機構GAM控股公司（GAM Holding），投資文藝復興公司兩千五百萬美元，這時的西蒙斯和團隊已經有警覺心，避免透露太多基金的運作狀況，以免競爭對手看懂。這就讓GAM高層很傷腦筋了，因為他們習慣完全掌握基金的運作細節；他們確認過文藝復興公司的帳目稽核沒有問題，也確認投資人的錢安全無虞，但他們還是無法完全了解大獎章是如何賺這麼多錢的。

GAM高層為西蒙斯的基金績效感到興奮，但跟其他客戶一樣，他們對這筆投資的焦慮從未消滅。

「我一直處於恐懼之中，擔心哪裡會出錯。」大衛．麥卡錫（David McCarthy）說，他負責監控GAM在大獎章的投資。

沒多久，西蒙斯的挑戰開始變得清晰。

## 保持低調是唯一的防守方法

西蒙斯做了一個大轉彎。到一九九三年底，大獎章基金的規模已經達到兩億八千萬美元，西蒙斯擔心如果基金規模太大會折損獲利，因為買進的動作就會把價格推升，賣出則會把價格壓低。他決定不再接受客戶投資大獎章。

西蒙斯的團隊愈來愈神祕，他們給客戶一支設在曼哈頓的電話號碼，如果客戶需要了解最新情況的細節，可以打電話去聽取最新績效錄音，電話中也可以跟文藝復興公司的律師說上話。這麼大費周章，是為了避免競爭對手掌握大獎章的一舉一動。

「我們超好的績效已讓我們知名度大開，這很可能是我們最嚴峻的挑戰，」西蒙斯給客戶的信中寫道：「知名度會帶來競爭，而基於自由市場的原則，競爭愈少愈好。」

西蒙斯強迫投資人不可透露基金任何運作細節。

「保持低調是我們唯一的防守方法。」他告訴投資人。

這種神祕兮兮的方式有時反而有害。一九九五年冬天，布魯克赫文國家研究所（Brookhaven National Laboratory）一位研究相對論性重離子對撞機（Relativistic Heavy Ion Collider）的科學家接到文藝復興公司高層來電，詢問他是否有意願接下一份工作。

那位科學家名叫麥可．巴特洛（Michael Botlo）。他頂著暴風雪，駕駛他那輛凹陷的馬自達掀背車，來到文藝復興公司的新辦公室，那是坐落於一所高科技育成中心裡，鄰近一所醫院及一家廉價酒吧，就在石溪校園旁。巴特洛走進辦公室，拍掉身上的雪，立刻被眼前狹小、俗不可耐、米色與藍綠色相間的辦公室澆了一盆冷水。當他坐下來跟派特森等人開始談話的時候，對方卻連最基本的交易細節都不肯透露，只繞著惡劣氣候打轉，讓他很失望。

**不要再聊這些五四三了**，他心裡吶喊。

巴特洛聽他們說，文藝復興公司用的是有十年歷史的電腦程式語言Perl，而不是用華爾街大型交易公司使用的C++等語言。（實際上，文藝復興公司是把Perl用於簿記和其他運作，不是用於交易，但沒有人想跟訪客解釋這麼多。）

「好像有四個人在車庫裡，看起來不像很擅長電腦科學，做的事情看來多是憑經驗和直覺的工作，有幾個人隨意打著電腦，」巴特洛說：「不是很吸引人。」

幾天後，巴特洛寫給派特森：「我決定好好學習這一行，所以選擇加入摩根士丹利。」

## 哎喲！好心痛！

一九九五年，西蒙斯接到大型券商普惠證券（PaineWebber）的代表來電，表示有興趣收購文藝復興公司。終於，經過多年努力及超級豐厚的獲利入袋之後，華爾街大咖終於注意到西蒙斯開創性的做法了。大撒幣發薪日肯定不遠了！

西蒙斯委任派特森去跟普惠證券的幾位高層見面，但派特森沒多久就明白，這家券商並不是信服西蒙斯這套革命性策略，對文藝復興公司這群備受讚揚的成員也沒有興趣，他們只是垂涎文藝復興公司的客戶名單，很驚訝客戶付給西蒙斯的管理費竟然這麼高。客戶名單弄到手之後，普惠證券很可能會把文藝復興公司的根基挖掉，改賣自己的產品給文藝復興公司的有錢顧客。這場會談無疾而終，文藝復興公司有些人大失所望。業界主流還是不相信電腦交易，依然覺得這是錯誤且危險的做法。

「他們認為演算法根本就是胡鬧。」派特森說。

## 基金規模無法再增加

大獎章仍處於連戰皆捷的好運，在期貨交易賺得龐大獲利，基金規模達到六億美元，但西蒙斯認為這支基金已經陷入嚴重困境。勞佛的模型可以非常精準的衡量大獎章對市場的影響，它得出的結論是，大獎章的規模如果再增加，報酬就會萎縮。有些原物料商品期貨市場太小，如穀物，大獎章若再增加買賣金額的話，就不可能不推升或壓低價格，至於比較大的債券或外匯市場，大獎章能增加的金額也是有限。

外界已經在流傳，大獎章有本事找出有利可圖的投資，有些不肖的交易員便開始利用這點。大獎章一位員工有一次去芝加哥，看到有人站在歐洲美元交易場上方觀察大獎章的交易，只要大獎章買進或賣出，場內間諜就會打手勢，讓同夥搶在大獎章行動之前交易，大獎章的獲利因此縮水。還有人拿著索引卡，上面列著大獎章每天通常的交易時間。場內交易員甚至給西蒙斯團隊取了一個綽號叫「頭目」，可見大獎章在某些原物料商品期貨市場受矚目的程度。文藝復興公司調整做法，變得更加神祕、不可預測，但這也只是多了一項指標，證明這家公司已經長得太大，有好幾種金融市場不適合以這麼大的規模去操作。

隨著對手也開始採用同樣的策略，西蒙斯擔心他的交易訊號會愈來愈微弱。

「這套系統一直在洩漏機密，」西蒙斯首度接受記者採訪時承認：「我們必須不斷讓這套系統保持領先地位。」[2]

公司內部有些人不認為這有什麼大不了。好，資金有其限制，代表大獎章不可能成為全世界最大、最厲害的避險基金，那又怎麼樣？反正，只要繼續維持基金現有規模，他們就能變成超級有錢、超級成功。

「為什麼不維持在六億美元的規模就好？」史特勞斯問西蒙斯。這樣的話，大獎章一年可以有兩億左右的獲利，已經足以讓員工開心滿意。

「不行，」西蒙斯回答，「我們還能更好。」

西蒙斯堅持找出讓基金繼續成長的方法，讓有些員工感到失望。

「皇帝想要大帝國。」一個員工向同事發牢騷。

對於西蒙斯堅持要讓大獎章繼續成長的固執，摩根士丹利的前任寬客、這時在西蒙斯金援的股票交易公司「克卜勒」工作的羅伯特．弗瑞有比較體貼的解讀。弗瑞說，西蒙斯決心要成就不一樣的事，甚至是開創一種全新的交易方式。

「吉姆想做什麼才是重點，」弗瑞說：「他想要的人生是有份量的……如果他要做基金，他就要做最好的基金。」

對於西蒙斯為什麼這麼堅決擴增基金規模，弗瑞還有另一番理論。

「吉姆看到了成為億萬富翁的機會。」弗瑞說。

長久以來，始終有兩個動機驅動著西蒙斯，一是證明他能解決大問題，一是賺很多錢。朋友無法理解他為何還需要累積更多財富，但這股需求從未停止，始終存在。

既要擴增大獎章的規模，又不希望報酬減損，西蒙斯只有一個方法，那就是跨足股票投資，因為股票市場又深又容易買賣，就算巨額進出，也不會導致獲利減損。問題是，對於如何從股市賺錢，西蒙斯和團隊早就困惑很久，雖然還有弗瑞在克卜勒公司研究股市交易策略，但成果叫人失望，只有平添西蒙斯的壓力。

西蒙斯希望基金績效繼續維持在高檔，也希望改善營運效率，便把腦筋動到整合所有事業運作，打算讓北加州十個老員工搬到長島，包括桑德爾·史特勞斯在內。史特勞斯當時有個兒子在唸高中，他立刻舉手反對，表示他不願意搬到長島，很不滿西蒙斯強逼加州同事移居東岸。史特勞斯負責交易的操盤，是碩果僅存的元老，也是公司能夠成功的重要關鍵。他是文藝復興公司的股東，所以要求交由股東投票決定是否搬遷，結果他輸了，這讓他更加沮喪。

一九九六年，史特勞斯賣掉文藝復興公司的持股，辭職走人，西蒙斯又遭受一大打擊。後來，西蒙斯強迫史特勞斯和其他非雇員從大獎章撤資，史特勞斯原本有權訴諸特別待遇條款，可以無限期投資大獎章，但他心想，反正還有其他同樣前景看好的基金可以投資。

「我當時想說大獎章只不過是眾多基金之一，」史特勞斯說：「要是我當時有想到它有某種神祕配方，我就會想辦法留住我在裡頭的投資。」

## 痛失愛子

西蒙斯和團隊辛苦尋找新方法、因應史特勞斯的離去時，數學界的老朋友並沒有寄予太多同情，他們還是不懂西蒙斯為什麼寧願把這麼多時間和心力投入金融市場，他們只看到一個不世出的天才把時間浪費在愚蠢無謂的小事上。西蒙斯離開石溪之後的某個週末午後，石溪的知名拓樸學者丹尼斯．蘇利文（Dennis Sullivan）造訪西蒙斯的家，看他忙著張羅兒子納撒尼爾的生日派對，納撒尼爾是他跟前妻芭芭拉生的老三。西蒙斯忙著發水槍，然後加入接下來的嬉鬧作樂，蘇利文在一旁大翻白眼。

「我看了很不高興，」蘇利文說：「數學是神聖的，吉姆是認真的數學家，是可以解決最棘手問題的人……我對他的選擇好失望。」

西蒙斯有時也會跟尼可拉斯鬧著玩，尼可拉斯是他跟瑪麗蓮所生的第一個小孩，個性外向像老爸，幽默感也跟爸爸一樣，帶有惡作劇的成分。

跟西蒙斯接觸愈密切，在他家看他照顧常從波士頓來訪的年邁雙親，蘇利文的看法慢慢改變。他開始能領會西蒙斯對孩子的關照，尤其是保羅，那個持續在對抗先天疾病的孩子。十七歲時，保羅罹患癲癇，隨後開始接受藥物治療，以免日後發作。

吉姆和芭芭拉一路看著兒子逐漸顯現出自信。保羅一生都在努力鍛鍊身體，幾乎每天拉單槓、做伏地挺身，另外，他也成為技術嫻熟的滑雪者及有耐力的自行車手。有著自由靈魂的他，對數學或交易沒什麼興趣，長大成人後，他健行、滑雪、跟他的狗阿瓦隆（Avalon）玩，還跟當地一個年輕女子漸生情愫。他尤其喜歡到石溪磨坊湖（Mill Pond）附近，騎車劃過寧靜、沉睡的大地，在他最愛的騎車路線流連幾個小時。

一九九六年九月，剛滿三十四歲的保羅換上運動衫和短褲，跳上他那輛世界級腳踏車，出發奔馳於賽托克特（Setauket）的老田路（Old Field Road），就在他兒時住家附近。突然，一個老婦人從家裡車道倒車出來，沒注意到有個年輕人正要騎過，就這樣撞上保羅，當場將他碾死，造成一場隨機而悲慘的意外。幾天後，在意外中精神受到重創的老婦人因心臟病發過世。

吉姆和芭芭拉悲痛欲絕。接下來好幾週，西蒙斯有如行屍走肉。西蒙斯靠著家人的扶持，退出工作和其他活動。同事們不知道他要如何面對這種痛苦，也不知道痛苦會持續多久。

「你永遠過不去的，」芭芭拉說：「你只能學著去面對。」

等到西蒙斯終於重返工作，朋友們意識到他需要轉移注意力。他把注意力重新放在他的團隊曾失敗的股票交易上，公司能不能做大就看這最後一搏了。

有好一陣子，西蒙斯看起來是在浪費時間。

第九章

# 網羅人才

沒有人會根據數字來做決定，大家要的是故事。

——丹尼爾·康納曼（Daniel Kahneman），經濟學家

看來，吉姆·西蒙斯找到原物料商品、外匯、債券最理想的交易方式，利用有預測能力的數學模型。不過，他很清楚，如果他指望文藝復興公司成為一方之霸，他的電腦模型必須能在股市賺錢才行。

不知道他哪來的自信覺得會成功。一九九〇年代初期是**基本面**投資人的黃金年代，這些人一般的投資方法是找企業聊聊，消化年報、財務檔案和報告，十足的華倫·巴菲特風格，仰仗的是直覺、謀略、經驗，全跟人腦有關，無關電腦。看來，股市這潭水之深，遠遠不是西蒙斯所能駕馭。

彼得・林區（Peter Lynch）是基本面投資的典範。一九七七到一九九〇年，林區有如先知一般的選股，讓富達投資（Fidelity Investments）的麥哲倫共同基金從一億美元的無名小卒變成一百六十億美元的基金霸主，平均年獲利二九％，十三年中有十一年打敗大盤。他不理會那些被忽略的歷史價格規律，那是西蒙斯念茲在茲的東西。他說，要徹底擊敗市場，唯有投資自己最了解的公司，「了解持有的股票」是他奉行的圭臬。

林區喜歡尋覓盈餘會飆漲、**有故事**的股票，就這樣找到讓他大發利市的Dunkin' Donuts，這家甜甜圈零售商就位於富達投資的大本營麻州。他買進的一個理由是，這家公司「不必擔心會有低價的韓國進口貨」。還有一次，林區的太太卡洛琳（Carolyn）買了一雙L'eggs絲襪回家，那是一個絲襪品牌，他們把絲襪塞進一個獨特的蛋形塑膠容器裡，陳列在超市和藥局的結帳櫃檯銷售。卡洛琳很愛L'eggs，老公當然也愛，於是大單敲進製造L'eggs的Hanes公司，無視當時襪子商品都在百貨公司和女裝店販賣，而不是藥局。

「我做了一點研究，」林區後來解釋：「我發現女性平均每週去一次超市或藥局，女裝店或百貨公司則是六週才去一次，而且所有優質的襪子、優質的絲襪都拿去百貨公司賣，爛貨才拿去超市賣。」

他牌絲襪品牌也來搶市時，林區買了四十八雙，要求員工試穿，最後斷定品質比不上L'eggs。隨著時間過去，林區搭著Hanes這列車，一路攀升，獲利是最初投資的十倍。

林區最重要的投資工具是電話，不是電腦。他會固定打電話給一群業界高階經理人，有時也會親自拜訪，詢問他們公司、競爭對手、供應商、客戶等的最新消息。這種做法在當時是合法的，只不過小散戶無法取得這些資訊。

「電腦不會告訴你（某個商業趨勢）會持續一個月還是一年。」林區說。[1]

到了一九九〇年，每一百個美國人就有一個人投資過麥哲倫基金，他的書《彼得林區選股戰略》（*One Up on Wall Street*）熱賣超過百萬本，激發投資人「從超市到辦公室」到處尋找股票。富達成為共同基金霸主的同時，每年開始分派年輕分析師去拜訪上千家公司；包括傑佛瑞．維尼克（Jeffrey Vinik）在內的林區接班人也透過這種田野查訪，比對手先一步掌握內部訊息，完全合法。

「維尼克要求我們在往返機場的路上跟計程車司機聊天，以對當地經濟或我們要造訪的公司有個概括的了解，」丹尼．尚傑克（J. Dennis Jean-Jacques）回憶，他當時是富達的分析師。「我們也會去造訪公司的員工餐廳吃飯……或到附近餐廳，這樣就能問問服務生對街那家公司的情況。」

林區和維尼克在波士頓有大筆收益進帳的同時，比爾・葛洛斯（Bill Gross）在美國另一頭的加州新港灘（Newport Beach）替太平洋投資管理公司（Pacific Investment Management Company，簡稱PIMCO）建立一個債券王國。葛洛斯讀了愛德華・索普那本講賭博的書之後，靠著玩二十一點贏來的錢，一路自費唸完商學院。他特別擅長預測全球利率走向，以思慮縝密、鮮明的市場觀察和獨一無二的造型聞名金融圈。每一天，他會穿上訂製的開領襯衫，領帶隨意披掛在脖子上，這個造型來自他有次做完劇烈運動和瑜伽之後，熱到不想把領帶的結打上。

跟西蒙斯一樣，葛洛斯也用數學方法分析他的投資，只是他會給他的數學公式添加高劑量的直覺和智識。一九九五年，他大手筆押賭利率會下跌，替他的債券基金賺進二〇%的獲利，是同類基金有史以來最高獲利。經此一役，葛洛斯搖身一變成為真正的市場專家。投資人封他為「債券天王」（Bond King），這個稱號一直跟著他，隨著他開啟長期稱霸債市的王朝。

同一時間，所謂的「總體投資人」（macro investor）成為報紙頭條，以個人風格鮮明的手法令全球政治領袖聞風喪膽。他們並不像西蒙斯下幾千筆單，他們的龐大獲利來自數量極少的大膽押注，以全球政治經濟變動為押賭對象。

史丹利・朱肯米勒（Stanley Druckenmiller）就是其中一位。一頭蓬亂長髮的朱肯米勒是匹茲堡人，經濟學博士班肄業，接手索羅斯十億美元的量子基金（Quantum Fund）之前，已經是績效頂尖的共同基金經理人。當時三十五歲的他，投資決策是根據仔細爬梳新聞、研究經濟統計數據等資料，為的是在全球重大事件爆發之前就下注。

索羅斯聘請朱肯米勒才半年就後悔了。趁著朱肯米勒飛去匹茲堡的時候，索羅斯因為擔心虧損，毫無預警就把朱肯米勒的債券部位全部出清。飛機降落之後得知此事的朱肯米勒，立刻找了附近的公共電話，打電話辭職。[2]

稍後回到辦公室，索羅斯的緊張不安平息了，也跟朱肯米勒道了歉，接著他說要離開半年去歐洲旅行，這段期間就由朱肯米勒全權主導，看看朱肯米勒先前的虧損連連到底是因為「一個廚房容不下兩位廚師，還是你根本就不適任」。

幾個月後，分隔東西德的柏林圍牆打開，最後終於倒塌，全世界歡欣鼓舞，但投資人開始擔心西德的經濟和貨幣，深怕跟貧窮的東德合併會拖累德國馬克，這種看法在朱肯米勒看來沒什麼道理，他認為，東德廉價勞工流入能夠支撐德國經濟，有利無害，而且德國央行應該會撐住匯率，避免通貨膨脹。

「我堅信德國對通貨膨脹非常忌憚，」朱肯米勒回憶，他指的是，希特勒就是在一戰後飆升的通貨膨脹中崛起的，「他們絕對不可能讓貨幣貶值。」

少了索羅斯礙手礙腳，朱肯米勒開始大舉重押德國馬克，一九九〇年替量子基金賺進將近三〇％的獲利。兩年後，索羅斯回到紐約，兩人的關係也改善，朱肯米勒走進索羅斯位於中城的寬闊辦公室，透露他接下來的大動作：慢慢擴大原來對英鎊的押注。朱肯米勒告訴索羅斯，英國當局勢必會脫離歐洲匯率機制（European Exchange Rate Mechanism），放手讓英鎊貶值，以利英國走出經濟衰退。朱肯米勒承認他這種看法並不是主流，但他有信心局勢會如他所料發展。

索羅斯聽完沒有答腔，接著露出一臉困惑的表情。

索羅斯的表情彷彿在說「你是白痴」，朱肯米勒回憶。

「那樣沒有道理。」索羅斯告訴他。

朱肯米勒正要開口為自己的論點辯護，就被索羅斯打斷。

「像這樣的交易，二十年才出現一次。」索羅斯說。

他的意思是，朱肯米勒下注的金額應該要再更大才對。

量子基金放空英鎊一百億美元，其他得知情況演變或得出相同結論的對手也隨後跟進，進一步壓低英鎊，給英國當局造成極大壓力。一九九二年九月十六日，英國政府棄守，英鎊貶值二〇%，朱肯米勒和索羅斯短短二十四小時就有超過十億美元入袋。量子基金一九九三年獲利超過六〇%，操盤規模很快就達到八十億美元以上，遠遠大於西蒙斯的夢想。這次英鎊放空交易在往後十多年一直被公認是史上最厲害的操作，證明高劑量的見識和膽量可以賺進這麼多錢。

很顯然，挖掘企業資訊、分析經濟趨勢是最萬無一失的賺錢方法，那些說電腦可以打敗經驗老到高手的論點，都太牽強了。

連如何從股市賺到錢都還摸不著頭緒的吉姆．西蒙斯，並不需要別人提醒，他只要看看進展牛步的克卜勒公司就很清楚，這是前摩根士丹利數學電腦專家羅伯特．弗瑞靠西蒙斯金援創辦的公司。克卜勒公司正在改良統計套利策略，就是弗瑞等人在摩根士丹利所採用的策略：從眾多市場因素中找出少數最有可能影響股價走勢的因素。舉例來說，聯合航空（United Airlines）股價走勢的決定因素包括：這支股票對大盤漲跌的敏感性、油價波動、利率走勢等；另一支股票的走勢，如沃爾瑪（Walmart），也是取決於這些因素，只是這家零售巨頭受每個因素影響的程度跟聯合航空不同。

克卜勒公司做的改良是把這種方法用於統計套利，如果股票漲幅不如過去這些因素所造成的漲幅，那就買進，同時放空表現較差的股票。假設蘋果電腦和星巴克在多頭市場各上漲一〇％，但蘋果過去在多頭市場的漲幅都高於星巴克很多，那麼克卜勒公司就會買進蘋果，放空星巴克。透過時間序列分析和其他統計方式，弗瑞和同事尋找**交易失誤**（trading errors），也就是無法用各重要因素的歷史數據來充分解釋的走勢，然後假設這些跟歷史數據相異的差距會隨著時間消逝。

把賭注押在股票跟股票之間的相關性和相對差距，而不是押在股票的漲跌，這代表弗瑞不需要預測股票的走向。預測走向對任何人都是困難的工作。他們也不是很在意大盤走向，也就是說，克卜勒公司的投資組合是**市場中立型**（market neutral），對股市走勢免疫。弗瑞的模型通常只鎖定股票之間的相關性是否回歸歷史常態，也就是「回歸平均」策略，採取這種投資組合，背後的盤算就是要抑制基金的波動性，製造高「夏普比率」（Sharpe ratio）。夏普比率取名自經濟學家威廉・夏普（William F. Sharpe），通常用於計算把風險算入之後的報酬率，夏普比率高代表歷史績效強健穩定。

克卜勒公司的避險基金後來改名為「新星」（Nova），績效平平，客戶很失望，其中幾個客戶很快就撤資了。這支基金後來併入大獎章，弗瑞的工作仍舊繼續，通常沒有非常好的成績。

問題並不在於弗瑞的系統找不出有賺頭的策略，恰恰相反，他的系統異常擅長尋找有利可圖的交易，也很會預測一組組股票的走勢，問題出在實際獲利往往比模型預估少。弗瑞就像一個握有美味食譜的主廚，他料理一桌令人難忘的佳餚，卻在端上桌的途中打翻了大部分。

看著弗瑞等人像無頭蒼蠅一般，文藝復興公司幾個同事開始失去耐心。勞佛、派特森等人已開發出一套買賣原物料商品期貨投資的精密系統，下注的演算法會根據市場未來走勢的機率自行調整留倉部位，弗瑞團隊用於股票的模型可就差遠了。同事挑剔說他的模型似乎對市場的風吹草動太敏感，價格稍有波動就被嚇跑，股票買進後還沒讓它有機會上漲就賣掉；市場的噪音太多，導致弗瑞的系統無法好好聽清楚它的交易訊號。

這個問題要靠兩個怪咖來幫西蒙斯解決，一個很少說話，一個則很少坐得住。

## 專找過得不如意的聰明人

一九九〇年代初期，尼克・派特森跟亨利・勞佛一起改良大獎章預測模型的同時，也開始兼做一項「副業」：替文藝復興公司日益擴大的人員編制網羅人才，這和發現被忽視的價格趨勢一樣讓他樂在其中。比方說，為了升級公司的電腦系統，他幫忙找到賈桂琳・蘿辛斯基（Jacqueline Rosinsky）出任首位系統管理員，蘿辛斯基的先生拋棄會計事業，到紐約市消防局擔任隊長，而她後來則負責ＩＴ部門及其他領域，後來法務等部門的主管也由女性出任，但是，研究、數據、交易這些單位要過很久才有女性擔當大任。*派特森設定幾項徵才條件。當然，一定要超級聰明，有受到認可的成就，如學術論文或獎項，最好是跟文藝復興公司所做的事相關的領域。派特森特別避開華爾街典型的人，並不是他對他們個人有成見，只是認為從其他地方可以找到更優秀的人才。

「不懂金錢沒關係，我們可以教你，」派特森解釋：「但是聰明就沒辦法教了。」

再者，派特森向同事解釋，在銀行或避險基金工作過才加入文藝復興公司的人，只要一有機會就很容易投奔敵營，跟投資圈不熟的人比較沒有這個問題。這點很重要，因為西蒙斯堅持公司每個人都要主動分享工作內容，所以，他必須信任同事，不會帶著公司機密投靠競爭對手。

還有，派特森特別喜歡一種人：對於目前工作感覺很痛苦的人。

「我喜歡找那種八成過得很不如意的聰明人。」派特森說。

有一天，看到早報報導ＩＢＭ大砍成本，勾起派特森的興趣。他知道那家電腦巨擘的語音辨識團隊已經做出成績，心想他們的工作跟文藝復興公司正在做的事有雷同之處。一九九三年初，派特森分別寄信給那個團隊兩個副手：彼得．布朗（Peter Brown）

和羅伯特・莫瑟（Robert Mercer），邀請他們造訪文藝復興公司的辦公室，討論可能的職務。

布朗和莫瑟的反應一模一樣，都把派特森的信扔進身邊最近的垃圾桶。不過，他們經歷家庭動盪後會重新考慮，然後為吉姆・西蒙斯的公司日後的劇烈轉變與整個世界，打下基礎。

## 莫瑟和布朗加入

羅伯特・莫瑟畢生的熱愛是父親所點燃。

他父親湯瑪斯・莫瑟（Thomas Mercer）是冷面笑匠型的傑出科學家，出生於加拿大卑詩省（British Columbia）的維多利亞（Victoria），後來成為懸浮微粒（aerosol）的世界級專家。懸浮微粒是懸浮於大氣中的微小粒子，是空氣汙染源，但也能阻擋陽光，冷卻地球。湯瑪斯在羅徹斯特大學（University of Rochester）做了十多年教授，講授放

＊並非文藝復興公司不喜歡聘用女性，而是碰到跟其他交易公司一樣的問題：來應徵的女性很少是科學家或數學家。另外，西蒙斯等人沒特別去網羅女性或少數族裔也是原因。

射生物學和生物物理學，後來轉往一個呼吸道疾病治療基金會擔任部門主管，地點位於新墨西哥州阿布奎基（Albuquerque）。一九四六年，羅伯特在那裡誕生，是湯瑪斯三個子女當中的老大。

羅伯特的母親薇吉尼雅・莫瑟（Virginia Mercer）對戲劇和藝術很狂熱，但他眼裡只有電腦。一切始於爸爸給他看IBM 650的磁鼓和打孔卡那一刻，這是最早量產的電腦之一。聽完爸爸解釋電腦的內部構造，十歲的羅伯特就開始寫自己的程式，一本特大號筆記本寫滿滿，有好幾年，他走到哪裡都要帶著筆記本，直到有機會接觸真正的電腦。

就讀桑迪亞高中（Sandia High School）和新墨西哥大學（University of New Mexico）時，戴著眼鏡、體型修長的莫瑟，是學校西洋棋社、汽車社、俄羅斯社的低調社員，不過，他在數學方面倒是很活躍，《阿布奎基日報》（*Albuquerque Journal*）有一張他露出得意帥氣笑容的照片，是一九六四年他跟兩位同學贏得全國數學競賽首獎時拍下的。[3]

高中畢業後，莫瑟參加全國青年科學夏令營，在西維吉尼亞（West Virginia）山上度過三個星期。他在當地發現一台捐贈電腦，是IBM 1620，每秒可做五十次十位數乘法，其他學生多半視而不見，顯然夏天在室內坐一整天對他們沒什麼吸引力，但對莫瑟可不是。於是，他一個人盡情玩那台電腦，學習用專為科學家開發的語言Fortran寫程式。那年夏天，尼爾・阿姆斯壯（Neil Armstrong）來到這個夏令營，五年後，他成為第一個踏上月球的人類。他告訴夏令營學生，太空人都在使用最新的電腦科技，其中有些只有火柴盒大小。莫瑟坐著聽，驚訝得張大了嘴。

「我無法想像那是怎麼辦到的。」他後來回憶。

在新墨西哥大學唸物理、化學、數學的同時，莫瑟在八英里外的柯特蘭空軍基地（Kirtland Air Force）武器實驗室找到一份工作，這樣他就能替基地的超級電腦寫程式。就像很多棒球員欣賞外野草坪剛割完的味道，以及整理好的投手丘位置，莫瑟一看到柯特蘭的電腦實驗室，一聞到裡頭的味道，馬上就心花怒放。

「我喜歡電腦的一切，」莫瑟後來解釋：「我喜歡深夜電腦實驗室的孤寂，我喜歡那裡的空調味道，我喜歡磁碟的嗡嗡聲、印表機啪嗒啪嗒的聲音。」

一個年輕人對電腦實驗室這麼著迷，看起來或許有點不尋常，甚至古怪，但那是一九六〇年代中期，那些機器代表未開發的領域、全新的可能性。一群熬夜**編碼**（coding）的年輕電腦專家、學者、業餘愛好者所帶動的次文化逐漸成形。所謂的「編碼」，就是寫指令讓電腦去解決問題或執行特定的自動化任務，而指令的下達是透過演算法，亦即一連串有邏輯、逐步的程序。

那些程式設計師都是聰明的男男女女，他們是叛逆者，反抗主流文化，大膽探索未來，同儕忙著追逐眼前轉瞬即逝的歡快，他們則忙著鍛造一種精神和活力，在接下來幾十年改變整個世界。

「我們是對的，卻為此承受異樣眼光，在社交上和心理上都是。」亞倫．布朗（Aaron Brown）說，他是這個逐漸崛起的碼農（coder）成員，後來成為量化交易圈資深高階主管。

身為這個祕教的一員，莫瑟整個夏天都埋首於實驗室的大型主機電腦，重寫程式，來計算核融合飛彈所產生的電磁場。終於，他找到讓程式跑的速度加快一百倍的方法，這是他意想不到的大收穫。莫瑟精神為之一振，興奮極了，但老闆們對他的成就似乎很漠然，他們並不是要他用新的、跑得更快的程式來跑舊的運算，而是要他拿一百倍大的運算來跑。看來，他們並不覺得速度變快有什麼差別，這種態度對莫瑟這個年輕人的世界觀形塑產生影響。

「那次事件給我的啟示是，政府補助的研究案不太在乎有沒有找到答案，消耗電腦預算才是重點。」莫瑟後來說道。

他變得憤世嫉俗，認為政府傲慢、無效能。多年後，他會擁抱一種觀點：個人應該要自給自足，不接受政府補助。

有了那個夏天的經驗，「我從此對政府補助的研究案很感冒。」莫瑟解釋。[4]在伊利諾大學（University of Illinois）取得電腦科學博士之後，莫瑟於一九七二年加入ＩＢＭ，儘管對公司的電腦品質很不屑；不過，ＩＢＭ的另一個部分倒是令他很驚艷。他之前答應造訪湯馬斯華生研究中心（Thomas J. Watson Research Center），這所位於紐約市近郊的約克城高地（Yorktown Heights）的機構裡，幹勁十足的ＩＢＭ員工努力追求創新來推動公司未來發展的態度，令他佩服不已。

莫瑟加入這支求新求變的團隊，在ＩＢＭ新成立的語音辨識小組工作。後來，有個急於成就大事的年輕外向數學家成為他的夥伴。

## 語音辨識技術的潛力

青少年時期，看著父親應付一個又一個艱辛的生意難關，是彼得·布朗的日常。一九七二年，彼得十七歲，爸爸亨利·布朗（Henry Brown）和合夥人想出一個點子，把個別投資人的資金集合起來，拿去買相對安全但收益高的債券，全世界第一個貨幣市場共同基金就此誕生。亨利的基金提供的利息高於銀行儲蓄存款，但很少投資人感興趣。彼得會幫爸爸把信塞進信封裡，寄給幾百個潛在客戶，希望能激起他們對新基金的興趣。那一年，亨利除了耶誕節之外全年無休，他吃花生醬三明治果腹，拿房子二胎貸款來支撐營運，太太貝絲（Betsey）則擔任家庭治療師。

「驅動我們的，是飢餓，也是貪婪。」亨利向《華爾街日報》解釋。[5]

他的好運在隔年降臨，《紐約時報》有篇文章談到他這支剛問世的新基金。客戶開始打電話進來，沒多久，亨利和合夥人的儲備首選基金（Reserve Primary Fund）已有一億美元。基金不斷成長，達到數十億美元，但亨利卻在一九八五年辭職，跟貝絲搬到布朗家在維吉尼亞州一座小村莊的農場，在占地五百英畝的農場上養牛。亨利也參加拋石機（一種機械式彈弓）競賽，他設計出一台贏得比賽的新奇機器，可將一顆三・六公斤重的南瓜拋擲三百公尺遠。在新家鄰里之間，貝絲是熱衷公民參與的人，也是當地的民主黨政治人物。

不過，亨利的心思仍然都被生意占據。有超過十年之久，他和前合夥人布魯斯・班特（Bruce Bent）的糾紛遲遲未解，亨利指控班特未履行協議，沒將亨利所擁有的一半公司股份買下。亨利後來提出告訴，宣稱班特在掌管基金期間自肥，最後，兩人在一九九九年達成和解，亨利將他持有的公司半數股份賣給班特。（二〇〇八年，受到投資銀行雷曼兄弟的債務所累，儲備首選基金損失慘重，甚至禍延整個金融體系，造成恐慌蔓延。）

家裡雖然富裕了，朋友們卻說彼得仍不時表示對自己的財務狀況很焦慮，這或許是他父親早期的艱辛或跟合夥人長期的爭鬥所導致。彼得把自己的雄心壯志留給科學和數學。哈佛大學數學系畢業後，他加入埃克森美孚石油的一個單位，負責開發將口語謄寫成電腦文字的方法，也就是語音辨識技術的早期雛形。後來，他在匹茲堡的卡內基美隆大學（Carnegie Mellon University）取得電腦科學博士學位。

一九八四年，二十九歲的彼得加入ＩＢＭ語音小組，莫瑟等人已經在裡面開發電腦軟體，希望將口語轉錄成文字。幾十年來的傳統認知是，只有靠語言學家和語音學家教導電腦語法規則和文法，才有可能讓電腦識別語言。

布朗、莫瑟和其他數學家、科學家同事，包括他們充滿幹勁的主管弗瑞德·傑利內克（Fred Jelinek），對語言的看法跟傳統派大不相同。對他們來說，語言跟機率賽局一樣，是可以模型化的。在一個句子裡，下一個會出現什麼字有某個機率可循，可以根據過去常見的用法來預測。比方說，apple（蘋果）這個字後面比較可能是pie（派），而不是him（他）或the（這個）。發音也有類似的機率存在，IBM語音小組是這麼認為的。

他們的目標是餵給電腦大量的口語錄音和書寫文字，以此開發出一個機率統計模型，根據語音序列來預測文字序列。電腦不見得**了解**自己在轉錄什麼，但會學習把語音轉錄成文字。

用數學術語來說，布朗、莫瑟及傑利內克團隊把語音看成一個序列的輸出，裡面每個音都是隨機出現的，但會取決於前一個音，這就是隱藏馬可夫鏈模型。語音辨識系統就是取一組語音，算出其中的機率，然後猜測背後「隱藏」著什麼樣的文字序列才會產生那些語音，因此，IBM研究人員採用「鮑姆－威爾區演算法」來計算其中各個語言機率，這是西蒙斯最早的合夥人藍尼．鮑姆所開發的演算法。他們並非以人工方式寫程式，把語言如何運作的靜態知識寫進去，而是創造一套會根據資料來**學習**的程式。

布朗、莫瑟等人仰賴的是貝式數學（Bayesian mathematics），這套數學是來自湯馬斯．貝葉斯牧師（Reverend Thomas Bayes）在十八世紀提出的統計規則。貝氏數學可以給每個猜測一個具有一定準確度的機率，而且一有新資訊就會更新預估。貝氏統計的厲害之處在於，它會不斷縮小可能的機率範圍，漸漸趨於精確。垃圾郵件過濾器就是一個很好的例子，它並不能百分之百確定某一封郵件是不是惡意，但它可以不斷從之前被歸類為「垃圾」的郵件中學習，然後得出新郵件是垃圾郵件的機率為多少。（這套方法看起來很奇妙，其實不然，根據語言學家的說法，人們平常對話就會下意識猜測對方接下來要講什麼話，在這過程中會不斷更新自己的預測。）

IBM語音小組不僅採用的方法獨一無二，個性也是，尤其是莫瑟。修長而健康的莫瑟，平常以跳繩保持體態，年輕時的他有一點點神似演員萊恩・雷諾斯（Ryan Reynolds），不過，他跟好萊塢閃光燈的交集也僅止於此。他發展出一套簡潔但有效率的溝通方式，惜字如金，非必要絕不開口，許多科學家同事倒很欣賞他這個怪癖。有時解決某個困難運算之後，他會脫口說「我破解了！」但多數時候只是自得其樂的哼哼曲子或吹吹口哨，通常是古典音樂。莫瑟不喝咖啡、茶、酒，通常只喝可口可樂。罕見幾次心情沮喪的時候，他會大喊「胡廢」（bull-twaddle），同事都知道那是「胡說」（bullshit）和「廢話」（twaddle）的混合字，意思是「瞎扯」。

莫瑟的手臂很長，太太必須把他的襯衫袖子加長才行，古怪的顏色和圖案也一併加了進去。有一年的萬聖節派對，有刻薄傾向的傑利內克模仿莫瑟的打扮，襯衫的袖子長到不可思議，讓莫瑟和同事們狂笑不已。

莫瑟早上六點就到辦公室，十一點十五分跟布朗和其他同事一起吃午餐，他每天吃的幾乎都一樣，不是花生醬夾果醬三明治，就是鮪魚三明治，裝在一個可重複使用的特百惠（Tupperware）塑膠盒裡，或是一個用過的、對摺的棕色紙袋，同事認為這是他節儉的象徵。吃完三明治後，他會打開一袋洋芋片，攤開在桌上方便拿取，然後由小到大，從碎掉的洋芋片先吃，接著再吃其他的。

每到星期五下午，小組成員會聚在一起喝汽水、茶，吃餅乾、咖啡蛋糕，大夥兒閒聊時，有時會抱怨ＩＢＭ薪水偏低，有時，莫瑟則會分享字源字典一些特別有意思的內容。偶爾，他也會發表一些看似故意招惹午餐同伴的話，像是有一次他宣稱他覺得自己永遠不會死。

相較之下，布朗就比較活潑、平易近人、精力充沛，一頭棕髮濃密又鬈曲，散發出極具感染力的魅力。跟莫瑟不同，布朗跟團隊每個人都有好交情，其中好幾個很能領會他那種鬼祟的幽默感。

不過，團隊在自然語言處理遲遲沒有進展時，布朗的不耐表露無遺，怒氣尤其指向一個名叫菲爾・瑞斯尼克（Phil Resnik）的實習生。當時是賓州大學研究生的瑞斯尼克，擁有哈佛大學電腦科學系文學士學位，後來成為備受敬重的學者，他當時希望把數學方法和語言學原理結合起來，布朗對他的方法沒什麼耐心，老是嘲笑這位年輕同事，一逮到錯誤就是一頓責罵。

有一天，十幾位ＩＢＭ員工看著瑞斯尼克在辦公室白板解一道問題，布朗衝上前，從瑞斯尼克手中一把搶過麥克筆，冷笑地說：「這是幼稚園程度的電腦科學！」瑞斯尼克坐下來，尷尬不已。

還有一次，布朗直接說瑞斯尼克「沒用」、「根本是白痴」。

團隊成員回憶，布朗給許多資淺同事取了侮辱性的綽號，比方說，小組唯一的女性成員梅芮迪斯・哥德史密斯（Meredith Goldsmith）被他叫做「梅芮迪死」，或是用前同事的名字「珍妮佛」稱呼她；布朗最常叫她「小隻梅小姐」（little Miss Meredith），剛從耶魯大學畢業的梅芮迪斯認為這個綽號特別鄙視人。

莫瑟和布朗幫忙指導哥德史密斯，這點她很感謝，但莫瑟連「女人應該在家照顧小孩，不該出來上班」這種觀點也「不吝」跟她分享。

太太擔任紐約市公衛主管的布朗，自詡為進步派，他看重哥德史密斯的貢獻，也跟她說她就像女兒，然而，他卻放任不當笑話在氛圍如同更衣室的團隊中氾濫。

「他們隨時在講黃色笑話，那已經變成一種娛樂。」她回憶。

哥德史密斯後來辭職了，不舒服的工作環境就是原因之一。

「某方面來說，他們對我很好，但也對我有性別歧視，」哥德史密斯說：「我當然覺得被物化，不被當一回事。」

布朗那些辱人之舉並非針對個人，至少團隊成員是這麼自圓其說的。再說，也不只有他喜歡怒罵、嘲笑他人，傑利內克的火爆個性在團隊中帶起一種凶暴殘酷文化。研究人員提出點子，然後同事盡其所能把點子批評得一無是處，整個過程都在做人身攻擊，他們會一直吵到取得共識、同意該點子有何優點為止。小組裡有一對叫史蒂芬・達拉皮耶川（Stephen Della Pietra）和文森・達拉皮耶川（Vincent Della Pietra）的雙胞胎，兩人都是普林斯頓物理系畢業，也都是哈佛物理博士，只要他們一出手，最惡毒的攻擊立刻相形失色，他們倆會爭先衝到白板前證明對方的論點有多愚蠢。那是「無規則」摔角比賽的腦力版。在研究實驗室以外的世界，這種行為可能被視為粗魯冒犯，但許多傑利內克的手下通常不放在心上。

「我們互相把對方批評得體無完膚，」當時在IBM語音小組擔任實習生的大衛・梅格曼（David Magerman）表示：「批評完就一起打網球去了。」

除了冷酷和替人取綽號的天分之外，布朗的商業直覺也非比尋常，也許是他父親的影響所致。布朗力勸IBM善用語音小組的成果，推出新商品賣給消費者，譬如信用評估服務，甚至要高層把ＩＢＭ幾十億勞退基金交由他們以統計方法來管理，但沒有獲得普遍支持。

「你有什麼投資經驗？」同事回憶ＩＢＭ高層曾經這麼問布朗。

「沒有。」布朗回答。

有一次，布朗得知他的卡內基美隆同學帶領一個電腦專家小組，正在寫程式讓一台電腦能下棋，於是，他開始遊說ＩＢＭ把那個小組挖來。某個冬日，布朗在ＩＢＭ洗手間跟公司的資深研究高層亞伯．佩萊德（Abe Peled）聊了起來，聊到即將來臨的超級盃電視廣告價格高得離譜。布朗說他有辦法讓公司用很低的成本就取得曝光機會，那就是聘請卡內基美隆那個小組，只要他們的機器打敗世界冠軍棋王，鎂光燈自然就來了，而且那個小組的成員還能協助ＩＢＭ的研究。布朗講得頭頭是道。

ＩＢＭ高層很喜歡這個點子，便把那個小組聘了過來，他們的深思（Deep Thought）程式也跟著過來。不過，隨著深思連連贏得比賽、受到矚目，抱怨也隨之而來。原來，這台下棋機器的名字會讓人聯想到著名的一九七二年情色片《深喉嚨》（*Deep Throat*），這部電影引領「情色黃金年代」（詳情請見我下一本書）。直到某天，ＩＢＭ才知道事情大條。下棋小組有個成員的太太在一所天主教大學任教，有一天，她跟校長（一位老修女）聊天，校長開口閉口就是ＩＢＭ那個很厲害的「深喉嚨」程式。

ＩＢＭ舉辦重新命名比賽，布朗提議的「深藍」（Deep Blue）雀屏中選，其中的Blue取自ＩＢＭ長久以來的稱號Big Blue。幾年後，一九九七年，數百萬人從電視上看到深藍打敗世界棋王蓋瑞．卡斯帕洛夫（Garry Kasparov），電腦時代真的到來了。[6]

布朗、莫瑟和語音小組在電腦轉錄口語取得進展，布朗後來領悟到，機率數學模型也可以用於翻譯。利用加拿大議會幾千頁的英法雙語議事資料，ＩＢＭ這個小組在翻譯語言文字方面也取得進展，這些進展立下良好基礎，催生電腦語言學和語音處理的革命，影響日後的語音辨識進展，例如：亞馬遜的Alexa、蘋果的Siri、Google翻譯，文字轉語音合成器（text-to-speech synthesizers）等。

儘管研究有進展，但ＩＢＭ遲遲沒有將這些進展商業化的明確計畫，令這群研究人員很失望。布朗和莫瑟把派特森的信丟到垃圾桶之後，過了幾個禮拜，兩人不得不重新審視自己的人生方向。

一九九三年冬末裡的某一天，在賓州東南地區，有輛車子在雪地上打滑，撞上莫瑟的母親和妹妹駕駛的車子，母親不幸喪命，妹妹身受重傷。二十天後的復活節，莫瑟的父親不敵日益惡化的疾病。幾個月後，派特森打電話來詢問為何沒收到回覆，莫瑟開始考慮異動。莫瑟第三個女兒剛上大學，全家住在不大的分層房子（split-level home）＊，旁邊就是醜陋的輸電線。吃著從用過的棕色紙袋拿出的午餐，已經不再令人愉悅。

「只是來跟我談談，」派特森說：「你會有什麼損失？」

莫瑟告訴同事，他很懷疑避險基金對社會能有什麼幫助；另一位ＩＢＭ員工也說，任何想藉由交易賺到錢的企圖都是「沒有希望的」，因為市場是完全有效率的。但是，莫瑟對這趟拜訪留下好印象。位於石溪校園高科技育成中心的文藝復興公司辦公室了無生氣，但那些辦公空間原本是為化學實驗室設計的，小小的窗戶設置在牆上高處，意味著這家公司的重點是科學，不是金融，這點對莫瑟有吸引力。

至於布朗，他聽過西蒙斯這個人，但他對西蒙斯的豐功偉業沒什麼感覺，畢竟西蒙斯是幾何學家，是另一個完全不同的領域；但是，等到他得知西蒙斯最初的合夥人是藍尼·鮑姆，正是ＩＢＭ語音小組所用的鮑姆—威爾區演算法的發明人，他就比較有興趣了。這時，他的太太瑪格麗特（Margaret）剛生下老大，他也有財務問題要面對。

「我看著剛出生的女兒，想起當年自己為大學學費坐困愁城，於是開始思考，或許

＊編注：指屋內有不同高度的房子。

真的該去投資領域做個幾年。」布朗後來告訴一群科學家。

西蒙斯給兩人提出薪水加倍的條件，一九九三年，他們終於上了這條船，就在文藝復興公司無力掌握股票交易而愈來愈緊繃之際。部分研究人員力勸西蒙斯放棄，他們說，弗瑞和他的團隊已經花夠多時間了，還是拿不出什麼成績。

「我們在浪費時間，」有個人某天在文藝復興公司的午餐室告訴弗瑞：「我們真的必須做這個嗎？」

「我們有在進步。」弗瑞堅持。

期貨團隊有人說，弗瑞應該放棄股票研究去跟他們做期貨。不管是公開還是私底下，西蒙斯都站在弗瑞這邊，說他很確定弗瑞團隊可以找到方法從股票交易賺大錢，就像勞佛、派特森這邊也把期貨交易做得蒸蒸日上一樣。

「我們再等久一點。」西蒙斯告訴一個不看好的人。

其他時候，他也得增強弗瑞的信心。

「做得很好，」西蒙斯告訴弗瑞：「絕對不要放棄。」

看著股票團隊苦苦掙扎，布朗和莫瑟特別興味盎然。從ＩＢＭ過來之後沒多久，兩人就被分開，莫瑟被派到期貨團隊，布朗則去協助弗瑞選股。西蒙斯這麼做是為了讓兩人更容易融入公司，就像孩子在同一個班上要分開坐，免得他們只跟彼此講話。不過，布朗和莫瑟空閒時還是會湊在一起，替西蒙斯的難題尋求解決方法。他們認為他們或許有辦法解決，不過，要取得真正的突破，必須先去找ＩＢＭ另一個怪咖。

第十章

# 突破

一九九四年秋天一個微寒清晨，天還沒亮，大衛．梅格曼就關上波士頓公寓的門，跳進一輛銀色豐田Corolla，調整車子的手動車窗，往南開去。二十六歲的他，在九十五號州際公路開了三個多小時的車，趕上開往長島尾端的渡輪，十點前抵達文藝復興科技公司在石溪的辦公室，進行面試。

梅格曼似乎對這個職位十拿九穩。吉姆．西蒙斯、亨利．勞佛、尼克．派特森等人都是備受讚揚的數學家和理論家，但文藝復興公司要開始開發更複雜的電腦交易模型，內部卻沒幾個程式寫得好的人，而寫程式正是梅格曼的專長。他在ＩＢＭ那段很有生產力的實習已經結束，也因此結識彼得．布朗、羅伯特．莫瑟，就是布朗邀請他今早來面試，所以，他理所當然以為情況會很順利。

結果並沒有。經過一早的長途跋涉，梅格曼抵達時已經疲憊不堪，後悔做了不搭飛機這個小裡小氣的決定。文藝復興公司裡的人幾乎馬上就惹毛他，提出一連串高難度考題，要測試他在數學和其他領域的能耐。西蒙斯短暫坐了一會兒，很低調，但他手下一個研究員拿了一篇沒人聽過的學術論文拷問梅格曼，要他在高高的白板上解一道燒腦問題。這好像不太公平，那篇論文是某個人無人聞問的博士論文，卻要梅格曼證明自己對那個主題很熟？

梅格曼覺得這些挑戰太過針對性，彷彿是衝著他來的，不明白他為什麼要在這裡接受拷問、證明自己的能力，而且他愈想掩飾緊張愈是顯得自負狂妄，完全不像真正的他。面試結束後，西蒙斯團隊認定梅格曼不夠成熟，不適合擔任這份工作。梅格曼的外表更加深這種不成熟的印象，黃棕色頭髮，高大健壯，配上娃娃臉和紅潤雙頰，看起來像是個發育太好的男孩。

布朗挺身為梅格曼辯護，為他寫程式的能力掛保證，莫瑟也讚聲支持。眼見大獎章的電腦程式碼愈來愈龐大、複雜，他們倆都認為增加火力支援刻不容緩。

「你們對他有信心？」有人問布朗：「你們確定他很厲害？」

「相信我們。」布朗回答。

稍後，梅格曼透露對這份工作的興趣時，布朗故意玩弄他，假裝文藝復興公司對他沒興趣了，梅格曼因為這句玩笑話焦慮了好幾天。最後，布朗正式錄用他。梅格曼在一九九五年夏天加入文藝復興公司，決心盡一切可能讓質疑者心服口服。在這之前，梅格曼的人生有很多時間都在取悅權威人士，結果通常好壞參半。

成長過程中，梅格曼跟父親的關係很緊張。父親梅爾文（Melvin）是紐約布魯克林一個厄運連連的計程車司機，由於無力負擔紐約的計程車牌照稅，決定把全家搬到佛羅里達州的肯德爾（Kendall），那是邁阿密西南方十四英里遠的地方，不顧大衛的強烈抗議。（搬家前一天，當時八歲的大衛一時氣憤離家出走，走到……呃……對街的鄰居家，在那裡待了一下午，直到父母將他領回。）

有好幾年的時間，梅爾文開計程車維生，把現金塞進麥斯威爾（Maxwell House）咖啡罐裡，藏在家裡各個角落，因為他和妻舅在一個有錢人的協助下，計劃買下當地一間計程車公司。交易敲定前夕，贊助人突然心臟病發過世，梅爾文的大計畫頓時化為泡影。一輩子飽受憂鬱症折磨的梅爾文，情緒變得更加灰暗，計程車也沒辦法開了；他在妻舅的拖車停車場收租金，心理健康進一步惡化。梅爾文對大衛兄妹很冷淡，兩個小孩跟母親希拉（Sheila）比較親近，媽媽在會計事務所擔任人事行政主管。

梅格曼的街坊鄰居多是中下階層，小孩年幼的家庭、罪犯、怪人雜處，對街有個藥頭不分晝夜隨時在接待客人，還有個槍迷喜歡射鳥，每隔一段時間就有被射中的鳥兒落到梅格曼家的後院。

少年時期的大衛，大部分時間都在避免惹上大麻煩。為了有多點零用錢可花，他在路邊叫賣花，在學校賣糖果。他會跟父親到當地一家雜貨店批糖果和其他商品，然後用行李袋裝著拿去賣給同班同學，賺點價差。這個未經批准的生意做得很興隆，直到學校裡也在賣糖果的競爭對手（一個肌肉發達的俄羅斯孩子）被逮個正著，並指稱大衛是他的老大。早就給大衛貼上愛惹是生非標籤的校長，立刻勒令大衛暫時停學。跟其他被處分的壞學生一起在圖書館「服刑」的時候（就像《早餐俱樂部》〔*The Breakfast Club*〕的情節），一個漂亮誘人的女同學問大衛要不要一起到邁阿密做古柯鹼運毒生意。（不知道她清不清楚，大衛才剛因為販賣士力架巧克力棒和三劍客棒棒糖被逮，這種經歷對販賣古柯鹼可沒多大用處。）大衛客氣的婉拒了，說他的交通工具只有腳踏車。

大衛把大部分重心放在學業上，沉浸於老師、父母、別人不吝給他的讚美，尤其每當學業競賽獲獎之後。大衛參加當地一個給資優生的課程，在一所社區大學學習寫電腦程式，七年級唸完後，他拿到獎學金，進入四十五分鐘車程外的私立中學，在那裡學習拉丁文，數學則跳了兩級。

在課堂外，大衛覺得被排擠。家中的經濟環境令他毫無自信，尤其跟新學校的同學相比，他發誓有朝一日也要變有錢。學校的電腦教室最後成為他最常流連的地方。

「那裡是我們這些書呆子躲避美式足球隊員的地方。」他說。

在家裡，梅爾文這個從未有機會一展長才的數學高手，把沮喪發洩在兒子身上。梅爾文嫌棄大衛太胖，於是，這個年輕人就開始練習長跑，有一年暑假還刻意餓肚子減肥，餓到出現厭食跡象，只為了贏得父親一點讚賞。後來，大衛參加長跑比賽，在田徑教練後頭苦苦追趕，只是通常跑到十三英里就體力不支。

「我很容易被教練激勵。」梅格曼回憶。

他繼續追求權威人士的認可，也尋找替代父親角色的人，另一方面卻滋生一種令人不解的需求，到處找人打架，即使打這些架沒有什麼必要。

「我必須撥亂反正，必須為正義而戰，就算是小題大做，」梅格曼承認：「我很明顯有救世主情結。」

高中有一年，他得知田徑賽預計在逾越節（Passover）*的第二晚舉行，便把當地

---

*譯注：猶太人的節日，紀念猶太人離開埃及。

猶太拉比集結起來，要求取消田徑賽。隊友對他很失望，不懂他為什麼這麼在意；其實他也不是很清楚。

「我的跑步成績平平，也談不上虔誠，我們家連逾越節第二晚的晚宴都不吃，」梅格曼回憶：「我就是在做一件蠢事而已。」

高中最後一年，梅格曼和幾個朋友宣布下學期要到以色列的學校唸書，一個原因就是校長警告他打消這個念頭。梅格曼似乎是去整頓自己的生活。在耶路撒冷，這個年輕人開始熟記宗教書籍、研讀歷史、奉行教條，沐浴在老師和學校校長的讚美中。

出發前往以色列之前，梅格曼把申請大學的論文和申請書留在佛羅里達，請媽媽分頭寄給各所學校。那年春天，梅格曼獲得賓州大學的入學許可，其他常春藤學校卻都拒絕他，他驚訝又失望。多年後，梅格曼清理媽媽家的時候，偶然發現他的哈佛申請書副本，這才發現媽媽修改了他的論文，只要是提到以色列和猶太教的地方都改掉，因為擔心學校會因為反猶太主義而拒絕他，不知道為什麼，每一所學校的申請書都改了，只有賓州大學除外，因為她以為賓大是猶太教大學，所以沒有更動。

梅格曼在賓州大學過得春風得意，一個原因是他有了新的目標：證明其他學校拒絕他是錯的。他主修電腦科學和數學，成績優異，獲選為電腦語言學課程的助教，樂於成為注目焦點，也享受同學們的崇拜，尤其是女同學；他大四的論文也受到某些認可。梅格曼，一個缺乏自信但討人喜歡、像泰迪熊一般的大男孩，終於找到讓他如魚得水的環境。

到了史丹佛大學，梅格曼的博士論文所探討的正是布朗、莫瑟和ＩＢＭ研究人員絞盡腦汁摸索的主題：電腦如何利用統計學和機率來分析、翻譯語言。一九九二年，ＩＢＭ提供梅格曼一個實習機會，這時的他，已經換上有點憨厚的外表，在ＩＢＭ不留情面的文化裡發展得很成功。梅格曼最後取得ＩＢＭ的全職職位，只是生活其他部分就沒那麼成功了。他一看到團隊裡一個名叫珍妮佛（Jennifer）的年輕女子，立刻上前搭訕，也幾乎立刻就慘遭打槍。

「她不想跟我有任何瓜葛。」他說。

那很可能才是最好的結果。原來，珍妮佛（大家叫她「小珍」）是莫瑟的大女兒。

梅格曼一九九五年加入文藝復興公司的時候，這家公司絲毫不像有可能成為投資巨擘的樣子。她的總部原本是為尖端新創公司所設計，但是單調沉悶的空間、鄰近醫院的地理位置，似乎比較適合正在衰退的保險公司進駐。西蒙斯手下三十幾個員工坐在了無生氣的小隔間和不起眼的辦公室裡，牆壁是光禿禿、醜醜的米白色，家具像是家具家電租售公司Rent-A-Center退掉的次級品。溫暖的日子裡，西蒙斯會穿著百慕達短褲和露趾涼鞋，到處晃來晃去，更讓人覺得這支避險基金「還沒準備就緒」。

不過，那個地方也隱隱約約給人一種威嚇感，至少對梅格曼來說。原因之一是他那些新同事的高度，不只是身材上的高度，還有聲望上的高度。他們幾乎個個都是一百八十公分以上，一百六十五公分的梅格曼站在一旁矮了一截，也令這個單身漢內心再度滋生不安全感。另一個原因是梅格曼並沒有朋友家人在當地。莫瑟的太太黛安娜（Diana）邀請他跟她們全家一起外出時，他好興奮，大夥兒去看了一場電影，再以Friendly's餐廳的甜點劃下句點。梅格曼後續跟莫瑟一家共度幾個夜晚，滿懷感激，也幫助他安心度過過渡期。

沒多久，梅格曼就看出文藝復興公司有嚴重問題待解。弗瑞的股票交易系統證明是個不中用的東西，一九九四年使基金賠掉將近五%。弗瑞的模型有一定程度的高明，他的統計套利交易理論上看起來很厲害，「應該」能賺很多錢才對，但是並沒有，至少不像模型所模擬的那麼多，就好像偵測到明顯訊號，知道黃金就深埋在山裡，卻沒有可靠的方法能挖出來。

在會議上，西蒙斯不時會搖頭，似乎對這套系統愈來愈失望。他們把這套系統稱為

「新星」，取自弗瑞那家已併入文藝復興的公司。

「它就是走得一拐一拐的。」西蒙斯有一天說。

莫瑟持續從旁協助布朗，把他們自己的股票交易模型稍做修改，診斷問題出在哪裡。一臉欣喜的他，在走廊晃來晃去，口中唸出一句諺語：「就算酒杯已經端到唇邊了，還是有可能喝不到。」

透過短短一句話，莫瑟認可弗瑞的交易系統確實能產出大量聰明的交易點子，但在實際執行交易時出了差錯，導致系統無法賺很多錢。最後，西蒙斯和弗瑞決定，把弗瑞調去做公司其他計畫比較好。

「我不是那個能讓火車準點的最佳人選。」弗瑞承認。

同一時間，莫瑟取得西蒙斯的同意，加入布朗，一起投入股票研究。這是西蒙斯最後的機會了，能不能做出不一樣的東西、能不能壯大公司就看這一役。

「各位，我們來賺點錢吧。」西蒙斯在週會上說，耐心似乎快磨光了。

布朗與莫瑟再次合體，為兩人非比尋常的夥伴關係寫下新頁。這兩位科學家個性南轅北轍，但合作特別好。布朗直率、好辯、堅持、嗓門大、充滿能量；莫瑟惜字如金、喜怒不形於色，彷彿在打一場永遠不會結束的撲克牌，不過，兩人的搭檔成果豐碩，有如雙劍合璧。

幾年前布朗快完成博士論文時，就清楚提到他對這位神祕同事的依賴。「每次我一想出某個點子，接著就會發現，這不正是羅伯特幾個月前就勸我嘗試看看的嗎？」布朗在論文的序裡寫道：「我好像一步一步慢慢在揭開某個總設計圖。」

任職IBM期間，遇到業界會議時，兩人有時會坐在一起，跟舞台相隔幾排位子，不理會台上的演講，全神貫注對弈起來，直到輪到他們上台發表。他們培養出一種合作模式，布朗會快速將他們的研究擬出草稿，再交給莫瑟，由文筆較好的莫瑟慢慢琢磨改寫。

布朗和莫瑟全心投入弗瑞的模型改造工作。兩人常常工作到很晚，甚至一起回家；週間，兩人同住於當地一位老婦人家頂樓的起居空間，週末才各自回家。漸漸的，布朗和莫瑟找到改良西蒙斯股票交易系統的方法。原來，弗瑞的模型所做的建議不切實際，甚至做不到。舉例來說，券商給新星基金的**槓桿**（也就是融資）額度是有限制的，所以，每當新星的槓桿超過某個門檻，弗瑞和同仁為了避免超出上限，就會手動縮小投資組合，這樣等於凌駕模型的建議。

還有些時候，弗瑞的模型挑選的交易看似誘人，實際上卻無法完成。比方說，模型會建議放空某些實際上不能賣出的股票，所以，弗瑞只能無視這些建議。

想做的交易做不到，所造成的後果不僅是績效不彰而已。這套因子交易系統所建議的交易很複雜又環環相扣，每一筆交易都是獲利所必需，也是把風險維持在可接受範圍所必需；相對之下，期貨的交易就很單純，如果某一筆交易沒做成，造成的影響也不大。在弗瑞這套股票交易系統，只要有幾個交易沒做成，整個投資組合可能會對大盤變動變得更敏感，而危及整體健全；有時還會產生連鎖反應，造成系統性的大問題，連累到整個模型的準確性，甚至只要有一點點差錯，就會產生弗瑞他們解決不了的大問題，因為弗瑞和團隊使用的是一九九〇年代中期的技術，再加上他們的軟體工程能力低於一般水準。

「那就好像用同一個解法同時解幾百道方程式。」弗瑞說。

布朗和莫瑟採用另一種方法。他們決定做一套能自動處理所有複雜情況的單一系統，把必要的限制和條件都寫進去。布朗和莫瑟都是電腦科學家，在ＩＢＭ和其他地方已有開發大型軟體的多年經驗，他們有建立一套自動股票交易單一系統的編碼。相較之下，弗瑞那套系統的程式是零星寫成的，沒有一致性的規劃，很難讓整個投資組合統一符合所有交易條件。

「文藝復興公司的人……其實不知道如何做大型系統。」莫瑟後來解釋。1

布朗和莫瑟把他們的挑戰當成數學問題來看，就像在ＩＢＭ處理語言辨識一樣。他們輸入交易成本、各種不同的槓桿額度、風險參數、其他種種限制和條件，根據以上因素，做成一套能找出、組織最理想投資組合的系統，隨時都在做求取最大化報酬的最佳決策，整天不停的做。

這套方法的美妙之處在於，它把交易訊號、投資組合條件全都併入單一、整體性的模型，文藝復興公司就能輕易測試、加入新訊號，如果某個潛在新策略的獲利高於成本就會立刻知道。另外，他們還讓這套系統**有適應力**，也就是可以自己學習、調整，很像亨利・勞佛的期貨交易系統。要是模型推薦的交易沒有執行，不管是什麼原因，模型會自己修正，自動尋找買單或賣單，把投資組合推回它應該在的地方，以此來解決令弗瑞那套模型綁手綁腳的問題。這套系統一小時會重複循環好幾次，進行優化處理，權衡數千筆可能的交易之後，才發出電子交易指令。競爭對手沒有這種會自我改良的模型，文藝復興公司現在已經有祕密武器了，一個對日後成功至關緊要的武器。

布朗和莫瑟最後完成的精密系統有五十萬行程式碼，遠多於弗瑞舊系統的幾萬行。新系統納入所有必要的限制和條件，從各方面來看，正是西蒙斯夢想多年的那種自動交易系統。現在新星的股票交易系統對市場波動不那麼敏感了，所以持股時間拉長了一點，平均兩天左右。

很重要的一點是，布朗和莫瑟保留弗瑞根據摩根士丹利的經驗所研發的預測模型，繼續找出夠多的贏錢交易來賺錢，通常是押賭股票會從不正常走勢回歸常態。這些年來，文藝復興公司給這套基礎策略加了一些小變化，但十多年來，那些小變化只是**二階**（second order）補充，以補足這套核心的「回歸平均」策略。

一個員工很扼要的做了總結：「我們是從人們對股價走勢的反應賺錢。」

布朗和莫瑟這個改良過的新系統在一九九五年啟用，對西蒙斯等人是場及時雨。沒多久，西蒙斯就讓布朗和莫瑟成為文藝復興公司的合夥人，兩人也晉升為經理人，跟其他資深成員一樣有**點數**（point）可領，也就是可分得公司獲利的某個比例。

結果，西蒙斯的封官行賞太早了。他很快就會發現，只要金額一變大，新的股票交易系統就無法處理，西蒙斯當初硬要交易股票的用意大打折扣。文藝復興公司只投入三千五百萬美元買賣股票，但等到金額加大，獲利就消失了，跟弗瑞幾年前的系統差不多。更糟的是，布朗和莫瑟搞不懂他們的系統為什麼會冒出這麼多問題。

為了取得協助，他們開始從ＩＢＭ找人來重組團隊，網羅來的人包括達拉皮耶川雙胞胎兄弟，接著還找來一心想成為救世主的梅格曼。

## 找到問題

打從一加入文藝復興公司，梅格曼就滿腦子想解決問題、贏得新同事的讚賞。有一次，梅格曼大力遊說同事，說他們應該學C++，他堅持C++是通用的電腦語言，比文藝復興所用的C語言和其他語言好上很多。

「C語言好一九八〇年。」梅格曼告訴同事。

沒錯，C++是比較好的語言，只是，換成C++並不如他所說的那麼必要，尤其在那個節骨眼。本身是C++專家的梅格曼，其實是別有用心，他想成為辦公室裡不可或缺的人。他的計謀得逞。公司改用C++，沒多久，公司裡的數學家和其他人就開始向梅格曼求助，不分晝夜。

「我變成大家的寵兒。」他回憶。

梅格曼一有空就學習公司的股票交易戰術，一點一滴都不放過。天生就有能力理解部屬需求的布朗，表現出對梅格曼的好學印象深刻，因為他意識到，只要他一路給予讚賞，梅格曼就會更加努力。

「我其實以為你得花更多時間」才有辦法深入了解這套系統，布朗有一天這麼告訴梅格曼，梅格曼得意的眉開眼笑。

梅格曼知道布朗在操控他，但他還是沉浸在這些讚美當中，不亦樂乎，很渴望有幫得上忙的地方。以前在ＩＢＭ，梅格曼開發一個**腳本語言**（script），也就是簡化版的指令，用來監控公司電腦的記憶體和系統資源，以便徵用公司高層那些效能強大但未充分利用的電腦，方便他去參加外面的程式比賽，以及進行其他未經許可的事。梅格曼用一種很巧妙的方式擦掉偷用電腦的痕跡，他把這個軟體命名為約書亞（Joshua），取自一九八三年駭客電影《戰爭遊戲》（*WarGames*）裡的人工智慧電腦。

終於，梅格曼被一個暴怒的ＩＢＭ高層逮到，那位高層說他的電腦是透過一項高度機密的政府合約採購的，電腦裡可能有機密資料，他威脅要舉報梅格曼犯了聯邦罪行。

「我怎麼知道？」梅格曼回應，意思是他不知道公司竟然跟政府有機密往來。

梅格曼的駭客行為當然沒中斷，但他和同事學乖了，需要額外的電腦運算能力時，會避開那位暴怒高層的電腦，改用其他人的電腦。

到了文藝復興公司之後，梅格曼把那項監控工具重新改寫。沒錯，這家避險基金不像ＩＢＭ有未充分利用的電腦，但他認為他的程式或許派得上用場，至少以後用得到。其實，最主要的原因只是他無法克制自己。

「我想成為公司裡最不可或缺的人。」他解釋。

梅格曼騙過文藝復興公司的系統管理員，開了一個後門進去啟動他的監控程式，然後就很得意的安坐在椅子上，準備迎接滾滾而來的讚賞。他的快感只持續一瞬間，突然，他聽到同事受驚嚇的喊叫聲，他立刻睜大眼睛瞪著自己的電腦螢幕，下巴掉了下來，那個未經授權的監控程式突然放出一隻電腦病毒，文藝復興公司的電腦都中鏢，盤中交易才進行一半就啪的一聲當掉了，所有研究都遭殃。同仁紛紛衝去處理危機的同時，羞愧不安的梅格曼承認他就是罪魁禍首。

同事們氣炸了，股票團隊沒賺到一毛錢就算了，現在那支笨團隊竟然還把整個電腦網路搞到當掉！

布朗氣到漲紅了臉，連推帶擠往梅格曼這邊走了過來，把臉湊到他的面前。

「這裡不是ＩＢＭ！」布朗大喊：「這裡交易的是真正的錢！如果你還要用你那些愚蠢的花招礙手礙腳，會把我們這裡給毀了！」

才來幾週，梅格曼一下子就成了棄兒。他很擔心他的工作，也許在文藝復興公司不會有任何前途了。

「我捅了個大婁子，在社交方面。」他說。

這次出醜來得不是時候。布朗和莫瑟的新系統正陷入痛苦難解的虧損，一定有地方出了錯，但沒人知道是哪裡。期貨團隊繼續在累積獲利，他們私下議論紛紛說，問題是新人造成的，那幾個新人「就只是電腦人罷了」。原來，就算在文藝復興公司，「電腦人」也是個輕蔑用語。

在大家面前，西蒙斯仍然宣稱有信心，鼓勵團隊繼續加油。「我們一定要繼續努力。」一九九五年夏天，他在小組會議上表示，儘管穿著短褲涼鞋，他仍是個令人生畏的存在。

但私底下，西蒙斯很懷疑自己是不是在浪費時間。也許他們永遠搞不定股票，文藝復興公司注定只能維持小小的期貨交易規模，而勞佛、派特森那幾個期貨團隊的人早就做出這樣的結論了。

「我們已經給他們好幾年的時間了，」派特森說：「要是由我做決定，我可能早就喊停了。」

西蒙斯還是那個樂觀到無可救藥的人，但連他都覺得夠了。他給布朗和莫瑟下了最後通牒：半年內把你們的系統搞定，否則就不要再繼續了。布朗熬夜尋找解決方法，睡在辦公室裡的活動折疊床；莫瑟的上班時間沒那麼長，但同樣緊湊投入。兩人還是找不出問題所在。處理的金額很小時，這套系統可以賺不少錢，一旦西蒙斯加進槓桿操作，交易金額變大，獲利就蒸發不見。根據布朗和莫瑟的模擬程式，金額變大應該還是能賺錢才對，但實際上卻是賠錢，跟弗瑞幾年前的交易沒有兩樣。

莫瑟看起來很平靜、老神在在，但布朗很緊張不安，因為他身邊的人愈來愈焦慮。「只要連續賠個兩天或三天，就感覺要完蛋了。」一位團隊成員說。

看著挫折感日益加劇，梅格曼超想幫忙。雖然之前犯了一個代價高昂的錯誤，但如果他能扭轉頹勢，或許能扭轉上司對他的看法。梅格曼很識相，知道這時不宜主動說要協助，不過，他私下仔細鑽研程式碼，夜以繼日。當時他所住的公寓實在亂到不行，爐子不能用，冰箱也常常幾乎空無一物，所以，他等於是住在辦公室，想要幫上忙。

某天傍晚，連續盯著電腦幾小時而視線模糊的梅格曼，隱約看到某個奇怪的東西：顯示標準普爾五百指數那一行模擬程式碼異常的低。這個模擬程式所用的數字似乎是一九九一年的，只有當前數字的一半左右。莫瑟把它寫成一個靜態數字，不是會隨著市場波動不斷更新的變動數字。

梅格曼修好這隻蟲並更新了數字，其他地方又冒出另一個問題，是一個代數錯誤。那天晚上，他幾乎都在處理這個代數問題，但他覺得他也解決了。現在這個模擬程式的演算法終於能推薦最佳投資組合了，包括要擴大持股的話該融資多少等，所產生的投資組合似乎真能獲利豐厚，至少根據梅格曼的計算是如此。

梅格曼興奮得沖昏了頭，他衝去找布朗，要把他的大發現告訴他。布朗給這個上氣不接下氣的同事一個懷疑的表情，但答應聽他說完。聽完之後，布朗還是一臉意興闌珊，畢竟這套程式是莫瑟寫的，而眾所皆知莫瑟很少犯錯，尤其是數學上的錯誤。滿臉沮喪的梅格曼只好默默走開。上次把事情搞砸，他已經被貼上瘟神的標籤，絕對不可能是什麼救世主。

抱著不會再糟的心理，梅格曼把他的得意之作拿去給莫瑟，莫瑟也答應看一看。莫瑟坐在桌子前，彎腰拱背盯著電腦，仔細檢查舊程式碼和梅格曼的新程式碼，一行行比對，慢慢的，他的臉上泛起一抹笑容。莫瑟抓起桌上的紙筆，開始計算一道方程式，他在驗算梅格曼的計算。在紙上潦草算了十五分鐘左右，莫瑟放下鉛筆，抬起頭。

「你是對的。」莫瑟告訴梅格曼。

稍後，莫瑟告訴布朗，梅格曼找出問題了。但布朗和莫瑟向其他同事說問題已經找到，而且也改好了，他們完全不相信，甚至笑了出來。一個菜鳥程式設計師把問題修好了？就是幾週前把電腦搞到當機那個新來的？

布朗和莫瑟不理會眾人的懷疑，重新啟動系統，在西蒙斯的首肯之下，把改良和修正納進系統，獲利立刻出現，讓懷疑者閉上了嘴。長期的連連虧損結束了。梅格曼終於獲得他所渴望的讚許，獲得布朗很慈愛的在他背上輕拍。

「太好了，」西蒙斯在週會上低沉有力地說：「繼續加油。」

梅格曼和這家公司的新時代似乎就在眼前。

第十一章

# 量化投資的挫敗

吉姆．西蒙斯在大廳走來走去，體內滿滿的腎上腺素。

那是一九九七年夏天，西蒙斯感覺他可能真的快做出不一樣的東西。大獎章這時的基金規模已經超過九億美元，大多買賣期貨合約，包括原物料商品、外匯、債券、股市指數等，負責這些投資的亨利．勞佛團隊連戰皆捷。勞佛主要的策略包括在每週最有利的日子買進、在每天最理想的時刻買進，這些仍是勝利方程式。此外，西蒙斯的團隊也優化描繪各種投資標的兩日價格軌跡（two-day trajectories）的技巧。

西蒙斯這時已經很確定，彼得．布朗和羅伯特．莫瑟的十人小組用統計套利策略扭轉頹勢，也適時轉移西蒙斯的注意力，讓仍處於一年前喪子之痛的他稍忘苦楚。雖然股票交易一個月仍只賺進幾百萬美元，但已經足以激勵西蒙斯把「新星」併入大獎章，打造一個幾乎所有投資都能做的單一避險基金。

不過，西蒙斯和團隊還沒有破解市場。大獎章一九九七年的報酬率是二一％，稍微低於前一年的三二％，也低於一九九五年的三八％、一九九四年爆增的七一％。大獎章的交易系統也還有嚴重的問題尚未解決。有一天，一個數據輸入有誤，導致買進的小麥期貨變成原本打算買進數量的五倍，也推升價格。隔天，做了蠢事而滿懷歉意的同事拿起《華爾街日報》，讀到分析師把小麥價格暴漲歸因於市場擔心小麥歉收，殊不知那只是文藝復興公司搞了大烏龍。

稍過了一陣子，派特森幫忙推出一個交易股票選擇權（equity options）的新模型，但是獲利平平，西蒙斯很失望。

「尼克，你的選擇權系統有問題，」西蒙斯在會議上告訴他：「需要改進。」西蒙斯提到另一位投資人伯納德·馬多夫（Bernard L. Madoff），他那家日益壯大的公司做股票選擇權交易可是獲利穩定又龐大。

「看看人家馬多夫是怎麼做的。」西蒙斯告訴派特森。

這番話惹得派特森很不爽，立刻酸了回去：「那你應該去請他來做才對啊！」（幾年後，西蒙斯開始對馬多夫超神奇的績效起疑，而撤出投資在馬多夫基金上的錢。到了二〇〇八年，馬多夫坦承他的所做所為是史上最大的龐氏騙局。）

西蒙斯很擔心無意中錯失賺錢機會，便提出一個新點子。每年有幾萬篇經過同儕審查的研究論文發表，經濟學、金融學、心理學等領域都有，有這麼多人鑽研金融市場的內部運作，也示範獲取超高報酬的方法，最後卻都掃進歷史垃圾堆。西蒙斯決定每週各分派三篇論文給布朗、莫瑟這幾個高階主管，請他們閱讀、消化、報告，一個「寬客讀書會」就此成立，只是這群人熱衷的主題不是性或謀殺，而是金錢。

讀了幾百篇論文之後，西蒙斯和同事就放棄了。那些學術論文提到的方法看起來叫人躍躍欲試，但大獎章研究人員實際測試那些論文建議的交易策略後，卻往往成效不彰。讀了這麼多令人失望的論文，只是坐實公司內部某種唱衰氛圍：要預測金融走勢是不可能的。

「只要聽到金融專家說市場是因為這樣那樣才上漲，千萬要記得，那些全都是胡說八道。」布朗後來都這麼說。

## 互動、辯論、分享點子

不管是主持週會，或跟員工閒聊，以及和勞佛、布朗、莫瑟一起擠在石溪高科技育成中心的狹小辦公室，西蒙斯都會強調他長期抱持的原則，其中很多是之前在ＩＤＡ

解碼時養成的，或者是在石溪大學跟一群天才數學家工作那幾年培養出來的，現在，他都原封不動搬到文藝復興公司。

其中有個很重要的原則：科學家和數學家必須互動、辯論、分享點子，才有可能產出最佳成果。西蒙斯這番訓誡看似不言而喻，但從很多方面來看是很激進的。在文藝復興公司中，有許多最聰明的同事在過往的職業生涯已經獲得成就和認可，他們靠的是一個人辛苦做研究，而不是與人合作，事實上，最有天分的寬客可能都是一些最不擅長與人合作的人。（業界有個經典笑話：和數學家聊天時，如果對方一直盯著**你的**鞋子看，而不是盯著自己的鞋子，那他就算外向了。）

對於這個問題，其他交易公司的處理方式是讓那些研究人員各做各的事，有時甚至讓他們互相競爭。西蒙斯則堅持採取另一種方式：大獎章採用單一龐大的交易系統。他們那些帶進滾滾錢財的演算法裡，每一行程式碼都開放給所有同仁取用，全都以清楚易懂的明文（cleartext）*存放於公司的內部網路，沒有任何程式碼僅限高階經理人存取。只要是為了改良系統，所有人都能做實驗性的修改。西蒙斯期待研究人員互相交換點子，不要藏私。（有一陣子，就連公司的祕書都能存取原始碼，只不過最後證明成效不佳。）

西蒙斯打造出一種非比尋常的公開透明文化。同事們會晃到其他人的辦公室，提供建議並展開合作。如果碰到挫敗，這群科學家會把工作分出去，向外求援，而不是乾脆打掉，換個計畫重新開始，所以，有前途的點子不會如同西蒙斯所說的「浪費掉」。小組之間會定期開會，討論工作的詳細進度，並且回答西蒙斯追根究柢的提問。大多數同事會一起吃午餐，向當地餐館訂外賣，然後擠在小小的午餐室一起享用。西蒙斯每年會自掏腰包一次，把員工和眷屬帶到有異國風情的度假勝地，以凝聚同袍情誼。

於是，同儕壓力成了重要的鞭策工具。研究人員、程式設計師等人把大半時間花在準備報告，瘋狂的想讓同事刮目相看，或至少不能在同事面前丟臉，刺激他們鍥而不捨的挑戰高難度問題、想出巧妙方法。

「如果你進步不多，就會感受到壓力，」弗瑞說：「這會決定你的自我價值。」

西蒙斯透過紅利讓同事把重心放在公司整體的成功。每半年，只要大獎章的獲利超過某個水準，員工就會領到一筆獎金。這筆獎金有部分會分幾年發放，這種方法有助於留住人才。不管你是發現新訊號、清理數據，還是做其他比較不受矚目的工作，反正只

＊譯注：意指沒有密碼。

要做出傑出貢獻，讓大獎章更加壯大，就可獲得獎金點數，每一點代表可領取公司總獲利的某個比例，而且計算公式清楚好懂。

「你年初就會知道自己的計算公式，跟其他人的公式都一樣，只是有幾個係數不同，要看你的職位是什麼。」總管文藝復興基礎建設的高階主管格倫·惠特尼（Glen Whitney）說道：「想多領一點獎金？那就盡你所能協助大獎章提高報酬，找出可用來預測的方式、修好一個bug、讓程式碼跑更快，甚至替坐在另一頭想出絕妙點子的女同事買杯咖啡也行……獎金多寡取決於基金的績效，而不是看主管喜不喜歡你的領帶。」

西蒙斯也開始發股票，把公司一〇%的股份給了勞佛，後來又把很大一部分股票分給布朗、莫瑟、馬克·席爾巴（這時他已經是公司的財務長）等人，這樣發下來，西蒙斯的持股只比五〇%高一點。其他表現優異的員工則可透過購買股票的方式入股公司；所有同事都可以投資大獎章，這可能才是最大的福利。

西蒙斯承受著很大的風險。卓越的研究人員在一個扁平化組織工作很容易心灰意冷，因為獎金的發放偏齊頭式，他們比較難以出眾。系統程式碼完全不設防的結果是，同事有機會帶著公司機密投奔敵營，不過，由於公司有很多人都是來自學界的博士，跟華爾街少有關聯，所以，西蒙斯相信員工叛逃的可能性相對小。此外，特別嚴苛的終身保密協定及競業條款，也降低員工叛逃的風險。（他們後來會學到，這些協議並不能完全免除員工帶著公司智慧財產叛逃的風險。）

除了幾個負責成交業務的老派交易員，很多文藝復興公司的員工似乎沒把財富看得那麼重。知名電腦科學家彼得．溫伯格（Peter Weinberger）一九九六年來面試時，站在停車場打量等等會見到的研究人員，結果忍不住竊笑起來。

「好多老舊爛車，」他回憶，「有Saturn、Corolla和Camry。」

有些員工並不知道基金每天到底是賺還是賠，有些人甚至不知道公司網站哪裡找得到每月績效，大獎章少數幾次連續虧損期間，這些後知後覺的同事還一派樂天走來走去，惹得其他意識到公司有麻煩的同事很不舒服。

有幾個員工似乎對暴增的財富感到難為情。一九九七年，一群研究人員在午餐室聊天，有人問其他人有沒有坐過頭等艙，整桌的人一片靜默，看來好像沒有人坐過，不料，一個很難為情的數學家開了口。

「我坐過，」他承認，然後覺得有必要給個解釋：「是我太太堅持要坐的。」

雖然大獎章績效亮眼，招募員工卻仍是個挑戰。很少人聽過文藝復興公司，而且加入這家公司就代表要犧牲個人獲得表彰的機會，去從事不會有媒體曝光或讚賞的計畫，這是多數學者難以想像的事。為了吸引人才，西蒙斯、尼克・派特森會特別強調這份工作的積極面，比方說，很多科學家和數學家是天生的解謎高手，他們就提及解決交易難題會得到的獎賞。還有些人是衝著同袍情誼和避險基金的快步調而來。學者寫學術論文可能要辛苦埋首多年，相較之下，西蒙斯就算不是要求幾天內就得有成果，至少是幾週內就要完成，這種迫切感有吸引力。文藝復興公司的氛圍不拘禮節、有學術味，但是認真緊湊，有位訪客將它比喻為「永遠不會結束的考試週」。[1]

過去在ＩＢＭ，莫瑟對語音辨識領域漸漸感到失望，那些科學家靠著莫瑟所謂的「花拳繡腿功夫」，就能假裝取得進展。但在文藝復興公司，你騙不了任何人。「不管怎麼樣，看看銀行有沒有錢就一清二楚，」莫瑟告訴科普作家莎朗・麥格倫（Sharon McGrayne）：「你不必納悶到底有沒有成功……一切清清楚楚，騙不了人。」[2]

文藝復興的面試過程有點特別：先說說自己的成就，考幾個跟機率理論等領域有關的難題，再看看公司有沒有適合的職位。應試者通常會被六位同事輪番拷問，每人各問四十五分鐘，然後在全公司面前介紹自己的科學研究。西蒙斯和派特森通常鎖定已有一連串成就的資深學者，不然就是論文很優秀的新科博士。即使是鼎鼎大名的人也得通過編碼測驗，這項要求代表人人都要寫程式，並且要做其他公司認為低下的工作。此外，他們也必須彼此處得來。

「合不合得來很重要，」一位現任的高階經理人說：「這就像是加入一個大家庭。」

## 三個交易訊號

到了一九九七年，大獎章的同事已經訂出三個步驟來挖掘在統計上顯著的賺錢策略，也就是挖掘他們所稱的交易**訊號**。第一步是從歷史價格數據找出異常規律；再來是確定那些異常在統計上有顯著性，是一再出現的、非隨機的；三是看看這些辨識出的價格變化能否合理解釋。

有一段時間，他們主要押賭在看得懂的規律，大多是根據價格、成交量及其他市場數據之間的相關性，而且有歷史走勢或其他因素可循。其中一個常勝策略是押注「折返」(retracement)。有六成投資在大幅暴漲或暴跌後會突然反轉，至少是小幅度反轉。碰到市場劇烈震盪的時候，也就是突然跌跌不休、接著又小幅反彈的時候，大獎章從這種折返中取得的獲利特別豐厚。

不過，到了一九九七年，他們的交易訊號已有超過一半是**非直覺的**（nonintuitive），也就是他們無法完全了解的。大多數量化公司碰到找不出合理解釋的訊號時，會直接忽視不用，但西蒙斯他們本來就不喜歡花太多時間探究市場各種現象的原因，所以，只要訊號符合各項統計指標，他們就會放心投注，只有最荒謬不合理的訊號才會避開。

「是的，成交量除以三天前的股價變化，我們會納入，」文藝復興公司一位高階經理人說：「但我們不做無厘頭的事，譬如不分青紅皂白，只要是代號A開頭、表現好的股票就一律採納。」

並不是他們**想要**做那種沒有道理可循的交易，純粹因為那是他們所找到在統計上有效的交易。依據這種沒有明顯邏輯可言、但一再出現的規律有個額外好處，那就是競爭對手比較不可能發現、採用，他們多半不會去碰這種交易。

「那種極有道理、極為強烈的訊號，早就被拿去交易了，」布朗解釋：「另外有一種訊號是你看不懂的，但它就是存在，而且有時相對強勁。」[3]

採用這種沒有道理可言的策略有個明顯的危險，那就是你看到的規律可能只是沒有意義的巧合罷了。只要爬梳數據的時間夠長，要找到這種報酬亮眼、但其實只是碰巧的交易並不難，寬客把這種情況稱為**數據過度配適**（data overfitting）。為了凸顯仰賴這類毫無邏輯訊號的愚蠢，量化投資人大衛・萊偉伯（David Leinweber）後來提出證明，只要拿孟加拉奶油年產量、美國起司產量，再加上孟加拉和美國的羊隻總數，就可以預測美國股市的報酬，而且準確度高達九九%。[4]

針對那些令人摸不著頭緒的訊號，文藝復興公司的解決方法通常是先納入交易系統，只是交易金額會設限（至少一開始會設限），然後再努力了解為什麼會出現這些異常。長期下來的心得是，通常都可以找到合理的解釋，換句話說，其他公司把那些異常現象棄如敝屣的同時，大獎章已經賺了一波。最後，他們擬定一套交易原則，納入以下三種訊號：有道理可循的訊號、出乎意料但在統計上有強力依據的訊號、古怪但準確到不能忽略的訊號。

「我們會問：『這是不是類似某些看似合理的走勢？』」西蒙斯幾年後這麼解釋。[5]

天文學家架起強大機器來持續掃描銀河系，尋找不尋常現象，同樣的，文藝復興公司的科學家則是寫電腦程式來監測金融市場，電腦嘎嘎作響不斷運轉，直到發現被輕忽的規律和異常。一旦判定那些規律或異常是有效的，而且文藝復興也決定好押注金額，這些訊號就會放入系統裡，然後就讓系統自己去處理了，不會有任何人為干預。這時候的大獎章已經愈來愈仰賴系統自己學來的策略，這就是一種機器學習。只要餵電腦夠多數據，電腦就會自己學習，然後自己吐出答案。比方說，某個常勝策略會自動收到更多現金去交易，不需要任何人核准，甚至沒有人知道。

## 團隊成員的個性

雖然統計套利團隊管理的金額仍小，但西蒙斯對他們的前景愈來愈滿懷熱情。對公司未來愈來愈有信心之下，他把公司搬到附近一棟以木頭與玻璃興建而成的單層建築，每間辦公室都有令人放鬆的鄉村景致，一眼望去就可以看到附近的樹林。這個總部包含健身房、有照明的網球場、有壁爐的圖書館，還有一座梁柱裸露的大禮堂，西蒙斯每兩週會邀集學者在禮堂舉辦研討會，研討主題通常跟金融沒什麼關係。交易室可以容納二十人左右，不比會議室大多少，但員工餐廳和公共區域很寬闊，可供同事聚在一起討論和爭辯，並在牆上白板寫滿算式和線圖。

統計套利交易績效好轉，布朗和莫瑟也在辦公室展露自信，並開始向以前的ＩＢＭ同事招手。「要不要離開那裡，來我們這家科技交易公司？」布朗寄給ＩＢＭ一位員工的電子郵件中寫道。

沒多久，為文藝復興公司效力的ＩＢＭ校友已有六位，包括達拉皮耶川雙胞胎兄弟。那對兄弟有兩件著名的事蹟，一是有大量的胡桃鉗玩偶收藏，一是哥哥史蒂芬要求同事務必把他在電郵群組的排序放在弟弟文森前面，他們曾經成功把一個股票交易系統的速度加快，這套系統包含多道程式、一個由多部電腦串連的網路和幾十萬行程式碼。

極度認真又精力充沛的布朗，奔波於一場又一場會議之間，騎著一台單輪車穿梭走廊，還差點輾過同事。晚上，他多半在辦公室折疊床旁的電腦工作，累了就打個小盹。某個深夜裡，他還在處理一件複雜案子，時間雖晚但仍幹勁十足的他，拿起電話要打給一位資淺同事詢問緊急問題，有位同事在他撥電話前阻止了他。

「彼得，你不能打給他，」同事說：「現在已經**半夜兩點**了。」

布朗一臉不解，同事只好挑明了講。

「他的薪水沒高到有義務在半夜兩點回答問題。」

「好，那就給他加薪，」布朗回答：「但我們**還是得**打給他！」

布朗的太太瑪格麗特．漢伯格（Margaret Hamburg）做了六年的紐約市公衛委員，推行換針頭政策來對抗ＨＩＶ傳播等；一九九七年，她和孩子搬到華府，出任美國衛生及公共服務部（US Department of Health and Human Services）高階官員，後來還當上美國食品藥物管理局（US Food and Drug Administration）局長。布朗週末會飛到華府跟家人相聚，但他現在花在工作上的時間似乎更多了，給團隊其他成員很大壓力。

「沒跟家人在一起的時候，我只想工作。」他向一個朋友解釋為何約好的飯局一延再延好幾個星期。

擅長分析且情緒穩定的莫瑟，是布朗這位緊張大師的天然鎮靜劑。莫瑟工作認真，但喜歡晚上六點就回家。他比較常捲入辦公室以外的戲碼。幾年前，莫瑟最小的女兒海樂蘇（Heather Sue）說服爸爸陪她去家附近一座足球場，要爸爸把一個玩具足球放在地上，讓她練習定位踢球。

「我以為她踢球只是一種發洩。」他告訴記者。[6]

沒想到，海樂蘇球一踢就直接進了球門，嚇了爸爸一大跳。她成為高中先發球員，接著進入杜克大學（Duke University），在校隊取得一席之地，成為第一個登錄第一級別（Division I）美式足球的女子球員。隔年，海樂蘇被教練踢出校隊，那位教練後來承認，敵營教練嘲笑他有個女子球員，讓他很難為情。海樂蘇一九九八年畢業後，控告杜克大學性別歧視，獲得兩百萬美元的懲罰性賠償。

在辦公室，莫瑟開始顯露另一面的性格。同事一起吃午餐的時候，通常會刻意避開爭議性話題。莫瑟可不會。他在工作會議上很少開金口，但用餐時就詭異的健談起來，其中有些言論，譬如支持金本位制、喜歡小約翰・洛特（John R. Lott Jr.）在《槍械多，犯罪少》（*More Guns, Less Crime*）的主張：擁槍比例增加，犯罪會減少，這在在反映出他的保守派信仰，而公司其他人則比較反傳統。

「油價上漲了……這件事真該好好解決。」莫瑟有一天這麼說。

莫瑟喜歡故意刺激同事，其中很多人是自由派或自由主義者，他也喜歡發表一些愈來愈激進的言論，讓同事詫異。

「柯林頓應該被捉去關。」莫瑟有一天吃午餐時這麼說，他指的是柯林頓總統，因為柯林頓跟白宮實習生陸文斯基（Monica Lewinsky）的關係，在一九九八年被控偽證罪和妨害司法公正。莫瑟說柯林頓是「強暴犯」和「殺人犯」，並且一再重複一個陰謀論：柯林頓與ＣＩＡ密謀走私毒品。

大多數同事會默默敬而遠之，不想捲入激烈爭論，但同為政治狂的派特森不是，他會留在午餐桌跟莫瑟辯論。派特森很驚訝一個聰明的科學家竟然會相信這麼站不住腳的看法。

隨著時間慢慢過去，莫瑟的同事會有愈來愈多驚訝的理由。

## 長期資本管理公司破產

到了一九九〇年代中期，網路時代來到最高峰，矽谷的發展如火如荼。在華爾街，投資銀行和交易公司開始聘雇自己的電腦專家、高智商科學家、數學博士，他們終於相信量化策略可以幫他們賺錢。不過，西蒙斯和團隊仍然只是業界雷達螢幕上的小光點。這有部分是出於故意，西蒙斯很擔心競爭對手偷走他們最成功的方法，所以下令團隊嚴守交易策略機密。

「在美國國家安全局，洩漏機密會坐牢二十五年，」西蒙斯喜歡這麼跟員工說，帶點威脅的口吻：「我們卻只能開除你，真可惜。」

布朗開始堵住同事和投資人的嘴，近乎癲狂。有一次，日本一家大型保險公司的代表來訪，訪客在會議室桌上放了一台錄音機，以便回去重播，確保對談內容沒有在翻譯過程中失真。布朗踏進會議室，一看到那台機器幾乎快崩潰。

「桌上有錄音機！」他說，嚇壞訪客與文藝復興公司的業務代表。

布朗幾乎全身抖動起來，拉起同事往外跑。

「不可以錄音！」他驚恐的大叫。

尷尬的業務代表不得不懇請訪客關掉錄音機。

他們做得有點過頭了。當時其實沒人在乎西蒙斯他們在做什麼，他最大的兩個對手才是投資人注目的對象，它們是長期資本管理公司（Long-Term Capital Management）和德劭基金。

長期資本管理公司的創辦人是約翰・梅利維勒（John Meriwether），他曾是數學講師，公司裡也是一堆教授，包括麻省理工學院財金博士和電腦迷艾瑞克・羅森菲爾德（Eric Rosenfeld）、哈佛大學的羅伯特・莫頓（Robert C. Merton）和邁倫・休爾斯（Myron Scholes），後兩位後來成為諾貝爾獎得主。這支團隊全是學者，大多很內向，他們的做法是下載債券歷史價格，萃取出被忽略的關聯，建立可預測未來走勢的電腦模型。

跟文藝復興公司一樣，梅利維勒他們並不在乎整個市場或個別投資的漲跌，他們的模型尋找的是價格異常，通常是同類投資標的之間的異常，然後這支康乃狄克州格林威治的避險基金會押賭這些異常將收斂、消失。長期資本管理公司最愛的一項交易是買進低於歷史水位的債券、放空漲多的同類債券，然後靜待兩者價格逐漸趨於一致，從中賺取報酬。為了增加報酬，他們大量槓桿操作，銀行很樂意借錢給他們，因為長期資本管理公司會避開高風險的大筆交易，專注於上千筆看似安全的小交易。

投資人看到長期資本管理公司的超級天才黃金陣容，立刻沖昏了頭，不斷注入資金。一九九四年成立的長期資本管理公司，頭三年的平均報酬率將近五〇%，到一九九七年夏天已有近七十億美元的規模，西蒙斯的大獎章基金相形之下無足掛齒。看到競爭對手也做起套利交易，梅利維勒團隊便轉移陣地到新的策略，甚至是進行沒什麼經驗的交易，像是交易正在併購的股票（merger-stock）及丹麥房貸。

一九九七年夏天一場年度高爾夫球賽結束後，長期資本管理公司的合夥人通知投資人應該把半數資金撤出，因為他們認為市場的獲利機會在萎縮。聽聞消息的客戶都瘋了，苦苦哀求梅利維勒這幫人：拜託，不要把錢還我！

不過，長期資本管理公司的模型沒料到一九九八年夏天幾樁震撼全球的大事，包括俄羅斯倒債，以及接下來蔓延全球市場的恐慌。投資人大舉逃離有風險的投資，不管是哪一種資產都出現暴跌，殺得投資人措手不及。當時，長期資本管理公司計算一天頂多賠三千五百萬美元，不料，光是那年八月**某個**週五就賠掉五億五千三百萬美元，短短幾週就蒸發掉數十億美元。

梅利維勒和同事開始打電話給投資人籌錢，他打包票價格一定會反轉，回到歷史常態，就如同他們的模型所預測。梅利維勒一直到找上朋友維尼．馬通尼（Vinny Mattone）才開始接受事實。馬通尼是個投資老手，喜歡穿黑色絲質襯衫，體重一百三十六公斤，戴著金項鍊和尾戒。

「你們賠多少了？」馬通尼問得很直接。

「賠掉一半。」梅利維勒回答。

「那你完了。」馬通尼說，讓梅利維勒大吃一驚。

「當你都賠一半了，大家就會認定你會一路賠下去，」馬通尼解釋：「他們會在市場上把你一路壓下去……你們**玩完了**。」[7]

真的玩完了。長期資本管理公司的資本掉到十億美元以下，槓桿率暴增，聯準會插手介入，擔心這支基金崩盤會拖垮整個金融體系。在聯準會的敦促之下，銀行團接手這支基金。短短幾個月，梅利維勒這群人賠掉將近二十億美元的個人資產，寫下事業生涯中永遠抹不掉的慘烈紀錄。

經過這次慘敗，投資人紛紛對這種全面用電腦模型進行交易的概念敬謝不敏。一個月後，《商業週刊》（*Business Week*）下了這樣的斷語：「量化投資受到的聲譽重創是長期的，就算那些量化投資人到秋天績效就反彈回升，也不可能再宣稱能穩定創造低波動的獲利了。」[8]

德劭基金似乎沒受到太大衝擊。這支由哥倫比亞大學電腦教授大衛．蕭所創、獲得投資人唐納．薩斯曼金援的避險基金，到一九九八年已經成長到數百人的規模。大衛．蕭採用他在摩根士丹利研發的統計套利策略，從成立以來每年平均報酬率有一八％，他的交易量之大，有時可高達紐約證交所當日成交量的五%，不過他的投資組合屬於市場中立型，不受整體股市的漲跌所影響。

德劭基金聘人的方式跟文藝復興公司並不相同，除了詢問應試者專業領域的技術問題，還會考一些燒腦的情境式數學題和機率猜謎，包括著名的蒙提霍爾問題（Monty Hall）*，這道智力測驗出自老牌電視節目《我們來做個交易》（*Let's Make a Deal*）。他們有很多員工很迷英國科幻電視劇《神祕博士》（*Doctor Who*），上班穿著輕便，打破華爾街的僵化窠臼。

《財星雜誌》（*Fortune*）一九九六年某一期的封面故事裡，把德劭基金說成「華爾街一股最奇妙、神祕的力量……是終極的量化交易公司，是數學家、電腦科學家及其他熱衷量化分析者的巢穴」。隨著蕭和其他量化公司不斷成長，紐約證交所不得不自動化，漸漸走向電子證交所，後來還以美分（penny）作為股票交易單位，替所有投資人都降低交易成本。

大衛．蕭開始把時間花在辦公室以外，擔任柯林頓總統和高爾副總統的科技政策顧問。另外，他的公司也擁抱新嘗試：成立第一家免費電子郵件服務公司Juno；跟美國美洲銀行（BankAmerica Corporation）合資，取得十四億美元的融資，德劭基金把這筆錢一部分投入價值兩百億美元的債券投資，同時跨足更多新事業，如網路銀行。[9]滿手現金的大衛・蕭，旗下員工超過六百人，遍布於紐約、東京、倫敦、舊金山、波士頓最前衛的辦公大樓，還有一處位於印度的海德拉巴（Hyderabad）、有個放滿雕像的中庭。

接著就是一九九八年秋天的市場動盪。不到幾個月，德劭基金的債券投資組合就虧損超過兩億美元，不得不裁撤二五％的員工，縮減營運。德劭日後會恢復元氣，重新以交易強權之姿再起，但它這次所遭逢的困境及長期資本管理公司的龐大虧損，給西蒙斯和文藝復興公司上了永遠受用的一課。

## 永遠不要太相信交易模型

對於競爭對手們的意外挫敗，派特森和同事做了一番詳細剖析。大獎章在一九九八年獲利四二％，那年秋天正當其他投資人陷入一片恐慌之際，大獎章反而從中受惠，不過，派特森還是得確定文藝復興公司沒有犯下跟長期資本管理公司一樣的錯誤。首先，文藝復興公司不像長期資本管理公司借了那麼多錢；其次，長期資本管理公司的交易需

＊譯注：又稱三門問題。

要一段時間才能看到成效，不像西蒙斯偏愛短線操作；再來，文藝復興公司聘用的是數學家和電腦科學家，而不是經濟學家，這是另一個不同之處。

雖然如此，相似之處還是多到有必要探究更深層的教訓。在派特森他們看來，長期資本管理公司的失敗更證明文藝復興公司信奉的箴言：永遠不要太相信交易模型。沒錯，公司的系統看起來很成功，但任何數學公式都有可能出錯。有鑑於此，他們強化基金的風險控管，如果某個策略無效，或是市場波動性大增，文藝復興公司的系統通常會自動減少部位和風險，例如一九九八年秋天，大獎章就把期貨交易減少二五％，而長期資本管理公司則不然，當他們的交易策略陷入困境時，他們的留倉部位卻不減反增。

「長期資本管理公司最根本的錯誤就是把模型當成真實情況，」派特森說：「我們從來不認為我們的模型就是反映全部的真實情況，充其量只有反映出部分真實罷了。」

此外，德劭基金和長期資本管理公司還跨入自己並不完全了解或沒有經驗的市場：丹麥房貸、網路銀行。這提醒西蒙斯團隊必須專注於磨練本業，不要跨足新事業。

## 科技泡沫的衝擊

傾布朗、莫瑟等人的全力，股票交易的獲利仍只占文藝復興公司一九九八年總獲利的一成，主要獲利還是來自亨利．勞佛的期貨交易，即使西蒙斯已經大力催促股票團隊改善績效。一如既往，梅格曼還是想當那個扭轉乾坤的英雄。

自從把那隻妨礙股票交易系統賺錢的電腦bug抓出來修好之後，梅格曼好不容易當上了英雄，接下來被賦予更多責任，當上軟體架構師（architect），負責管理大獎章實際執行交易的軟體，這下所有系統更動都得先經過他這關，所有系統改良都繫於他的決定，他還成為一票博士的老闆。

梅格曼顯然鴻運當頭，薪水優渥，更棒的是，他的工作表現獲得布朗、莫瑟和西蒙斯的讚賞。他把不斷增加的薪水拿來將全身的行頭升級，甚至穿起吊帶褲，希望自己看起來跟莫瑟一樣。長期以來，贏得男性權威人士的讚許一直是梅格曼的動力，只要能獲得讚賞，總能令他興奮不已。

儘管工作上愈來愈成功，梅格曼卻察覺莫瑟一家人對他有點冷淡，尤其是莫瑟的二女兒莉百嘉，她也進入文藝復興公司，在梅格曼手下做事。他們不再邀他一起上餐廳吃飯或到家裡，梅格曼困惑不解，他還寫了一封長達五頁的信，希望再續情誼，只是石沉大海。他搞不清楚到底發生什麼了，只好一一盤點所有可能性。也許是那次他當眾斥責莉百嘉（別忘了，莉百嘉可是老闆的女兒），責備她在交易團隊的表現，讓她在新同事面前下不了台。

「我覺得那次她本來就該罵。」梅格曼說。

嫌隙也可能起因於公司的夏日旅遊，當時，梅格曼帶海樂蘇划了一趟浪漫的獨木舟，他很確定莉百嘉一定吃醋了。不管什麼原因，反正莫瑟的女兒和太太黛安娜現在都不跟他講話了。

「不管是他們家還是他們舉辦的家庭活動，都把我列為不受歡迎人物。」他說。

為了博得莫瑟的好感，梅格曼決定專心工作。一九九九年，梅格曼想出一個方法，把股票交易的程式碼稍稍改進，變得更有效率，不料，期貨那邊幾乎馬上轉盈為虧，同事亂成一團，搞不清楚到底發生什麼事，不過，梅格曼倒是很清楚，他不小心釋出一隻威力強大的bug，讓公司上下全遭到感染。又來了！

**是我害的！**

梅格曼自責了好幾週，納悶自己怎麼會犯下這麼愚蠢的錯。沒錯，梅格曼的股票團隊跟勞佛的期貨團隊並沒有共用太多程式碼，但他還是很確定自己就是罪魁禍首。這次不願出面承認錯誤的他，夜裡私下熬夜找答案，就是找不到這隻bug。

那一季結束時，大獎章告知客戶出現意外小虧，是十年來首次出現季衰退。一直提心弔膽等著被炒魷魚的梅格曼，幾乎難以成眠。

「我快瘋了。」他說。

他找上一個診治廣泛性焦慮症的心理治療師，開始每週一次的療程，鎮定心神。慢慢的，大獎章的報酬回升，梅格曼終於得以放鬆下來，虧損大概不是他造成的。

二〇〇〇年一月，大獎章的獲利暴增至一〇．五％，創下多年來最高的單月獲利；到了三月初，納斯達克指數在科技股熱潮中創新高，尤其是網路相關的公司，基金已實現的獲利已經超過七億美元。

接著，梅格曼和同事們真正的大難降臨。科技泡沫在三月十日破滅，股票重挫，市場氛圍驟變，無跡可循。一個月後，納斯達克下跌二五％，然後一路下探，從高點整整跌掉七八％。大獎章面臨不明原因的虧損，三月有一天就虧掉九千萬美元，隔天再賠八千萬美元，大家開始緊張起來，因為以前的單日虧損從未超過五百萬。

大家的憂慮不只來自虧損不斷增加，還來自一種不確定感，**為什麼**會這樣？大獎章的投資組合是原物料商品、外匯、債券等期貨，股票投資組合主要是用來平倉的部位（offsetting position），目的是規避整個市場的波動，所以**不該出現**這些虧損的。不過，系統的交易訊號多是自己透過機器學習所產生，很難找出問題的確切原因，也不知道問題何時會消退。這些機器似乎失控了。

在拋售潮中，有位應試者到長島辦公室跟派特森和幾位同事面試，隔天早上，他們開會討論那位候選人，卻沒有任何人記得跟那個人談過。這些研究人員已經賠錢賠到完全恍惚了。

莫瑟還是一付泰然自若的樣子，照常跟同事互動，好像什麼事都沒發生一樣。布朗可就不是了。他從未經歷過深不見底、突如其來的虧損，震驚顯露無遺：神經緊張又情緒化的他，逐漸升高的恐懼完全藏不住。他無法入睡，整晚不斷查看電腦，追蹤股災的最新消息；進了辦公室，他臉色慘白，睡眠不足的倦容嚇壞了同事。朋友說他自認虧損責任在他，因為虧損是來自他的股票交易系統。

崩盤第三天，梅格曼開車去上班，用他的電腦查了一下股票期貨的水位，又是重挫，絕對又是慘烈的一天！梅格曼有點噁心想吐。布朗和莫瑟已經在跟西蒙斯和其他高階經理人開緊急會議，但梅格曼覺得有必要提醒他們問題的嚴重性。他緩緩打開狹小會議室沉重的門，裡面擠滿十幾位高階經理人，視訊會議的螢幕上顯示世界各地高階經理人的臉孔，長桌主位上坐著嚴肅專注的西蒙斯。梅格曼低下身子，附在布朗的耳朵旁小聲說：「我們又賠九千萬了。」

布朗當場呆掉。大獎章的虧損這下逼近三億美元了，布朗心煩意亂，甚至害怕起來。他看向西蒙斯，迫切需要他的協助。

「吉姆，我們該怎麼辦？」

西蒙斯試著使布朗和其他高階經理人安下心來，表示有信心運氣會好轉。

「相信模型，」西蒙斯告訴他們：「我們必須交給模型自己處理，不能恐慌。」

接著，西蒙斯提醒同事，他們的交易系統本來就有因應困難的準備，更何況，他們也沒有使得上力的地方，大獎章交易的股票有八千檔左右，他們不可能一下子就全面換股操作。

幾個研究人員熬了幾個通宵，找出一個可能的原因：有個過去很依賴的策略正在讓金錢流失。那是個相當簡單的策略，假如有股票在過去幾週持續上漲，大獎章的系統就會自動加碼買進那些股票，因為系統假設漲勢會繼續。這個交易訊號多年來一直都很有效，因為自動買進的納斯達克股票處於多頭走勢，不斷攀高，可是現在兇猛的空頭走勢已經開始，系統卻還在叫大獎章**加碼**買進。

西蒙斯雖然常常強調不可凌駕交易系統的重要性，但碰到市場陷入危機的時候，他往往會收回對某些交易訊號的依賴，惹得那些向來不認為調整電腦程式有用的研究人員很不高興。現在，連他們都巴不得趕快丟掉有問題的訊號，更何況他們的系統比較擅長做短線預測，不擅長這個問題訊號鎖定的長線預測。他們迅速去除這個動能策略，止住虧損。過沒多久，獲利又開始累積了。

不過，布朗仍然驚魂未定，他提出辭呈，覺得應該為這次深切的痛苦負起責任。西蒙斯退回布朗的辭呈，告訴他，他現在對公司更有價值了，因為他已經學會「永遠不要完全相信模型」。[10]

## 獲利再創新高

二〇〇〇年秋天，大獎章的成功已經開始傳開。那一年，大獎章的獲利飆到九九%，這個數字甚至已經扣掉向客戶收取的二〇%佣金及五%西蒙斯投資的資金，這時的基金規模已經將近四十億美元。過去十年，大獎章和一百四十名員工所創造的績效，勝過喬治·索羅斯、朱利安·羅伯森（Julian Robertson）*、保羅·都鐸·瓊斯等投資教父所管理的基金。同樣令人驚豔的是，大獎章近五年的夏普比率是二·五，也就是說，跟其他競爭對手比起來，大獎章不僅收益高，還低波動、低風險。

西蒙斯卸下心防，接受《機構投資人》（*Institutional Investor*）雜誌作家浩爾·拉克斯（Hal Lux）的專訪。兩人不僅在他的紐約辦公室邊喝咖啡邊聊，接著又到長島總部啜飲琴通寧調酒，西蒙斯表示有信心他的高收益會繼續下去。

「我們所做的事不會不見，」西蒙斯告訴拉克斯：「我們的績效或許會時好時壞，但我們發現的原則是站得住腳的。」

布朗、莫瑟、勞佛同樣深信一個難得、甚至歷史性的機會就在眼前。為了好好把握這個機會，他們急著要聘雇更多新同事。

「市場到處都是無效率，」一位資深員工告訴同事：「賭桌上明明有那麼多錢可賺，我們卻只能乾瞪眼，白白流失大好機會。」

新聘進來的人將會徹底改變這家公司，變成西蒙斯和同事從未料到的模樣。

---

＊編注：老虎管理公司（Tiger Management）創辦人。這是最早期的避險基金，也是世界上最賺錢的基金之一。

## 第二部

# 金錢改變一切

第十二章

# 更多數據就是最好的數據

二〇〇一年，吉姆．西蒙斯的避險基金出現不尋常的變化。獲利不斷累積的同時，文藝復興公司也開始消化新的資訊類型。他們收集每一筆下單資訊，包括沒成交的委託單，以及年度與季度財報、企業高層股票交易紀錄、政府報告、經濟預測和論文。

西蒙斯覺得這樣還不夠。「新聞快訊能收集嗎？」他在小組會議上問道。沒多久，研究人員已經在追蹤報紙和通訊社的報導、網路貼文，以及更多更多鮮為人知的數據，例如境外保險理賠數據。只要是可量化、可仔細觀察、對預測有幫助的資料，幾乎都不放過。大獎章基金成為一塊數據海綿，每年吸收的資料高達一兆位元組，他們購買昂貴的磁碟機和處理器來消化、儲存、分析所有資料，從中尋找可靠的規律。

「更多數據就是最好的數據。」（There's no data like more data.）莫瑟告訴同事，這

句話也成了這家公司的口頭禪。

莫瑟後來解釋，文藝復興公司的目的是預測股票或其他投資「在未來任一時間點」的價格，「我們想知道三秒、三天、三週、三個月後的價格。」

莫瑟表示，舉個例子，如果報紙有篇文章報導塞爾維亞短缺麵包，文藝復興公司就會過濾過去麵包短缺與小麥價格上漲的例子，看看各種投資工具分別出現什麼反應。[1]

那些新資料當中，有些用處不大，譬如企業的每季財報，不過，股票分析師的財報預估及他們對各企業變來變去的看法有時有用。觀察財報公布後的股票交易規律，追蹤企業的現金流、研發支出、股票發行等因素，也證明是有用的。大獎章團隊改良他們的預測演算法，用一個相當簡單的方法，就可以計算一家企業出現在新聞中的次數，不論是正面、負面或純粹是謠言。

莫瑟他們愈來愈清楚，交易股票和語音辨識有相似之處，因此文藝復興公司才會不斷從ＩＢＭ計算語言學團隊挖人。這兩者的目標都是建立一個模型，來消化資料的易變雜亂，再做出可靠的猜測，猜測下一個可能出現什麼，同時也都不理會那些一點也不數據導向的傳統派。

隨著交易愈來愈電子化，造市者（market-maker）和中間人被推擠出這一行，大獎章把買賣分散到愈來愈多的電子交易網路上，買賣進出更加容易、有效率。終於，西蒙斯更靠近最初的目標：建立一個幾乎不需要人工操作的完全自動化系統。

同事很興奮能開發出超短線訊號，短到以秒計算，甚至更短，這種方法就是所謂的**高頻交易**（high-frequency trading）。不過，文藝復興公司的電腦太慢，不足以搶先別人一步進入市場。大獎章一天的交易高達十五萬到三十萬筆，但多是為了避免影響市場價格而採取的小筆進出，而不是採取搶先別人一步那種獲利方法。西蒙斯他們做的事情並不完全是投資，但也不是「快閃俠」。

這種做法不管怎麼稱呼，成效都很驚人。繼二〇〇〇年獲利飆升到九八．五％之後，大獎章基金在二〇〇一年又有三三％的收益。對比之下，常用的股市指標標準普爾五百指數那兩年的平均收益只有〇．二％，其他避險基金則是七．三％。

不過，西蒙斯團隊還是在投資圈的雷達偵測範圍之外。如同二〇〇〇年《機構投資人》那篇文章所說：「你八成沒聽過吉姆．西蒙斯，他本人對此也毫不在意，而且不是只有你沒聽過。」[2]

儘管如此，布朗和莫瑟的系統還是運作得很好，好到研究人員開始放手測試、開發新的演算法，然後直接丟進他們那個單一系統。新員工開始辨識加拿大、日本、英國、法國、德國、香港的預測訊號，連比較小的地區也沒放過，像是芬蘭、荷蘭、瑞士。國外市場通常跟隨美國的步伐，但不是亦步亦趨。把新市場的訊號跟原有演算法結合，一起併入系統之後，出現頗不尋常的現象。大獎章跟整體市場的連動性降低，收益變得平穩，跟各大金融市場的連動性也減少。

投資專家通常用夏普比率來衡量投資組合的風險高低，計算報酬率與波動之間的關係，夏普比率愈高愈好。整個一九九〇年代大部分時間，大獎章的夏普比率都是強勁的二·〇，是標準普爾五百指數的兩倍，但納入國外市場演算法及改良交易技巧之後，大獎章的夏普比率爆升，二〇〇三年初高達六·〇，大約是大型量化基金夏普比率的兩倍，這個數字代表大獎章一整年幾乎都沒有賠錢的風險。

西蒙斯團隊似乎找到投資界的聖杯：投資組合分散、波動相對低、跟整體市場的連動也相對低、收益龐大。過去也有人開發出這樣的投資工具，但是投資組合的規模通常很小，從來沒有人做到西蒙斯團隊的成果：投資組合有五十億美元之多，卻還能達成如此驚人的績效。

這番成績打開一道門，通往新的可能。

## 組合式選擇權

彼得．布朗在辦公室來回踱步，決定想辦法擴增大獎章的股票賭注。可是，二〇〇〇年初的慘痛虧損及當時的不知所措仍盤旋不去，他需要有個可以保護公司的方法，以防更慘烈的市場災難。

布朗很幸運，銀行因為嗅到商機，對文藝復興公司開始興致勃勃。從各方面來看，西蒙斯的公司都是銀行夢寐以求的借款客戶：獲利龐大平穩、跟整體市場的連動性低。西蒙斯批准布朗動用更多槓桿來擴大部位，所以文藝復興公司成為求錢若渴的借款人。（屋主透過貸款就能購買房價高於存款的房子，同樣的，大獎章這種避險基金也是用這種方法來提高獲利，透過借錢來累積投資組合，他們就能將投資組合擴大到原有資金達不到的規模。）

當時正是銀行鬆綁荷包、降低放貸標準的時候。全球利率不斷調降，房市復甦，放款人提供大量積極的貸款，就連信用不良或毫無信用紀錄的人都不放過，相較之下，文藝復興公司是個安全賭注，更何況這支基金的多空交易通常一樣多，降低暴露在市場暴跌中的風險。於是，德意志銀行（Deutsche Bank）和巴克萊銀行（Barclays Bank）開始把一種叫做**組合式選擇權**（basket option）的新商品賣給文藝復興公司，看起來正好可以完美解決布朗的問題。

組合式選擇權是一種金融工具，價格跟某一籃子股票的表現掛鉤，一般選擇權多是根據個別的股票或金融工具來評估價值，但組合式選擇權是綁定一組股票，如果一籃子裡的股票上漲，選擇權的價格就會跟著上漲，感覺這些股票是你的，但實際上又不是。事實上，籃子裡的股票在法律上屬於銀行所有，但實質上是大獎章的財產，是大獎章的電腦告訴銀行籃子裡要放哪些股票、要用多少金額買賣，由布朗親自寫程式碼執行整個過程。大獎章的電腦會自動發出指令給銀行，有時一分鐘、甚至一秒鐘就下一個指令，整天不間斷。大約一年過後，再由大獎章行使選擇權，在扣除相關費用後索回股票的報酬，不論這些報酬是多是少。[3]

大獎章用組合式選擇權來大幅提高報酬是很取巧的做法。由於券商和其他限制的關係，避險基金透過傳統方法借款的金額有其限制，但透過組合式選擇權的話，大獎章就能借到原本借不到的大筆金額。一般來說，競爭對手可以用一美元現金買賣七美元左右的金融工具，而大獎章拜選擇權策略之賜，卻能用一美元現金買賣十二．五美元的金融工具，假如它能持續找到有利可圖的交易的話，更容易痛宰對手。只要大獎章偵測出特別有利可圖的機會，如二〇〇二年的市場衰退，它就能提高槓桿，每一美元能持有將近二十美元的資產，等於給投資組合打了類固醇。二〇〇二年，大獎章的基金規模超過五十億美元，但是投資部位超過六百億美元，選擇權就是原因之一，這也讓大獎章得以在整體市場行情不佳的那一年獲利二五・八%，而標準普爾五百指數在二〇〇二年則跌掉二二・一%，那年，網路公司破產，能源公司「安隆」（Enron）和電信巨人「世界通訊」（WorldCom）倒閉，牽連甚廣。

此外，這種選擇權也把巨大風險從文藝復興公司轉移到銀行身上。嚴格來說，組合式選擇權交易的有價證券是放款人所有，因此，若碰到突然崩盤，大獎章頂多損失權利金及扣在銀行手中的擔保品，相當於幾億美元，而如果大獎章陷入麻煩，銀行要面對的虧損可能高達幾十億美元。套用一位參與這項借貸安排的銀行家的說法，透過選擇權，大獎章能夠把股票從投資組合「隔開來」（ring-fence），保護公司其他部位，包括勞佛依舊蒸蒸日上的期貨交易，確保意外發生時公司仍能存活。有個同事對於這項融資的條件驚訝不已，連忙把他大部分的積蓄都轉移到大獎章，因為他知道他頂多損失兩成。

銀行欣然擁抱這巨大的風險，無視眼前一堆值得提高警覺的理由。首先，它們根本不知道大獎章的策略為什麼有用，而且這支基金才只有十年的亮眼獲利。更何況，幾年前才發生長期資本管理公司瓦解的事，那無疑是一個赤裸裸的教訓，證明仰賴不清不楚的模型有多危險。

布朗發現，組合式選擇權還有一個巨大好處，大獎章的交易可以因此適用較低的長期資本利得稅，雖然其中很多只是持有幾天或幾小時的短線交易，因為選擇權是一年後才行使，所以文藝復興公司自然可以辯稱那是長期投資。（短期資本利得稅是三九．五%，長期資本利得稅是二〇%）。

有些同事覺得這種伎倆不太好，稱這是「合法但不正當的做法」，但布朗和其他人只管是否有法律顧問的認可。幾年後，美國國稅局（Internal Revenue Service）裁定大獎章把組合式選擇權認列為長期資本利得，從中取得不當獲利。國稅局指出，批准這些交易的西蒙斯，連同文藝復興公司其他高層，少繳的稅高達六十八億美元。二〇一四年，參議院一個委員會小組表示，文藝復興公司「濫用」複雜的架構，「透過不正當的節稅獲取數十億美元」。文藝復興公司對國稅局的裁定提出異議，截至二〇一九年夏天為止，這起爭議仍然未解。

其他避險基金也各有節稅的方法，有些也用組合式選擇權協議，但沒有人像文藝復興公司那麼仰賴它。到二〇〇〇年代初，這種選擇權儼然已經成為文藝復興公司的祕密武器，重要到為了確保跟銀行無縫合作，文藝復興公司甚至投入多位電腦工程師、大約五十位員工。

## 這些錢是我應得的嗎？

金錢很誘人，對科學家和數學家來說也是如此。漸漸的，文藝復興公司的員工開始享受他們的勝利果實，一開始慚愧賺這麼多錢的員工也不例外。有個員工開發一個電腦小工具，從自己的電腦螢幕角落就可看到不斷跳動的獲利金額（和偶爾的虧損），心情開始隨著不斷變動的數字上上下下。

「看那個數字會突然一陣興奮，」某個員工說：「但也會分心。」

他們的花費也跟上績效的腳步。好多科學家在附近的「老田」（Old Field）地區購買豪宅，甚至形成「文藝復興濱海勝地」（Renaissance Riviera）。西蒙斯在東賽托克特（East Setauket）有一棟占地十四英畝的莊園，可俯瞰長島灣，從如畫一般的窗戶望出去，可見「良心灣」（Conscience Bay）蒼鷺群的壯麗景色。亨利．勞佛花了將近兩百萬美元買下附近一棟地中海式莊園，有五間臥室、六套半衛浴，占地將近十英畝，房子正對著長島灣，有四百多英尺的專屬臨海風光。勞佛另外花了八十萬美元買下旁邊一塊二．六英畝的土地，整個加起來是塊超大地產。同樣在那一區，西蒙斯的表兄弟羅伯特・勞里（Robert Lourie）給女兒蓋了一座騎馬場，拱形大樑大到必須封閉連結紐約市的橋樑，才能順利運入長島。他離開學術界，到這家避險基金公司擔任高階主管。[4]

莫瑟的豪宅在一條塵土飛揚的長長沙子路盡頭，俯瞰著石溪灣（Stony Brook Harbor）。他和太太黛安娜用女兒海樂蘇、莉百嘉、小珍的全身肖像畫裝飾客廳；[5]一家人為海樂蘇舉辦盛大婚禮時，超大噴水池和華麗玫瑰花園令賓客瞠目結舌，但眾人腳下踩的卻是成千上萬隻死蟲，那是為了賓客的舒適在前一晚撲殺的成果。（婚禮上到處可見羅伯特和海樂蘇的父女合照和影片，有些賓客甚至開玩笑說不知道誰才是新郎。）

在文藝復興公司的停車場，雖然福特Taurus和豐田Camry依舊比比皆是，但是保時捷、賓士等高級汽車占據的空間變多了；甚至有公司高層搭直升機進紐約市吃晚餐。[6]在午餐室，有人在公司的冰箱貼上一個百分比數字，是他的薪資最近的年成長率，他告訴朋友，只要數字下滑，他就不幹了。

有一天，幾個研究人員坐在一起抱怨繳了好多稅，西蒙斯經過時剛好聽到，眉頭馬上皺起來。

「你們要是沒賺這麼多錢，就不必繳這麼多稅。」西蒙斯說，說完就晃走了。

他們實在變得太有錢了，研究人員年薪數百萬美元，甚至上千萬，而他們投資大獎章的收益也有這麼多。錢多到有人覺得需要找出坐擁這麼多錢的正當性。文藝復興公司這些人畢竟多是學者出身，忍不住開始質疑這樣的報酬是不是太超過了。

**這些錢都是我應得的嗎？**

大多數員工的結論是，他們的頻繁交易增加市場的**流動性**，也就是說，能讓一般投資人更容易進出市場交易，對整個金融體系有幫助。不過，這種論點有點牽強，因為文藝復興公司對市場的影響到底有多少並不清楚。還有人承諾只要自己的藏寶箱裝滿就把錢捐出去，在這之前，只能盡量無視他們不斷膨脹的獲利正是牙醫和其他投資人不斷虧損的金錢。

「內心會掙扎。」格倫．惠特尼說，他是協助公司研發的高階主管。

布朗對自己累積的財富也是憂喜參半。根據同事的說法，他的人生有很長一段時間都在為錢焦慮，所以這麼大筆錢財令他滿心歡喜。但他刻意對小孩隱瞞他的龐大財富，平常出入開的是豐田普銳斯（Prius），還不時穿著有破洞的衣服，太太在一個致力於降低核武威脅的基金會擔任科學家，也很少在自己身上花錢。儘管如此，藏錢並不是一件容易的事。同事們分享一個故事，有一次，布朗一家拜訪莫瑟的豪宅，布朗當時唸小學的兒子看到莫瑟家的豪華，轉頭看著爸爸，滿臉疑惑。

「爸比，你不是跟莫瑟叔叔做同樣的工作嗎？」

## 股票交易獲利大增

隨著股票交易蒸蒸日上，布朗和莫瑟在公司的影響力也愈來愈大，勞佛的權力則日漸式微。這兩組人對待工作的急迫度截然不同，就跟他們的領導人一樣。不管市場如何變動，勞佛永遠一派冷靜謹慎；他的團隊成員進公司會先喝一、兩杯咖啡，翻翻《金融時報》（*Financial Times*），才開始工作；他們的電腦有時有點笨拙，無法快速測試、執行交易或找出新的關聯性和規律，但是收益依然強勁，即使已陷入停滯不前。不管怎樣，勞佛這幫人就是無法理解西蒙斯為什麼需要擴大基金規模，他們每年都已經賺進幾百萬美元了，這樣還不夠嗎？

布朗和莫瑟的組員常常寫程式寫到深夜，比賽誰在辦公室待到最晚，隔天一早又趕著進公司看昨天的修改有沒有效。如果布朗某一天覺得該逼自己加把勁，就會加班加到直接睡在電腦鍵盤旁，他的下屬也會覺得有必要跟進。布朗貶斥他的研究人員，給每個人都取了損人的綽號（只有莫瑟除外），不斷刺激每個人再加倍努力，不過，他的組員已經培養出一種自豪，知道自己承受得了布朗的羞辱，並認為布朗是把羞辱當成鞭策工具。布朗本人常常一臉苦惱，好像肩上承擔全世界的重量似的，這也代表他跟其他人一樣關心工作。他也有興高采烈、有趣的時候。身為法國諷刺小說《憨第德》（*Candide*）的鐵粉，他在簡報時動不動就喜歡掉幾句書中的句子，逗得同仁咯咯輕笑。

這個團隊私下做了一個馬力加大版的交易模型，足以取代期貨團隊使用的模型。他們把新模型拿給西蒙斯看的時候，他很不高興他們偷偷建立模型，卻也同意應該用這個版本取代勞佛團隊的模型。

到了二〇〇三年，布朗和莫瑟的股票交易獲利已經是勞佛期貨團隊的兩倍，短短幾年就陰陽易位。為了酬謝手下這兩位竄起的明星，西蒙斯宣布布朗和莫瑟升任公司的執行副總，共同掌管文藝復興公司所有交易、研究和技術活動。一度被視為西蒙斯當然接班人的勞佛，則被賦予首席科學家的頭銜，負責處理公司的疑難問題。布朗和莫瑟是公司的未來，勞佛已成過去。

有一次在附近傑佛遜港的木頭牆板酒館Billie's 1890吃起司漢堡午餐時，西蒙斯告訴布朗和莫瑟，他考慮要退休。

「由你們接手。」西蒙斯告訴他們，還說希望他們成為共同執行長。[7]

消息傳了開來，有些員工開始恐慌。布朗的團隊可以承受謾罵，但其他人可受不了那個傢伙。有一次跟主要負責會計和客戶關係的紐約辦公室員工講電話的時候，火大的布朗開始大罵。

「你笨死了！」

至於莫瑟，雖然他持續跟布朗有固定對話，但在一群人的場合很少開口，即使開口也通常是在煽風點火。莫瑟本來就喜歡跟部屬辯論，現在更是直接挑釁，通常這些事情會發生在文藝復興公司的午餐室。莫瑟常常把矛頭鎖定左傾的同事，主要是尼克·派特森，因此，同仁開始戲稱那是「鬥尼克遊戲」。

一般來說，派特森也喜歡鬥嘴，但有時有點過了頭。有一天，莫瑟向派特森堅稱氣候暖化被過度渲染，並交給他一份研究報告，那是生物化學家亞瑟·羅賓森（Arthur Robinson）和其他幾個人合寫的論文。派特森把報告帶回家研讀，結果發現，這位羅賓森也經營牧羊場，他和其他人共同推動一項計畫，要儲存幾千瓶尿液，然後加以分析，為了要「增進我們的健康、幸福、繁榮，甚至是孩子在學校的課業成績」。[8]讀完這篇報告，派特森寄給莫瑟一則短訊：「這八成是假的，而且肯定對政治很無知。」莫瑟一直沒有回覆。

莫瑟特別喜歡把事情量化，彷彿只有數字才能衡量成就、成本及社會上其他很多東西，而且通常是用幾美元、幾美分。

「為什麼不全用罰款來懲罰就好呢？」他問惠特尼，這位高階電腦主管也是莫瑟喜歡逗弄的對象。

「你在胡扯什麼啊？」惠特尼回答。

莫瑟有些言論簡直令人髮指。梅格曼回憶說，有一次，莫瑟試圖計算政府在起訴犯人、學校教育、福利制度等方面花在非裔美國人身上有多少錢，接著又說這些錢是不是應該拿去鼓勵他們返回非洲比較好。（不過莫瑟後來否認說過這種話。）

很奇怪，莫瑟在工作上是個要求論述有據、證據確鑿的科學家，但在發表個人觀點時，卻只憑薄弱資料就妄下斷語。有一天，他帶來一份研究報告，內容宣稱美國在廣島和長崎丟下原子彈多年後，住在這兩座城市外圍的民眾因為暴露在輻射線上而延長壽命，證明核戰並不如普遍認為的那麼可怕。公司的研究人員認為那篇報告是毫無說服力的偽科學。

莫瑟是午餐室裡位階最高的人，所以有些員工閉上嘴巴，不願挑戰老闆。有一次，莫瑟告訴一個公開宣稱自己是無神論的年輕同事，說他不相信進化論，還遞給那位同事一本主張「神造論」（creationism）的書，儘管莫瑟自己也不信神。

「時間還不夠久，還不足以」論斷進化論正確與否，莫瑟告訴那位同事。對大多數同仁來說（包括被他逗弄的對象），莫瑟是煽動者，偶爾風趣，常常討人厭，但是大致無害。他們以後就不會這麼認為了。

## 新人帶來的文化衝突

西蒙斯還不準備把棒子交給布朗和莫瑟，但他卻派給他們更多任務，有時還把兩人從日常交易中抽離。有一批新員工開始強勢坐大，徹頭徹尾改變這家公司。

一九九〇年代末期到二〇〇〇年代初期、文藝復興公司急於擴張的時候，有時會打破慣例，雇用曾在敵對公司工作的人，有不少是俄羅斯和東歐出生的科學家。亞歷山大・貝拉波斯基（Alexander Belopolsky）就是其中之一，他曾經在德劭基金旗下的單位工作。尼克・派特森對這個聘雇決定提出過異議，不僅因為貝拉波斯基曾在華爾街工作過，也因為他在面試時很輕鬆就答對公司出的難題，派特森覺得好像背後有人指導。

其他國外出生的科學家也展現過這種神奇能力，通常會難倒應試者的難題，他們回答起來卻無可挑剔。惠特尼拿他最喜歡問的問題考一位應試者，得到的反應也是如此，先是很戲劇性的停頓，然後一臉困惑，接著靈光乍現，一個漂亮的答案就出來了。

「哦！我知道了！」

惠特尼後來發現，有人在提供答案給這些國外出生的應試者。

「他們真的在演戲，」惠特尼說：「而我則像個被耍弄的傀儡。」

大獎章的員工已經賺得荷包滿滿了，但因為基金規模在二〇〇三年達到五十億美元的極限，員工難免會覺得薪資很難再成長，導致一些緊張關係產生。在華爾街，交易員最痛苦的時候通常是好行情過後，而不是壞行情的時候，因為會心有不滿。沒錯，我是賺很多，但是那個人拿**更多**，他根本不配！

在文藝復興公司內部，有些新人開始發動耳語詆毀高薪同事，傳奇電腦科學家彼得・溫伯格也成為目標。西蒙斯在一九九六年聘他進入公司，跟勞佛一起在期貨團隊共事；過去在貝爾實驗室擔任電腦研究主管的他，因為協助開發出AWK程式語言而聲名大噪（AWK裡的W就是代表他的姓）。新人在他背後質疑，說他的技術已經過時，說他沒有貢獻。

「沒錯，他是很有名，但他**做**了什麼？」某個新人嗤之以鼻地說。（後來，溫伯格在二〇〇三年離開文藝復興公司。）

儘管新人的個性稜角未去，有些老員工仍對他們抱持同情，替他們說話的人所持的理由是，這些新人的人格養成年代都處於共產統治之下，所以不那麼開放和信任人是可以理解的。這些國外出生的科學家有時會分享年少的困苦經歷，而且並不是**每一個**成員都不屑較為年長的同事。

不過，這家公司的基調已經在改變，緊張情緒也在滋長。

## 將投資人踢出基金

大衛・梅格曼又不高興了。向來不會把話悶在心裡的他，這次也不打算悶著。

首先是西蒙斯的菸。沒錯，西蒙斯是量化投資的先鋒，是億萬富豪，是梅格曼所服務的公司創辦人和最大股東，但是，**拜託**，真是受夠他的菸了！梅格曼覺得西蒙斯的菸導致他氣喘惡化，害他每次開完會就咳個不停，他決定不能再繼續這樣下去了。

**受不了了啦！**

「吉姆，我打電話給人資部門了，請他們向職業安全衛生署（OSHA）投訴。」梅格曼有一天這麼告訴西蒙斯，他說的職業安全衛生署是管理職場違法情事的聯邦機構，「這是**違法**的。」

梅格曼說，如果西蒙斯繼續抽菸的話，他就不再參加會議。於是，西蒙斯買了一台可以抽走空氣中香菸煙霧的機器，梅格曼的小小杯葛就此劃下句點。

西蒙斯仍然繼續雇用老派交易員，這也是梅格曼不高興的原因之一。西蒙斯相信電腦交易，但市場動盪時卻無法完全相信自動系統。梅格曼對此無法理解，有時甚至會亂丟東西來表達不滿，通常是丟健怡可樂罐，有一次還丟電腦螢幕，最後布朗終於說服他：這個問題不值得吵。

公司其他人則熱衷於更枝微末節的事。距離文藝復興公司的東賽托克特（East Setauket）總部幾英里處、佛羅里達以北最長的公共海灘西草灘（West Meadow Beach）的旁邊，有九十間連成一排的小屋，這些搖搖欲墜的木頭小屋有幾間屬於文藝復興公司的員工所有，可以飽覽石溪灣風光，文藝復興公司也擁有其中一間。不過，這些小屋是蓋在非法取得的公有地上，市政府擬定計畫要拆除，結果有個團體冒出來，背後支持者是文藝復興公司的員工，要求讓小屋保持私人所有。一九九七年加入公司的前數學教授惠特尼為此非常憤慨，他架了一個網站，支持市政府的拆除計畫，梅格曼則幫忙印製、發送保險桿貼紙，上面寫著「拆掉小屋！」

「不對就是不對，」惠特尼在午餐室堅持：「那是公園！」

莫瑟照例唱反調。

「有那麼嚴重嗎？」莫瑟問，故意刺激惠特尼他們。

情況變得愈來愈緊張，甚至有同事不讓小孩跟惠特尼的小孩一起玩，看起來，搖搖欲墜的不只是小屋。惠特尼他們意識到，文藝復興公司在新人湧入之下產生質變，變成不是那麼關愛、融洽的地方。簡陋小屋最後是拆掉了，但是怒氣仍盤旋不去。

二〇〇二年，西蒙斯將投資人的投資費用提高到每年獲利的三六％，引起部分客戶不滿，稍後又提高到四四％，接著在二〇〇三年初開始把所有投資人踢出基金。他擔心大獎章成長得太大會導致績效衰退，再加上他比較希望所有收益都留給員工和自己。甚至有些投資人一路跟著大獎章度過艱困時期，也遭到無情的剔除。

惠特尼、梅格曼等人反對這麼做，在他們看來，這項舉動又是一個跡象，證明這家公司的優先順序已經改變。

## 高階科學家離職

新人裡最有野心的是一個名叫阿列克謝．科諾涅寇（Alexey Kononenko）的數學家，他是烏克蘭人。十六歲的時候，科諾涅寇考取莫斯科國立大學（Moscow State University），搬到莫斯科，在那所知名學府主修純數學。一九九一年，科諾涅寇還來不及完成學業，就跟家人逃離蘇聯，加入移民潮，逃離當時肆虐全國的反猶太主義。

一九九六年，科諾涅寇取得賓州州立大學博士學位，指導教授是德高望重的幾何學家、而且同樣是俄國移民的安納托利・卡托克（Anatole Katok）。後來，科諾涅寇到賓州大學做博士後研究，跟同事共同撰寫十幾篇研究論文，其中幾篇影響重大，包括一篇關於撞球軌跡的論文。

自信外向的他，獲得數學科學研究所（Mathematical Sciences Research Institute，位於加州柏克萊的知名機構）一份眾人垂涎的博士後職位，不過，同事向他道賀時，這位年輕人對新職位卻不是欣喜，而是失望。

「阿列克謝希望取得普林斯頓、哈佛或芝加哥大學的終身教職，這在當時是很不切實際的。」一位學術界同僚回憶：「他已經取得很大的成就，但他可以有更大一點的眼界，更多一點的耐心。」

科諾涅寇似乎比同儕更重視金錢，也許是因為經歷過蘇聯的困苦環境，所以一心一意想得到財務保障。他辭掉學術工作、加入文藝復興公司時，同儕並不驚訝。他在文藝復興公司迅速竄起，海外股票交易的重大突破都有他扮演關鍵角色。到二〇〇二年，瘦瘦的、鬍子刮得乾乾淨淨、長相帥氣、鬢角略顯灰白的他，根據同事估計，年薪已經遠超過四千萬美元，一半是薪水，一半是投資大獎章所得，他把部分所得投入到令人讚嘆的藝術品收藏。

雖然財富愈來愈多，科諾涅寇和幾位新進同事卻愈來愈不滿意。他們抱怨公司有太多「廢物」沒做好份內工作，拿的薪水又超多。

「他們到底有什麼貢獻？」有人聽到一個新人談起公司幾位高階主管。

有幾個人甚至認為布朗和莫瑟也是可有可無。這時，布朗那緊湊的步調和不停打字的工作型態開始讓他嚐到苦頭。他飽受腕隧道症候群所苦，有時看起來很沮喪，可能是因為無法再長時間在電腦前面工作。莫瑟則飽受關節痛所苦，有時候沒來上班。一個老員工回憶，有人聽到科諾涅寇在背後說布朗和莫瑟的壞話。布朗至少跟一個人說過，科諾涅寇發現股票投資組合的組成有個錯誤之後，就開始質疑布朗和莫瑟是否還應該繼續掌管公司。西蒙斯為兩位高層辯解，但科諾涅寇的大膽行徑已經傳了開來。

抱怨甚至蔓延到西蒙斯身上，他進公司的時間變少了，但仍然領走公司一半獲利。

「他現在已經沒在做事了，」有一天，一為員工在走廊向梅格曼發牢騷：「他在**壓榨**我們。」

梅格曼不敢相信他竟然會聽到這種話。

「那是他**努力掙來**的，他本來就有權利」拿那麼多薪水，梅格曼回應。

沒多久，科諾涅寇推動一項計畫，想把西蒙斯和保守派成員的獎金點數轉移給應該得到獎賞的新人。這個想法造成公司分成兩派，雖然西蒙斯答應重新分配，儘管如此，抱怨仍然無法平息。

這家公司已經變了，一個原因是許多老員工走了。觀察市場規律將近十年後，尼克·派特森辭掉文藝復興公司的工作，加入麻州劍橋一家研究機構，去分析另一種複雜數據：人類基因組，以促進人類對人體生物學的了解。

很快的，那裡開始有一種《蒼蠅王》(*Lord of the Files*)的味道。*資深員工擔心新人為了分到更多錢，會把矛頭指向他們這些有很多獎金點數或股份的老人。有員工說，有幾個東歐人喜歡在辦公室待很晚，一面報公帳吃晚餐，一面大罵西蒙斯他們憑什麼領那麼多錢，隔天，一幫人又聯手嘲笑股票團隊所做的工作。

默默的，布朗和莫瑟團隊有兩個資深科學家開始密謀辭職，一個是曾任德劭基金高階經理人的貝拉波斯基，另一個則是巴維爾·佛夫賓(Pavel Volfbeyn)。文藝復興公司

---

*譯注：《蒼蠅王》是寓言小說，講述一群男孩流落無人荒島，在失序的環境裡漸漸顯露人性黑暗面。

的人資部門一開始就犯了一個大錯。貝拉波斯基和佛夫賓出任公司要職的時候，人資給過他們保密協定和競業協定簽署，但兩人並沒簽署競業協定，而且沒有人注意到，讓他們有了可趁之機。

二〇〇三年七月，貝拉波斯基和佛夫賓丟下震撼彈，他們要跳槽到敵對的千禧管理公司（Millennium Management），這是一家由身價數十億的經理人以瑟列．英格蘭德（Israel Englander）管理的避險基金，他向兩人承諾有機會賺更多錢。

西蒙斯被恐懼籠罩，對兩人握有大獎章數百萬行程式碼擔心不已，他的機密鐵定會洩漏出去，大獎章會元氣大傷。

「他們偷了我們的東西！」怒火中燒的他告訴同事。

西蒙斯還沒來得及消化這兩人的叛離，真正的悲劇就降臨。

## 被隨機擊倒

尼可拉斯．西蒙斯遺傳爸爸熱愛冒險的基因。二〇〇二年，大學畢業一年後，西蒙斯第三個兒子遠赴尼泊爾首都加德滿都工作，以美國顧問公司的承包商身分，替尼泊爾政府從事水力發電工作。尼可拉斯愛上那座城市，那個通往壯麗喜馬拉雅山及登山客天堂的必經門戶。

回到長島後，跟爸爸長得很像、也跟爸爸一樣熱愛健行的尼可拉斯，告訴爸媽他想到第三世界國家工作，以後也許到尼泊爾開一家診所，幫助那裡最貧窮的居民。尼可拉斯打算接下來跟一位朋友展開環遊世界歷險，然後回來唸有機化學，並申請醫學院。

就在回家前一週，尼可拉斯停留在艾湄（Amed），那是峇里島東部一座漁村的海岸，同時也是自由潛水的樞紐。自由潛水是一種很爽快的水中運動，潛水者不用水肺裝備，只憋一口氣就下海潛水，直到浮出水面才呼吸。七月一個溫暖的日子，尼可拉斯和朋友輪流潛到水面下三十公尺，享受清澈、沒有水流的海洋。兩人互相看著對方，一上一下錯開來，這是自由潛水的守則，目的是把水面下的壓力變化和其他嚴重威脅的危險降到最低。

有一次，尼可拉斯的夥伴戴的面罩起霧，便游到岸邊調整裝備，才不過離開五分鐘，再回去時已經找不到尼可拉斯，最後才在海底找到他。等到尼可拉斯被帶回水面上已經回天乏術了。半夜，吉姆和瑪麗蓮被兒子的朋友打來的電話吵醒。

「尼可拉斯淹死了。」他說。

喪禮上，吉姆和瑪麗蓮傷心欲絕，臉色慘白，整個人被掏空。送葬者身上的黑色喪服在那晚滂沱的暴雨中更顯黑暗，一個朋友形容當晚雷電交加彷彿「世界末日」。

西蒙斯對邏輯、理性、科學信奉不渝。他所從事的交易就是在玩機率，每天在戰場上跟機率廝殺，他通常是勝利的一方，如今卻一連遭受兩起不可預料的悲劇意外，兩起都是「例外值」（outliner），完全意想不到，而且極度不可能發生。他被隨機擊倒了。

西蒙斯為無法參透所苦，為什麼他的事業生涯好運連連，個人生涯卻命運多舛？他在紐約市家中服喪期間，文藝復興公司的高層羅伯特・弗瑞走近西蒙斯，給他一個擁抱。

「羅伯特，我的人生拿到的牌不是A，就是最小的2，」西蒙斯告訴他：「我不懂。」

七年前保羅的驟逝把他擊垮，如今尼可拉斯的逝去同樣讓人心痛，只是這次的悲痛摻雜了憤怒，朋友們說，這種情緒在西蒙斯身上很少見。他對待同事和其他人變得更容易發怒，甚至很暴躁。

「他把尼可拉斯的死視為一種背叛。」一個朋友說。

在強烈的痛苦煎熬下，吉姆和瑪麗蓮考慮買下大半座聖約翰島（St. John）*，搬到那座小島，就此遠離塵世。漸漸的，他們擺脫失控混亂。九月時，吉姆、瑪麗蓮及其他家人首度造訪尼泊爾，跟尼可拉斯幾位朋友一起尋找能承繼尼可拉斯遺緒的方式。尼可拉斯深受加德滿都吸引，對醫學有興趣，於是，他們資助加德滿都一家醫院的產科病房。吉姆和瑪麗蓮後來成立「尼可西蒙斯機構」（Nick Simons Institute），為尼泊爾農村地區居民提供醫療協助，當地連基本的急救服務都付之闕如。

回到辦公室，西蒙斯還沒回過神。有好一段時間他在考慮退休，時間都花在跟朋友丹尼斯·蘇利文研究數學問題，尋求逃避。

「數學是避難所，是我腦袋裡的一個寧靜角落。」西蒙斯說。[9]

文藝復興公司的高階主管無法獲取他的注意力，造成領導真空，同時公司的裂痕也愈來愈大，累積已久的緊張關係即將浮上檯面。

## 公司分裂

布朗和莫瑟走進西蒙斯家的大門，在正式長餐桌的一側坐下，梅格曼、惠特尼等人稍後也加入，坐進餐桌其他位子，西蒙斯則拉開主位的椅子坐下。

---

＊譯註：加勒比海維京群島一部分，隸屬於美國。

那是二〇〇四年春天，在西蒙斯位於長島東賽托克特、占地二十二英畝的莊園，文藝復興公司十三位高層齊聚一堂共進晚餐，其實那晚沒有任何人想來，但他們得決定如何處置阿列克謝．科諾涅寇。

科諾涅寇的行為已經快令人抓狂。布朗和莫瑟交代的工作他置之不理；排好的會議討論他的不合作行為，他卻又缺席。

（對於共事者描繪的科諾涅寇惡形惡狀，他身邊的人則予以駁斥。）

不過，西蒙斯這群高層陷入兩難。如果開除或譴責科諾涅寇和他手下那六個同事，他們很可能會辭職走人，就像貝拉波斯基和佛夫賓。他們的保密協定實際上很難執行，而競業協定雖然能避免他們在美國做交易，但他們回東歐家鄉還是能交易，美國法律鞭長莫及。

手裡握著亮晶晶的銀製餐具，這幾位高層開始大啖多汁味美的牛排，一面啜飲味道誘人的紅酒。隨著西蒙斯轉為嚴肅，大夥的閒聊也平息下來。

「我們必須做個決定。」他說，在座每一位都知道他指的是科諾涅寇的「不合作」行為。

布朗精神一振，態度堅決，開始振振有詞說明必須留住科諾涅寇這群人的理由。科諾涅寇那群人占了股票研究人員的三分之一，很重要，不能沒有他們。再說，公司已經花這麼多時間訓練這群人，就這樣眼睜睜看著他們離開很可惜。

「他有貢獻，」布朗斬釘截鐵的說：「這群人很有生產力。」

布朗的看法反映出文藝復興公司一部分人的意見，認為科諾涅寇雖然惹人生氣、直率過了頭，但他的行為可能只是反映他在俄羅斯習以為常的文化。

莫瑟照舊幾乎什麼都沒說，但是看起來也贊同布朗和在座許多人，贊成無視科諾涅寇的違紀行為。西蒙斯似乎也傾向留下那群人。

「我們是可以把那些人開除，」西蒙斯說：「但如果他們走了，他們會跟我們競爭，我們的日子會更難過。」

西蒙斯並不認同科諾涅寇的作為，但他認為科諾涅寇是可以被調教成有團隊精神、甚至有機會成為有效能的經理人。

「他很討人厭，所以這是個很難做出的決定，」西蒙斯後來跟朋友說：「但他並沒有偷我們的東西。」暗指貝拉波斯基和佛夫賓的行為。

聽著這樣的論點，梅格曼開始緊張起來，不敢相信自己聽到的話。科諾涅寇那群人打算把布朗和莫瑟搞到被炒魷魚耶！他們甚至強迫西蒙斯減薪，讓大家日子難過，還顛覆文藝復興公司賴以昌盛的通力合作、融洽文化，西蒙斯卻說科諾涅寇有潛力？梅格曼可不能容忍。

「這太噁心了！」他說，看看西蒙斯，又看看布朗：「如果不讓他們閉嘴或把他們開除，那我就不幹了。」

梅格曼望向惠特尼，希望獲得支持。結果什麼都沒聽到。惠特尼知道他和梅格曼的意見是少數，他私下已經跟西蒙斯說了，如果不開除科諾涅寇，他就離開公司。西蒙斯等人很確定梅格曼和惠特尼只是說說而已，哪裡也不會去。共識已經達成，科諾涅寇那幫人會留下來。他甚至很快就會升官。

「大衛，給我們時間，我們會處理好的。」布朗說。

「我們自有安排。」西蒙斯附和，也試圖安撫梅格曼。

梅格曼和惠特尼走出房間，滿臉嚴肅憂慮。他們很快也會有自己的安排。

接近午夜時分，同事都走了之後，西蒙斯重新回到滿屋子的寂靜。他的公司分裂為二，資深員工即將洩漏大獎章最寶貴的機密，尼可拉斯之死仍揮之不去，他得想辦法一一解決才行。

# 第十三章

# 交棒

所有模型都是錯的，但有些模型是有用的。

——喬治・巴克斯（George Box），統計學家

吉姆・西蒙斯的問題清單愈來愈長。

他可能有個解決方法。

同事爭吵不休，兩個重要科學家叛逃，可能把大獎章的機密也帶走，其他員工也有別的問題要擔心。沒錯，大獎章的規模已經超過五十億美元，獲利依舊強勁，扣除費用後的年收益有二五％左右，二〇〇四年的夏普比率甚至高達七・五，這是個會讓競爭對手下巴掉下來的數字。但西蒙斯擔心員工會懈怠。這幾年，文藝復興公司陸續聘雇幾十位數學家和科學家，要讓他們持續有事情可忙並維持產能，並不是一件容易的事。西蒙

斯必須找個新挑戰給他們才行。

「那些科學家的財富已超過自己的想像了，」西蒙斯告訴同事：「要怎麼做才能激勵他們？」

西蒙斯還有另一個比較私人的理由非找個新計畫不可。尼可拉斯的驟逝帶來強烈長久的情緒痛苦，他還在辛苦掙扎。幾年前的他看似很渴望退休，如今卻只想找個事情來做，來轉移注意力。

他無意調整大獎章的運作。大獎章每年會把收益發給投資人，投資人大多是公司自己的員工，一年發一次，以免基金規模成長過大。西蒙斯、亨利・勞佛認為，大獎章管理的資金如果太多，績效會受到影響，因為績效仍取決於各種短線價格的波動。

由於規模有其限制，代表大獎章辨識出的市場異常比實際使用的訊號還多，而被丟掉的交易訊號大多是長線機會。西蒙斯的科學家對短線訊號比較有把握，原因之一是短線訊號有較多數據可供確認。舉例來說，如果是一日訊號，一年內每個交易日的數據都能納入參考；如果是一年訊號，一年內能納入參考的數據就只有一個。雖然如此，如果真要開發以長線交易為主的演算法，研究人員還是相當有把握能有不錯的獲利。

這觸發西蒙斯一個想法：何不成立一個新的避險基金，把那些沒用到、比較長線的預測訊號拿來用？西蒙斯明白，新基金的報酬率或許不會像大獎章那麼好，因為不能利用公司比較確定有優勢的短線交易。不過，這樣的基金規模或許可以比大獎章大，也就是說，推出一個長線操作為主的超大基金，但不會有同樣規模的短線基金所衍生的交易成本。還有一點，新基金以長線交易為主，也可以避免分食大獎章的獲利。

西蒙斯的結論是，研究、推出一個新避險基金是個全新的挑戰，可以讓整個公司動起來。還有一個額外的好處，西蒙斯正在考慮替文藝復興公司找個買家，也許不是買下整家公司，而是只買一部分。他已經年近七十，他覺得賣掉部分持股應該不是件壞事，只是他還不想告訴任何人。如果成立一個規模超大的新避險基金，透過管理費和投資報酬來創造可靠的經常性收入，對潛在買家應該有特別的吸引力。

文藝復興公司有些員工看不出這項大膽嘗試的意義何在，這不只可能會打亂他們原本的工作，還會引來一堆愛管閒事的人在公司走廊閒晃。然而，一切都是西蒙斯說了算，他就是想要新基金。最後研究人員敲定新基金會採取最少人工操作的方式，這跟大獎章一樣，但持股會長達一個月或更久；另外，新基金會納入文藝復興公司幾個常用的策略，像是找出價格的相關性和規律，但會加入比較基本面的策略，譬如根據本益比、資產負債表等資料來買進價格偏低的股票。

經過徹底仔細的測試，科學家們斷定新避險基金每年能打敗大盤幾個百分點，而且波動性低於大盤，這樣的穩定獲利對退休基金和其他大型機構特別有吸引力。更棒的是，根據他們的估算，新基金的規模就算成長到一千億美元之多，還是能賺到那樣的報酬率，有望成為史上規模最大的避險基金。

公司雇了一支銷售團隊，來推銷這支名為「文藝復興機構股票基金」（Renaissance Institutional Equities Fund）的新基金，銷售人員明確向投資人表示新基金不會跟大獎章一樣，但有些投資人無視這項聲明，認為聲明只是例行公事，他們心裡認定這是同樣的公司、同樣一批研究人員、同樣的風險和交易模型，報酬率當然也一樣。到了二〇〇五年，大獎章大肆宣傳扣除它收取的高額費用後，過去十五年的年化報酬率高達三八．四%，這樣的績效表現當然也列入這檔基金的銷售文案裡。投資人心想：新基金的報酬率必然會有**幾分**近似大獎章的績效，而且這檔基金只收取一%的管理費和一〇%的獲利佣金，跟大獎章相比實在很划算。

文藝復興機構股票基金在二〇〇五年夏天正式開張，一年後的績效已經領先大盤幾個百分點，投資人開始排隊把錢奉上，基金規模很快就高達一百四十億美元。

有些潛在投資人似乎最期待看到西蒙斯這位投資名人，或者見見他那些擁有神奇交易能力的神祕團隊。銷售主管大衛・杜外爾（David Dwyer）為潛在客戶導覽公司園區時會停下腳步，指著正忙於日常工作的科學家和數學家，彷彿他們是在自己棲息地的稀有外來種生物。

「那間是會議室，我們的科學家會在那裡檢視最新的預測訊號。」

**哦！**

「那邊是進行重要的同儕審查的地方。」

**啊！**

「那邊是吉姆・西蒙斯跟高階經理人擬定策略的地方。」

**哇！**

訪客經過廚房區的時候，有時會有數學家走過去烤個貝果或拿個馬芬蛋糕，訪客會立刻一陣推擠，不習慣被外人盯著看的員工也會一陣驚呼。

接下來，杜外爾會帶著訪客下樓參觀數據小組，那裡有超過三十位博士和員工，包括中國人及幾位新聘的女性科學家，他們通常在寫滿複雜算式的白板旁沉思。杜外爾會從旁說明：這些科學家的工作是不間斷的把數千筆外部數據輸入資料庫，並且加以清理，除去錯誤和不合常規者，讓樓上的數學家可以利用這些資料找出價格規律。

最後，杜外爾的導覽通常會回到樓上的電腦室，那裡有幾座網球場那麼大、將近兩百五十公分高的金屬籠子，排了長長好幾列，裡面都是伺服器，全都串連在一起，一閃一閃的靜靜處理著成千上萬筆交易，就算有客人來參觀也繼續工作著。那裡的空氣帶有另一種感覺和氣味，冰脆乾燥，彷彿能感覺到電流的波動。這間電腦室證明杜外爾所言不假：數學模型和科學方法是文藝復興公司的骨幹。

「來參觀過的人很少不投資的。」杜外爾說。

西蒙斯或布朗有時也會加入客戶簡報，打打招呼，回答問題，不時還會製造意外插曲。有一次，文藝復興機構股票基金的銷售員安排羅伯特・伍德・詹森基金會（Robert Wood Johnson Foundation）到長島辦公室共進午餐。那是個致力於資助公共衛生議題最大的基金會，投資團隊魚貫走進大會議室，和銷售員一一握手，遞上的名片印有伍德・詹森的格言：創造健康的文化。

午餐進行得很順利，這個基金會看來就快要開一張大支票投到基金裡，最後的壓軸是一塊厚厚的糖霜香草蛋糕端上桌子正中央，每個人眼睛都盯著這道甜點，準備大快朵頤，就在這時候，西蒙斯走了進來，整屋子的人頓時沸騰起來。

「吉姆，我們可以跟你拍張照嗎？」那個健康組織的投資專家問。

大夥聊得正高興，西蒙斯的右手卻開始出現怪異舉動。基金會的高階經理人完全摸不著頭緒，但緊張的公司同事清楚得很。西蒙斯犯菸癮的時候，會伸手在左胸口袋摸啊摸，要拿他的Merit。但口袋裡沒菸，於是，西蒙斯用內線電話請助理拿菸過來。

「各位介意我抽菸嗎？」西蒙斯問客人。

他們還沒反應過來，西蒙斯就自顧自點起菸來，不一會兒就煙霧瀰漫，這群依舊致力於創造健康文化的代表個個目瞪口呆，西蒙斯卻似乎沒發現或不在乎。一陣尷尬的閒聊之後，他想把已經燒到剩菸屁股的香菸捻熄，卻找不到菸灰缸。這時同事開始冒起冷汗，他們都知道，西蒙斯隨處都能捻熄菸蒂，只要他高興，沒有哪裡不可以，即便是部屬桌上或他們的咖啡杯裡。然而，他現在身處文藝復興公司最豪華的會議室，找不到適合的容器。

最後，他看到糖霜蛋糕，立刻起身，伸長了手，隔著桌子把他的菸蒂深深埋入糖霜裡，蛋糕還在滋滋作響，他人已經頭也不回的走出去了。客人個個張大了嘴巴。文藝復興公司的銷售員灰心喪氣，心想這筆本來可以大賺一票的生意泡湯了。然而，基金會幾位高階經理人很快就恢復鎮定，等不及要開出大支票；就算被香菸嗆到、香草蛋糕被毀掉，還是無法阻止他們把錢奉上。

除了偶爾凸槌，西蒙斯算是很成功的銷售員，在世界級的數學家當中，很少人能像他可以跟不懂隨機微分方程的人溝通無礙。他會講有趣的故事，是個冷面笑匠，興趣範圍遠遠不止於科學和賺錢。此外，他對別人的忠誠和關心也非比尋常，這些特質投資人或許感覺得到。有一次，在法國待了二十年的丹尼斯・蘇利文回到石溪，把車開到文藝復興公司的停車場來跟西蒙斯聊聊。兩人聊了幾小時的數學公式，但西蒙斯感覺蘇利文似乎為另一個問題所苦。原來，四十年來有過幾段婚姻、育有六個子女的蘇利文，正面臨孩子的財務索求，難以決定如何公平對待每個子女。

西蒙斯靜靜坐著，思考其中的兩難，然後給了一個所羅門王式的回答，只有幾個字。

「終究要平等。」西蒙斯說。

這個回答一掃蘇利文的陰霾，他離開時如釋重負。這次會面鞏固兩人的友誼，兩人也開始花更多時間合寫數學研究論文。

西蒙斯對自己的私生活開誠佈公，這也是投資人和朋友喜歡他的原因。有人問過他，為什麼他這麼一個致力於科學的人會抽這麼多菸，完全無視統計上的機率？西蒙斯的回答是，他的基因經過考驗，所以他有獨特能力可以應付對大多數人有害的習慣。

「只要過了一定的年紀，應該就能確定不會有問題了。」他說。

布朗跟投資人打交道也幾乎同樣能言善道、游刃有餘，但莫瑟可就不是這麼一回事了。文藝復興機構股票基金的行銷人員盡量讓他遠離客戶，免得他在談話時不明所以的大笑出來，或做出其他討人厭的事。有一次，西蒙斯和布朗都不在，沒辦法招呼西岸一個基金會的代表，於是，莫瑟就上場了。他被問到文藝復興公司為什麼能賺這麼多錢，他提出一個解釋。

「是這樣的，我們有訊號。」莫瑟開始講，同事在一旁緊張的點頭：「訊號有時會叫我們買克萊斯勒（Chrysler），有時會叫我們賣。」

空氣頓時凝結，眾人驚訝得揚起眉毛。克萊斯勒已經不是一家公司，因為一九九八年就被德國車廠戴姆勒（Daimler）收購。莫瑟似乎不知道這件事，他是寬客，沒在注意他交易的公司。那個基金會並不在意莫瑟出的糗，依然成為這檔基金最新的投資人。

到了二〇〇七年春天，要把投資人拒於門外愈來愈難。投資文藝復興機構股票基金的金額已經高達三百五十億美元，成為全世界最大的避險基金之一。文藝復興公司不得不設下上限，每個月最多只接受二十億美元的新投資。沒錯，這支基金當初是以一千億美元規劃，但沒有要一下子就達到目標。西蒙斯打算成立其他新基金，並開始籌備「文藝復興機構期貨基金」(Renaissance Institutional Futures Fund),交易債券、外匯等期貨,以長線交易為主。公司新聘一批科學家,其他部門的同事也鼎力相助,實現西蒙斯讓同仁動起來、團結起來的目標。[1]

不過,他還有另一個迫在眉睫的問題要處理。

## 他們偷了我的東西!

二〇〇七年春末,西蒙斯在紐約中城一棟大樓裡的辦公室,那棟大樓是四十一層鋼骨玻璃建築,距離中央車站只有幾步之遙。他盯著以瑟列・英格蘭德,這個五十七歲億萬富翁頂上日漸灰白,臉上的玳瑁眼鏡是他的註冊商標。兩個男人都繃緊神經、痛苦、憤怒的看著對方,這不是他們第一次交鋒。

四年前,研究人員巴維爾・佛夫賓和亞歷山大・貝拉波斯基辭掉文藝復興公司的工作,跳槽到英格蘭德的避險基金千禧管理公司交易股票。西蒙斯氣炸了,有一天直接衝進英格蘭德的辦公室,要求他開除這兩個人,觸怒了英格蘭德。

「拿出證據。」英格蘭德當時對西蒙斯說,要求他拿出證據,證明佛夫賓和貝拉波斯基偷走文藝復興公司的獨家資料。

英格蘭德私下懷疑，西蒙斯真正恐懼的是公司其他人有樣學樣，而不是擔心被偷走東西。西蒙斯不會跟這個競爭對手透露太多的事情。他和文藝復興公司對英格蘭德的公司提出告訴，也沒放過佛夫賓和貝拉波斯基，兩個交易員則對文藝復興公司提出反訴。

在一片敵意之中，佛夫賓和貝拉波斯基建立自己的量化交易系統，賺到一億美元左右的獲利，如同英格蘭德和一位同事說的，這兩個人是他見過最成功的交易員。任職文藝復興公司期間，佛夫賓和貝拉波斯基簽了保密協定，不能使用或分享大獎章的機密，但兩人不願簽署競業協定。根據一位同事的說法，兩人看準公司人手不足，把沒簽名的競業協定混進其他簽好的文件裡。在不需要擔心競業條款的情況下，英格蘭德認為他有權雇用這兩名研究人員，只要他們不使用文藝復興公司的機密就行。

二〇〇七年春末那一天，英格蘭德坐在西蒙斯對面的毛絨椅上，說他並不知道他聘來的兩個人是如何交易的。佛夫賓和貝拉波斯基跟英格蘭德說過，他們用的是開放軟體，還有學術論文和其他金融文獻的洞見，並沒有使用文藝復興公司的智慧財產。英格蘭德有什麼理由開除他們？

西蒙斯立刻轉為暴怒，同時也擔心起來。他覺得要是不阻止佛夫賓和貝拉波斯基，他們的交易可能會侵蝕大獎章的獲利，兩人的叛逃也可能給其他人開啟一條叛離的道路，這裡面也牽涉到原則問題。

**他們偷了我的東西！**

開始有愈來愈多證據浮現，證明佛夫賓和貝拉波斯基實際上很可能帶走大獎章的智慧財產。某位公正第三方專家的結論是，這兩個人所使用的程式碼有很多跟大獎章相同，另外，他們也用一個跟大獎章類似的模型，來測量自家交易對市場的影響。至少有一位專家證人對兩人的說詞感到懷疑，所以拒絕替他們出庭作證。他們兩個人所採用的交易策略中，甚至有一個叫做「亨利的訊號」，而文藝復興公司也有一個類似的策略，名字正是取自發明者的名字：亨利．勞佛，西蒙斯的長期戰友。要說這純屬巧合，似乎說不過去。

那天，西蒙斯和英格蘭德並沒有什麼進展，但在幾個月後達成協議。英格蘭德同意解雇佛夫賓和貝拉波斯基，並支付兩千萬美元給文藝復興公司。文藝復興公司內部有些人超級不爽，這兩個叛逃的研究人員替英格蘭德賺到的錢遠遠不只兩千萬美元，而且兩人過幾年就能擺脫約束重出江湖。不過，西蒙斯倒是鬆了一口氣，終於能把這起糾紛拋諸腦後，同時也給公司那些想仿效的人一個警告。

看起來，已經沒什麼能阻擋西蒙斯和文藝復興公司大步向前。

## 好的開始

文藝復興機構股票基金有個很好的開始，大獎章也繼續印鈔票，彼得・布朗自信到有點狂妄，甚至跟同事打賭，要是大獎章二〇〇七年的獲利達到一〇〇%，布朗就能得到同事新買的賓士E-Class轎車。布朗的好勝性格也延伸到生活其他方面。有著一百八十三公分精瘦身材的他，喜歡和同事單挑打壁球，在公司健身房也要比比肌耐力。西蒙斯帶員工和眷屬到百慕達旅遊勝地度假時，很多人穿著及膝黑襪和涼鞋在游泳池畔閒晃，觀看水上排球比賽，突然，一陣騷動打破祥和。池子裡有人突然撲過去搶球，水花濺入隊友的眼睛，他的手肘也差點撞到旁邊一個小孩的臉。

「是哪個瘋子幹的？」一個受到驚嚇的媽媽問，一面走近游泳池。

「哦，是彼得啦。」一個同事說。

布朗和莫瑟的處事都是訴諸邏輯，而非感情，他們聘來的科學家和數學家也大多聰明、執著，看似不帶情感。從百慕達啟程回家時，同事排隊準備登上回航班機，這時，有人建議讓一位孕婦先登機，遭到部分科學家拒絕。他們表示，他們不是對那位孕婦有意見，而是認為如果她真的想早點登機，照邏輯來說，應該會提早到才對。

「就好像你身邊圍繞著一群謝爾登（Sheldon）。」一個參加那次旅遊的外人說道，謝爾登是影集《宅男行不行》（*The Big Bang Theory*）裡的角色。

布朗承擔更多責任後，花更多時間跟行銷主管等人打交道，那些人都沒體驗過他粗魯、飄忽不定的作風。他就像青少年，常常不尊重別人，甚至調皮搗亂，尤其是基金績效很好的時候。但碰到小事又會變得很神經質。有一次在會議上，一個部屬粗心沒把手機關掉，只轉成震動模式，結果在布朗講話的時候，手機開始震動起來，震著震著就從一疊書上掉下來。布朗張大眼睛瞪著手機，接著瞪手機主人，開始發飆。

「把那個他媽的東西拿走！」布朗扯開喉嚨大喊。

「放輕鬆，彼得，」財務長馬克．席爾巴說：「不會有事的。」

莫瑟也有讓布朗冷靜下來的能耐。只要在莫瑟身邊，布朗的心情似乎就會變好。莫瑟跟大多數同事的互動不多，整天不時吹口哨，倒是常常跟布朗窩在一起想辦法改良交易模型。一個情緒化、外向，一個沉默寡言、謹小慎微，有點像潘恩和泰勒（Penn-Teller）這對美國的搞笑雙人組，只是沒那麼好笑。

## 量化地震

二〇〇七年七月，文藝復興機構股票基金出現小幅虧損，但大獎章那年已經有五〇%的獲利，布朗似乎已經準備要收下同事的賓士。在其他經濟層面，一種所謂的次級房貸麻煩正在醞釀中，這種貸款的放款機構是放款特別積極的業者，專門借錢給信用紀錄不良或信用紀錄有限的美國人。憂心忡忡的人預言麻煩會蔓延開來，但很少人認為房貸市場的一個小角落有癱瘓整個股市或債市的能耐。不管怎麼樣，布朗和莫瑟的統計套利股票交易是市場中立型，不會受到這些波動的影響。

八月三日週五，道瓊工業平均指數暴跌兩百八十一點，原因是擔憂投資銀行貝爾斯登（Bear Stearns）的財務狀況。不過，這次下跌似乎沒什麼大不了，畢竟資深投資人大多在度假，好像不值得花太多心思在那上面。

到那年夏天，已經有一批量化避險基金成為主流。受到西蒙斯的成功啟發，那些基金大多也有自己的市場中立策略，也同樣仰賴電腦模型和自動交易。在摩根士丹利曼哈頓中城總部，有一雙藍色眼睛、閒暇時在當地一家夜店彈鋼琴的寬客彼得・穆勒（Peter Muller）帶領一組團隊，替摩根士丹利的PDT部門操盤六十億美元*；在康乃狄克州的格林威治，芝加哥大學博士克里夫・艾斯內斯（Clifford Asness）掌管一家三百九十億美元的量化避險基金，名稱是ＡＱＲ資本管理公司（AQR Capital Management）；在芝加哥，早在一九八〇年代末期就在哈佛宿舍屋頂裝小耳朵，接收最新報價的肯尼斯．葛里芬（Kenneth Griffin），則在他那家一百三十億美元的城堡公司（Citadel），利用高性能電腦進行統計套利交易之類的投資活動。

八月六日週一下午，所有量化交易員都遭到突如其來的嚴重虧損襲擊。在ＡＱＲ，艾斯內斯啪的一聲放下角落辦公室落地玻璃的百葉窗，開始狂打電話打探到底發生什麼事。有消息傳出，泰克資本（Tykhe Capital）這家較小型的量化基金碰到麻煩，高盛一個用系統性方法投資的部門也有災情。當時並不清楚到底誰在拋售，也不清楚為何會衝擊到這麼多自以為策略獨特的公司。後來，有學者和部分人士認為，至少有一家量化基金在拋售，再加上其他基金突然大砍融資（起因也許是他們的投資人為應付岌岌可危的房貸投資而贖回基金），點燃一場大跌殺戮，史稱「量化地震」（the quant quake）。

一九八七年的股市崩盤，投資人敗在複雜模型之手；一九九八年，長期資本公司寫下歷史性的虧損紀錄；信奉演算法的交易員準備迎接最新一次慘敗。

「克里夫，慘了，」ＡＱＲ全球交易主管麥可．孟德爾頌（Michael Mendelson）告訴艾斯內斯：「有清算（liquidation）的味道。」[2]

那個週一，西蒙斯大部分時間都沒注意股市，他和家人在波士頓，處理媽媽瑪夏的喪禮和後事。下午時，他和負責文藝復興公司期貨交易業務的表兄弟羅伯特・勞里搭乘他的灣流G450私人專機回長島，在飛機上得知大獎章和文藝復興機構股票基金受到重創，西蒙斯要勞里不要擔心。他說：大虧之後「一定會大好，我們每次都是這樣」。

可是，週二更慘了。西蒙斯和同事看著電腦螢幕閃著不明原因的紅光，布朗的心情轉為擔憂。「我不知道到底發生什麼事，但鐵定不是好事。」布朗告訴某個人。

到了週三，情況更恐怖。西蒙斯、布朗、莫瑟及另外大約六個人，連忙擠進中央會議室，抓了桌邊的椅子就坐下，大家立刻把注意力放在牆上一系列圖表，圖表上詳細列出公司的虧損幅度，以及賠到什麼程度債權銀行會追加保證金，要求再提供擔保，以免銀行出售大獎章的股票部位。已有一籃子股票跌到大獎章不得不提高擔保來避免股票被銀行賣出，要是其他部位的虧損再擴大，大獎章就得提供更多擔保，才能避免股票被大舉拋售，並承擔更巨大的虧損。

---

＊編注：PDT是流程驅動交易（Process Driven Trading）的簡稱，這是摩根士丹利一九九三年成立的交易部門，到了二〇一二年獨立出來，成為避險基金公司。

那個會議室旁邊是一個開放式中庭，研究人員一組一組在那裡工作，會議進行的時候，緊張的同事仔細觀察進出會議室那些人的表情，以此評估高層慌張的程度。

在會議室裡，一場論戰已經開始。七年前，也就是二〇〇〇年的科技股崩盤時，布朗不知道該如何是好，但這次他知道了，他認為賣壓不會持續太久，文藝復興公司應該繼續相信交易系統，甚至應該**加碼**。他們的系統原本就設定成自己會做買賣決策，早就已經趁亂在擴大某些部位了。

「這是個機會！」布朗說。

羅伯特．莫瑟似乎也認同。

「相信模型，交給模型自己決定。」亨利．勞佛附和。

西蒙斯搖搖頭。他不知道公司的承受能力到哪裡，能不能存活下來，他很害怕。要是虧損繼續擴大，他們又無法提出足夠擔保，銀行勢必會出脫大獎章的部位，也會蒙受巨額虧損，如果走到這個地步，以後就不會有銀行願意跟西蒙斯的基金打交道，這才是致命的打擊，就算文藝復興公司的財務損失比銀行小也是枉然。

他告訴同事，大獎章必須賣出部位，而不是加碼。

「重點是活下去，」西蒙斯說：「就算現在賣是錯的，只要能活下去，以後要加碼不愁沒機會。」

聽到他說的話，布朗似乎很震驚。對於這套他和科學家同僚開發的演算法，他有絕對的信心。但看來西蒙斯公開否決他的看法，對這套交易系統並不以為然。

到了週四，大獎章開始降低持股求現。同樣在會議室裡，西蒙斯、布朗、莫瑟盯著同一台電腦，螢幕上是公司最新的盈虧數字，他們想知道他們拋售股票會不會對市場造成影響。第一批股票賣出時，市場為之一震，繼續下探，他們的虧損也跟著再擴大，稍後，同樣情況又發生一次。西蒙斯沉默不語，只是站在那裡盯著電腦。

所有大型量化基金無一倖免，摩根士丹利的PDT短短兩天就賠掉六億美元。這下賣壓蔓延到整個金融市場；那個週四，標準普爾五百指數下跌三%，道瓊下跌三百八十七點。大獎章在那週已經賠掉超過**十億**美元，高達二〇%；文藝復興機構股票基金也暴跌一〇%，賠了將近三十億美元。文藝復興公司的午餐室籠罩著一股詭譎不安的平靜，研究人員等人不發一語坐著，不知道公司能不能撐下去。研究人員加班熬到午夜過後，試圖釐清問題所在。

**我們的模型失效了嗎？**

結果發現，其他對手持有的部位有四分之一跟大獎章相同，其他公司所染上的疾病也傳染給文藝復興公司。部分資深的基層科學家很不高興，不是因為虧損，而是因為西蒙斯干預交易系統並減少部位，有些人把這項決定視為對他們的侮辱，是意識形態不夠堅定的表現，也是對他們的努力付出不夠信任的表現。

「你大錯特錯了。」一位資深研究人員寫電子郵件給西蒙斯。

「你是相信這套系統，還是不相信？」另一位科學家說，語帶嫌惡。

西蒙斯說他是相信這套系統的，但是市場的虧損太不尋常，標準差已經超過二十，這種程度的虧損是大多數人從未經歷過的。

「這樣跌下去能撐多久？」西蒙斯懷疑。

文藝復興公司的債主更害怕。要是大獎章繼續虧損下去，德意志銀行和巴克萊銀行可能會面臨數十億美元的虧損。兩家銀行內部只有少數人知道組合式選擇權的安排，這麼突如其來的巨額虧損會嚇壞投資人和監管單位，繼而對兩家銀行的管理和整體健全程度提出質疑。跟文藝復興公司最密切往來的巴克萊高層馬丁．馬洛伊（Martin Malloy）拿起電話打給布朗，希望得到保證，布朗的語氣聽起來很苦惱，但仍在掌控之中。

其他人也開始恐慌。那個週五，兩年前聘進來向機構投資人推銷基金的高階主管杜外爾離開辦公室，去找一家再保險公司的代表推銷基金。那年整體股市是上漲的，文藝復興機構股票基金卻已經下跌一〇%，客戶們個個大為光火。對杜外爾本人更重要的是，他一進文藝復興公司就把房子賣掉，把賣屋所得全投入大獎章基金，另外，他也跟其他同事一樣，向德意志銀行借錢投資大獎章，現在他已經賠掉將近一百萬美元了。年輕時，他長期跟克隆氏症搏鬥，症狀原本已經減緩，但現在的壓力導致舊疾復發，又出現劇烈疼痛、發燒和嚴重的腹部絞痛。

會面結束後，杜外爾驅車前往長島灣，把車開上前往麻州的渡輪，準備回家跟家人度週末。他在渡輪上把車子停好，等著把鑰匙交給服務人員，這時，一了百了的念頭突然浮上腦海。

**乾脆讓煞車失靈，直接落海好了。**

杜外爾情緒盪到谷底的同時，在辦公室這頭，大獎章止跌回穩的跡象開始浮現。那天早上大獎章再次出脫部位時，市場似乎已經承受得住拋售力道，不再下探，有人把市場反轉歸因於AQR的艾斯內斯那天的買單。

「我想我們會挺過這一波的，」西蒙斯告訴一個同事：「不必再降低部位了。」他下令停止拋售。

到了週一早上，大獎章和文藝復興機構股票基金再度開始賺錢，其他大型量化投資人也是，彷彿突然就退燒了。杜外爾大大鬆了一口氣。後來，公司開始有人抱怨，要不是西蒙斯凌駕交易系統，他們的收益會更多。

「我們少賺很多。」一個同仁告訴西蒙斯。

「如果重來一次，我還是會做同樣的決定。」西蒙斯回應。

## 要是翻車怎麼辦？

沒過多久，文藝復興公司再度站穩腳跟。全球市場愈動盪，大獎章的訊號就更加如虎添翼，二〇〇七年的收益一舉衝到八六％，差點就能讓布朗把賓士開回家。比較新成立的文藝復興機構股票基金那年小虧，但這點虧損似乎不是什麼大問題。

到二〇〇八年初，次級房貸問題已經傳染到幾乎美國各個角落，全球股市和債市也無法倖免，但是一如往例，市場愈混亂無序，大獎章愈欣欣向榮，那年才過幾個月就上漲二〇％以上。西蒙斯再次興起出售文藝復興持股最多兩成的念頭。

二〇〇八年五月，西蒙斯、布朗和幾位高層飛到卡達，跟那個國家的主權財富基金代表會面，商討出售部分文藝復興公司的持股。他們在週五抵達，正是穆斯林的祈禱日，只能等到隔天才能安排會面。飯店禮賓櫃檯推薦他們體驗「飆沙」（dune bashing），這是很受歡迎的越野飆車，開著四輪驅動車，以高速和危險的角度爬上陡峭沙丘，再俯衝而下，很像沙漠雲霄飛車。那天氣候炎熱，布朗和其他人去飯店游泳池消暑，西蒙斯跟史蒂芬·羅伯特（Stephen Robert）選擇踏出飯店，走進沙漠。史蒂芬是投資界老將，曾經擔任歐本海默投資公司（Oppenheimer）執行長，西蒙斯聘請他來掌管行銷和策略方向。

沒多久，兩人已經在跟山一樣高的沙丘上馳騁，速度快到差點翻車，西蒙斯臉色轉為慘白。

「吉姆，你還好嗎？」羅伯特大聲喊，用力蓋過車子引擎聲。

「我們會沒命！」西蒙斯大喊回去，聲音中帶著恐懼。

「放輕鬆，他們是專業，天天都在開。」羅伯特告訴他。

「要是翻車怎麼辦？」西蒙斯回應：「大家都覺得我很聰明，結果我卻要死於這種最蠢的方式了啦！」

又過了五分鐘，西蒙斯驚恐到不行，突然間，他放鬆了，臉上恢復了血色。

「我懂了！」西蒙斯對著羅伯特大叫：「物理學有個原理，車子會翻車是因為輪胎有牽引力！現在我們在沙子裡，輪胎什麼都抓不到！」

西蒙斯臉上閃過一抹笑容，很得意他搞懂一個相關的科學問題。

## 惠特尼辭職

格倫·惠特尼就沒那麼輕鬆了。

那晚在吉姆·西蒙斯家的晚餐決定不懲處科諾涅寇之後，惠特尼就變得垂頭喪氣。他和梅格曼信誓旦旦說不幹了，但公司沒什麼人相信。誰會因為一個討厭的同事、因為擔心公司文化而拋棄好幾千萬年薪？

但惠特尼是說真的，他把這個不懲處決定視為最後一根稻草。之前西蒙斯決定把非員工踢出大獎章的時候，他就提出抗議過，一支避險基金要是只替員工賺錢，他不知道這樣的基金對社會有什麼幫助。過去的文藝復興公司像個緊密團結的大學科系，如今他卻被推擠到一旁。

二○○八年夏天，惠特尼宣布要接下國家數學博物館（National Museum of Mathematics）的領導職務，那是北美第一所專門讚頌數學的博物館。同事們嘲笑他，他說有人告訴他，要是真的想讓社會變好，就應該留下來累積更多財富，然後在後半輩子把錢捐出去。

「你離職是因為你想要自我感覺良好。」一個同事說。
「我有追求個人快樂的權利。」惠特尼回應。
「那叫自私。」一個同事嗤之以鼻。
惠特尼辭職走人。
大衛・梅格曼也受夠了。幾年前，他遭逢中年危機，震驚各界的九一一恐怖攻擊是原因之一。為了尋找生命的意義，他去了一趟以色列，回來之後更虔誠信奉猶太教。科諾涅寇不只還待在文藝復興公司，甚至還共同掌管整個股票業務，讓梅格曼看不下去。
他和太太、三個小孩從長島搬到賓州的格雷德溫（Gladwyne），就在費城外圍，追求更平靜、更重視精神層面的生活方式。

## 用智力戰勝市場是有可能的

二〇〇八一整年，全球經濟持續惡化，金融市場暴跌，入股文藝復興公司的興趣也隨之煙消雲散。不過，大獎章基金在混亂中依舊獲利滾滾，那年獲利暴增至八二％，西蒙斯個人就有超過二十億美元的獲利入袋。這麼龐大的獲利引來眾議院一個委員會來電，邀請他前往作證，協助調查金融崩潰的原因。西蒙斯很勤奮的跟公關顧問強納森・

蓋斯泰爾特（Jonathan Gasthalter）一起準備。在國會上，右邊是喬治・索羅斯，左邊是約翰・鮑爾森（John Paulson），站在兩位同行中間的西蒙斯表示，他支持強制規定避險基金必須跟監管機關分享資訊，也支持對避險基金經理人課徵更高的稅金。

然而，不管是在聽證會還是在金融業本身，西蒙斯都不是一開始提及的人選，鮑爾森、索羅斯和其他幾個投資人才是眾人目光焦點，這些人跟西蒙斯不一樣，他們都成功預測到金融風暴，而且是用老派的投資研究預測出來，可見傳統方法的潛力和吸引力依舊不減。

鮑爾森是在二〇〇五年開始對狂飆的房市產生疑慮，當時一位名叫保羅・沛黎格里尼（Paolo Pellegrini）的同事做了一張價格表，顯示房市價格過高，高了四成，鮑爾森立刻知道賺錢機會就在眼前。

「這是我們的泡沫！」鮑爾森告訴沛黎格里尼：「這就是證據。」

鮑爾森和沛黎格里尼透過「信用違約交換」（credit default swap，簡稱CDS），給風險最高的房貸買了保險，結果在二〇〇七年和二〇〇八年意外豐收兩百億美元。喬治・索羅斯這位避險基金投資老手也在信用違約交換上下注，獲利超過十億美元。[3]有張娃娃臉、三十九歲的大衛・恩洪（David Einhorn）則是在二〇〇八年五月一場業界大會上贏得讚譽。當時，他指控投資銀行雷曼兄弟（Lehman Brothers）利用會計手段規避數十億美元的房地產相關虧損，那年後來雷曼兄弟宣布破產時，證明恩洪所言不假，他後來把自己的成功歸因於「批判性思考技巧」。[4]

這些例子在在顯示，用智力戰勝市場是**有可能**的，只是需要勤奮、聰明，還要有很多很多進取心。西蒙斯的量化模型、書呆子數學家、宅男科學家，雖然也可以戰勝市場，但是太難理解了，他們的方法太難成功，大多數人是這麼認定的。

二〇〇八年，文藝復興機構股票基金的績效是負十七%，文藝復興公司的研究人員不以為意，這樣的虧損幅度在他們的模擬範圍內，而且跟那年標準普爾五百指數計入股利之後慘跌三七%相比，算是小巫見大巫。不過，這些科學家到二〇〇九年就開始擔心了，這年文藝復興機構股票基金虧損超過六%，而標準普爾五百指數可是飆漲二六．五%。那些原本以為文藝復興機構股票基金的獲利會跟大獎章一樣的投資人，突然驚覺公司當初說這兩支基金不一樣是真的。還有投資人抱怨，大獎章和文藝復興機構股票基金同屬一家公司卻有不同績效，一個績效依舊超好，一個卻苦苦掙扎，其中必有不公平之處。

基金的投資人對西蒙斯不再敬畏，在二〇〇九年五月一場電話會議上連番提出嚴厲問題，質疑這位七十一歲老翁。西蒙斯給投資人的信上寫道，在「極端的市場反彈」中，文藝復興機構股票基金的績效遭到「痛宰」。

「我們當然了解客戶的不安。」他說。[5]

投資人開始逃離文藝復興機構股票基金，基金規模很快就縮小至不到五十億美元。西蒙斯成立的另一支股票期貨基金也陷入困境，投資人流失，乏人問津。

「世上沒有一個客戶願意理我們。」資深銷售員杜外爾說。

一年後，文藝復興機構股票基金的績效仍不如人意，已經七十二歲的西蒙斯決定該交棒了，便把公司的火炬傳給布朗和莫瑟。大獎章的績效依舊勢不可擋，這時已有一百億美元的規模，自一九八八年以來，每年扣掉費用之後的平均報酬率高達四五％，勝過華倫·巴菲特和其他所有投資明星的成績。到這時為止，巴菲特的波克夏海瑟威（Berkshire Hathaway）自他一九六五年接手以來，平均年報酬率為二〇％。

但布朗告訴記者，文藝復興公司不確定要不要繼續經營文藝復興機構股票基金或文藝復興機構期貨基金，由此可見，投資人對量化投資的喜好已經不再。

「如果我們評估後認為不好賣，那我們就會決定不宜做下去。」布朗說。

至於西蒙斯，他已經花了二十多年累積龐大財富，現在他要開始花錢了。

# 第十四章
# 川普的金主

吉姆．西蒙斯喜歡賺錢，也喜歡花錢。

從文藝復興公司退下之後，身價一百一十億美元的西蒙斯有更多時間耗在他那艘六十七公尺長的遊艇阿基米德（Archimedes）。這艘以希臘數學家和發明家命名的船隻造價一億美元，有個可容納二十人的正式餐廳、一座燃木壁爐、一座寬敞的按摩浴缸，還有一架平台鋼琴。西蒙斯有時會用灣流G450私人飛機把朋友載到國外某個地點，在那裡跟他和瑪麗蓮會合，一起搭乘這艘超級遊艇。

這艘船所到之處總會吸引當地媒體的關注，使得這位年邁、神祕依舊的數學家竟然成為國際小報的八卦素材。

「他非常務實。」一個名叫肯尼．麥克雷（Kenny Macrae）的計程車司機告訴《蘇格蘭太陽報》（*Scottish Sun*），當時，西蒙斯和幾位客人造訪蘇格蘭斯托諾韋

（Stornoway），把遊艇停靠碼頭，下船一日遊。「他給我的小費也很不錯。」[1]

幾年後，西蒙斯造訪英格蘭的布里斯托（Bristol），英國廣播公司（BBC）猜測他可能是去買下英國一支足球隊，阿基米德成為史上最大一艘造訪那座城市的船隻之一。回到家裡，西蒙斯住在五千萬美元的豪宅，那是一棟位於第五大道的石灰岩戰前建築，能把漂亮的中央公園景色盡收眼底，還曾有幾個早上巧遇喬治．索羅斯，他是住在同一棟大樓的鄰居。

幾年前，瑪麗蓮騰出更衣室空間，成立一個家族基金會，長期下來，她和吉姆捐給石溪大學和其他機構的錢已經超過三億美元。西蒙斯漸漸從文藝復興公司退下的同時，也愈來愈常親自參與夫婦倆的慈善事業。處理重大問題是他的最愛。過了不久，他和瑪麗蓮已經鎖定兩個亟需解決的領域：自閉症研究和數學教育。

二〇〇三年，有家族成員確診自閉症的西蒙斯，召集了一場圓桌論壇，請來頂尖科學家討論這項發育方面的疾患。他承諾投入一億美元資助新研究，是該領域最大的一筆私人捐贈。三年後，他找來的哥倫比亞大學神經生物學家傑拉德．菲施巴赫（Gerald Fischbach）擴大研究範圍。幾年下來，這支團隊建立一個基因儲存庫，取自數千個自閉症患者及他們的家人，團隊把儲存庫命名為「西蒙斯單體收藏」（Simons Simplex

Collection）。這個計畫幫助科學家辨識出一百多個跟自閉症相關的基因，而且更了解這個疾病的生物學。這個基金會也帶動其他研究，幫助找出這個疾病的重要成因：突變。

另外，科技公司和金融公司不斷挖走優秀的數學人才，西蒙斯開始擔心美國公立學校的數學老師數學教育水準有限。二〇〇〇年代初期，西蒙斯去了一趟華府，宣揚一個想法：提供津貼給最優秀的數學老師，以降低他們投效民營產業的可能性。短短幾分鐘，西蒙斯就成功說服紐約州深具影響力的民主黨參議員查克・舒默（Chuck Schumer）支持這項提議。

「這個想法很棒！」舒默聲如洪鐘的說：「我們馬上就去辦。」

西蒙斯既得意又興奮，跟同事一踏出舒默的辦公室，就一屁股坐到沙發上。同一時間，有另一組人從沙發上起身走進舒默的辦公室，西蒙斯仔細聆聽他們的陳述及參議員的回應。

「這個想法很棒！我們馬上就去辦。」舒默說了一模一樣的話。

西蒙斯這才領悟到，他不能指望政治人物。二〇〇四年，他協助成立「為美國教數學」（Math for America）這個非營利組織，致力提倡數學教育、支持傑出教師。後來，這個基金會每年投入數百萬美元，提供每人每年一萬五千美元的津貼給紐約公立中學、高中一千位優秀數理老師，大約占紐約市數理教師總人數的十分之一。同時，基金會也舉辦研討會和工作坊，打造一個熱血教師社群。

「與其懲罰爛老師，我們把重點放在表揚好老師。」西蒙斯說：「我們給他們身分地位和金錢，讓他們留在教職。」

西蒙斯仍是文藝復興公司的董事長和主要股東，定期跟布朗、莫瑟他們聯絡，靜下心來思考時，他坦承有時內心很難接受自己在公司的角色轉換。

「我覺得自己好像變得無關緊要。」他有一天告訴瑪麗蓮。[2]

隨著時間過去，西蒙斯會漸漸發現，慈善事業跟他所經歷過的數學、金融市場一樣有挑戰性，他的精神也會隨之振奮起來。

## 梅格曼回鍋

大衛・梅格曼帶著太太和三個年幼小孩搬到費城郊區，去尋找新的人生意義，經歷過文藝復興公司那些衝突後，或許他是該去尋找一點平靜。梅格曼很想對社會產生正面影響。他不像西蒙斯，對文藝復興公司的做法從沒感到不安，他的內心充滿疑慮，甚至有點罪惡感；他的人生有那麼多年都在幫助文藝復興公司的有錢同事變得更有錢，現在他要幫助其他人。

梅格曼沒有西蒙斯的上百億身家，但也領了多年的豐厚紅利，再加上大獎章龐大的投資報酬，讓他在離開文藝復興公司時帶著遠超過五千萬美元的財富。他開始過著現代正統猶太教的生活，也捐了數百萬美元給當地貧困學生和猶太教學校，這個地區在二〇〇八年經濟衰退受到重創。後來他還成立自己的基金會及一所高中。

然而，他的新生活並沒有帶來太多祥和寧靜。梅格曼把自己的強硬意見帶進慈善圈，設下的要求和條件之多，搞到當地一些領袖直接拒絕他的捐款，讓他頗為受傷。有一次，他還跟一群中學生家長互相叫罵。他加入母校賓州大學的教師陣容，在電機與系統工程系授課，也開了一門「量化投資組合管理」的課，在學校裡同樣爭論不休。

「學生不喜歡我，我也不喜歡他們。」他說。

梅格曼資助威爾・法洛（Will Ferrell）一部電影，叫做《拍賣人生》（*Everything Must Go*），電影評價不錯，但梅格曼很失望，一直沒看最後剪出來的版本。他倒是答應去看另一部他贊助的電影《愛情咖啡館》（*Café*），由珍妮佛・樂芙・休伊（Jennifer Love Hewitt）主演，梅格曼還請女主角和她的男朋友到他的家庭劇院做客，但梅格曼也不喜歡這部電影。[3]

雖然缺點不少，梅格曼卻是少見有自知之明的寬容。他找上一個心理諮商師，希望改掉咄咄逼人的行為，至少不要那麼激烈，而這似乎有一點進步。

到了二〇一〇年，離開文藝復興公司兩年後，梅格曼開始心癢，想再回去工作。他想念寫程式的生活，再加上有點無聊，可是他也不想再搬家。他跟彼得．布朗聯絡上，談妥讓他在家遠距工作，這對一個很難不陷入私人糾紛的人來說，似乎是最好的安排。

兩年前辭職時，梅格曼負責股票自動化交易的軟體，現在這項工作由科諾涅寇接手，而且獲利超好。若要重掌這份職務說不過去，於是，梅格曼開始替債券、原物料商品、外匯交易做研究。很快的，他又開始參加重要會議，他洪亮堅定的嗓音從文藝復興公司會議室天花板的喇叭傳出來，一個同事開玩笑說好像在聽「上帝的聲音」。

「有時候自己再怎麼試也沒用，要聽上帝的。」梅格曼說。

他回到的這家公司比他想像的更紮實穩固。文藝復興公司雖然沒有以前那麼融洽，但整支團隊仍然配合得很好，甚至更有急迫感。這時，文藝復興機構股票基金的收益已經改善，布朗和莫瑟決定繼續經營，比較新的文藝復興機構期貨基金也是，這兩支基金合計有六十億美元的規模，比三年前的三百多億下降不少，但至少投資人不再逃離。

至於大獎章，仍然只開放給員工投資，仍然是這家公司的核心，現在的基金規模大約是一百億美元，未扣費用前的年化報酬率大約是六五%，幾乎是創紀錄的獲利。這支基金的長期績效可以說是金融市場史上最好，這就是投資人對這家神祕公司如此著迷的原因。

「量化基金分成兩類，一類是文藝復興科技公司這種，另一類是其他基金。」《經濟學人》（*The Economist*）二〇一〇年的文章這麼說。[4] 大獎章仍然隨時持有數千筆多空部位，持有時間從一、兩天到一、兩週不等，他們也做更短線的交易，也就是某些人口中的**高頻交易**，但這些交易通常是為了避險，或是為了逐步建立部位。他們仍然很重視數據的清理和收集，但也不斷精進風險管理和其他交易技巧。

「我不敢說我們在交易的各個方面都是最好，但我敢說我們在預估交易成本方面是最好的。」西蒙斯幾年前告訴一位同事。

在某些方面，文藝復興公司這部機器比梅格曼當初離開時更為強大。這家公司現在擁有大約兩百五十名員工和超過六十位博士，包括人工智慧專家、量子物理學家、電腦語言學家、統計學家、數論學家，還有其他科學家和數學家。

仔細研究龐大雜亂的數據，從中找出微弱現象存在的證據，這是天文學家習以為常的工作，事實證明他們特別有辦法辨識出被輕忽的市場規律。伊莉莎白・巴頓（Elizabeth Barton）就是一個例子，她是哈佛大學的博士，加入文藝復興公司之前，曾在夏威夷和其他地方用望遠鏡研究星系的演化。隨著文藝復興公司慢慢變得更加多元化，茱莉雅・坎培（Julia Kempe）也成為他們聘用的對象，她以前是艾爾文・伯利坎普的學生，是量子電腦的專家。

大獎章還是在做債券、原物料商品和外匯的交易，透過預測趨勢和反轉的訊號來賺錢，其中特別有效的是一個名字很貼切的訊號：似曾相識（Déjà vu）。不過，跟以往相比，這支基金現在更仰賴複雜的股票交易，也就是混合一堆複雜訊號的交易，而不只是簡單的**配對**交易，譬如買進可口可樂的股票並賣出百事可樂的股票。

每一筆交易的獲利並不大，而且只有半數多一點的交易有賺錢，但是這樣就已經綽綽綽有餘。

「我們猜對的機率是五〇・七五%……但百分之百會有五〇・七五%的機率會猜對。」莫瑟告訴朋友：「用這種方式就能賺進數十億美元。」

莫瑟的意思大概不是公司一定就是這種勝率，他的重點是，文藝復興公司同時持有的數千筆交易雖然勝率只有五成多一點，但因為數量夠多且夠穩定，仍足以創造龐大的財富。

之所以能有這麼穩定的獲利，是因為他們洞悉一件事，那就是影響股票等投資的因素和外力之多，就連最老練的投資人也無法完全看懂。舉個例子，如果要預測Google母公司字母控股（Alphabet）的股價走向，投資人通常會先預測這家公司的盈餘、利率走向、美國經濟的健康狀況等，也有人會預測網路搜尋和線上廣告的未來、整個科技業的展望、跨國企業的發展軌跡，以及盈餘、帳面價值等變數的相關指標和比例。

而文藝復興公司的員工則推斷，影響因素不只那些，還有更多，其中有些是不容易察覺的外力，有些甚至是沒有邏輯可言的因素。他們分析、估算成千上百個金融指標、社群媒體訊息、網站流量的變化，只要能量化和測試的東西**幾乎**都不放過。透過這種方式，他們挖掘出新的影響因素，其中有些根本是大部分人不可能看得懂的。

「市場的無效率（inefficiency）太複雜了，可以說是用密碼形式隱藏在市場裡面。」一位員工說：「文藝復興公司就是把那些密碼破解。我們是透過跨時間、跨風險因子、跨部門、跨產業的方式挖出那些密碼。」

更重要的是，文藝復興公司得到一個結論，那就是這些**因素之間**存在著數學關係。透過資料科學（data science），他們更進一步了解各個因素「何時」會產生關聯、是「什麼」關聯，以及這些關聯會「多頻繁」影響股價。此外，他們也測試、梳理股票跟股票之間不易察覺、細微的數學關係，他們稱之為**多維異常**（multidimensional anomaly），而其他投資人不是根本看不出這些數學關係，就是沒完全看懂。

「這些關係一定存在，因為企業跟企業之間有著千絲萬縷的關聯。」文藝復興一位前任高階經理人表示：「這些關聯很難精準模型化或預測，而且會隨著時間產生變化。文藝復興公司做的就是打造一台機器將這些關聯模型化，追蹤這些關聯的變化，然後等到價格似乎出現異常時下注。」

外人不太看得懂這點，不過，最大的關鍵是這家公司的工程部分，也就是他們如何把這些因素和外力全都整合進一套自動交易系統。他們買進有正面訊號的股票，這些正面訊號通常是由很多細緻的個別訊號所組成，並放空有負面訊號的股票，這些動作都是成千上萬行原始碼在決定。

「沒有任何一筆交易能夠簡單用『我們覺得這支會漲、那支會跌』來解釋。」一位資深員工表示：「每一筆交易都是由其他交易、我們的風險狀況、我們的短期和長期展望共同作用的結果。這是一個龐大、複雜的優化過程，而且是基於一個前提，那就是我們預測未來的能力好到能賺錢，我們對風險、成本、影響、市場結構的了解也好到能發揮最大功效。」

不只交易**標的**很重要，交易**方式**也同樣重要。大獎章如果發現一個有利可圖的訊號，譬如美元在早上九點到十點會漲〇．一%，他們不會在時鐘走到九點整時買進，這等於是向其他人發出訊號，指出每天早上九點一定會買進。而是以預測不到的方式，分散在這一小時內陸續買進，好讓訊號能繼續存在。有內部人士表示，針對某些最強烈的訊號，大獎章開發出一種「買爆」的方法，讓競爭對手無從發現價格的變動。這有點類似你聽到塔吉特百貨（Target）有個熱門商品大降價，等店門一開，你就把每一種打折商品全部掃購一空，其他人甚至連那個熱門商品大降價都不知道。

「如果我們一整年都在交易某一個訊號，不懂我們交易細節的人也看得出端倪。」一位內部人士說道。

二〇一四年，西蒙斯在南韓一場演說中做了總結：「可以這麼說，那是機器學習的大量運用。研究過去，搞清楚到底發生什麼事，也搞清楚可能對未來產生什麼非隨機的影響。」[5]

## 共和黨金主

有好長一段時間，羅伯特·莫瑟在這家公司的形象是奇特但大致良善的。有一頭銀白頭髮配上黑色眉毛的他，偏好金屬框眼鏡和高檔鞋子，常常吹口哨，偶爾戲弄幾個自由派同事，但幾乎只跟彼得·布朗講話。

「所有點子都是他想出來的，」布朗這麼跟同事說，可能是出於謙虛：「然後由我來表達出來。」

莫瑟是真正自足自立的人。有一次，他跟同事說他寧願有貓做伴，也不想有人在身邊。到了夜晚，他會躲回他位於長島那名為「貓頭鷹之窩」（Owl's Nest）的大宅，這是在向另一種以智慧、冷靜、長時間沉默聞名的動物致敬，他會在半個籃球場大的火車軌道上玩玩造價兩百七十萬美元的模型火車。[6]（莫瑟在二〇〇九年控告模型火車製造商，宣稱他被多收七十萬美元。製造商反駁說，那是因為被要求趕在莫瑟女兒婚禮之前完成軌道裝設而增加的成本。）

「我很高興不必跟任何人說話，就這樣度過一生。」莫瑟在二〇一〇年告訴《華爾街日報》。[7]

認識莫瑟的人都知道他在政治上是保守派，是全國步槍協會（National Rifle

Association）的會員，收藏大批機關槍，還有阿諾・史瓦辛格（Arnold Schwarzenegger）在《魔鬼終結者》（*The Terminator*）裡使用的瓦斯操作AR-18突擊步槍。[8]不過，文藝復興公司的相關人士很少花時間關注他這些事。

「羅伯特說過必須自衛、不要受政府影響，還說必須有槍和黃金。」大獎章一位早期投資人說：「我沒想到他是認真的。」

每隔一、兩年，莫瑟會請幾天假飛到俄亥俄州，跟研究所同事一起從事電腦方面的計畫。他通常會請所有人到當地一家牛排館吃午餐，整頓飯大部分時間他都自顧自哼著曲子，臉上常常掛著祥和微笑。物理學教授提姆・庫柏（Tim Cooper）回憶說，只要莫瑟跟學者們談到跟研究計畫無關的話題，他最常表達的是對課稅的不屑，以及對氣候暖化的懷疑。有一次，莫瑟連珠砲背出一串統計數字，要證明大自然排放的二氧化碳比人類還多。後來，庫柏查了一下他所講的數據，都是正確的，但他忽略一個事實，大自然吸收的二氧化碳跟排放的二氧化碳一樣多，人類可不是這樣。

「聽起來好像是有人惹到他了。」庫柏說：「就算是聰明人，也有可能細節全搞對，但重點卻搞錯了。」

二〇〇八年以前，莫瑟的家族基金會大多贊助一些偏激的主張。他資助過亞瑟・羅賓森，這是住在俄勒岡州南部的生物化學家，這個人收集幾千瓶人類尿液，因為他認為尿液裡有延長人類壽命的關鍵。莫瑟有訂閱羅賓森的電子報，內容指出低量核輻射危害不大，甚至可能有益，以及氣候科學是騙局。莫瑟給了羅賓森一百四十萬美元，讓他購買冷凍櫃儲存他收集的尿液。[9]

二〇〇八年歐巴馬當選總統之後，這時身價已有好幾億美元的莫瑟，開始做大筆政治捐獻。兩年後，亞瑟．羅賓森參選國會議員，莫瑟花了三十萬美元做廣告攻擊羅賓森的民主黨對手、眾議員彼得．迪法吉歐（Peter DeFazio），迪法吉歐希望把稅收漏洞填補起來，並對某些金融交易課徵新稅。莫瑟沒跟羅賓森說過那些廣告是他贊助的。（羅賓森最後落敗，雙方差距小到令人跌破眼鏡。）

出現莫瑟這麼一個高調的右派金主，令共和黨圈子有點摸不著頭緒。很多認真的贊助金主都對政治人物有所求，求些什麼通常也很清楚，莫瑟卻從未要求回報。政治圈內的人最後做出結論：莫瑟是稀有品種，是一位思想家，想實踐自己長期堅持的原則。他對政府極度懷疑，對建制派也忿忿不平，至少那年夏天在新墨西哥州空軍基地寫程式的挫敗經驗是原因之一。跟很多保守派一樣，莫瑟對柯林頓夫婦也有強烈的憎惡。

二〇一〇年莫瑟邁入六十四歲，這時的他深信政府在社會上扮演的角色應該愈小愈好，一個原因是政府會造成無能。莫瑟大部分的人生都在民間產業工作，對公職並沒有表現出太大的興趣，所以不像是因為他有很多經驗可以借鑑才形成這個觀點。不過，同事們說，政策錯誤會讓他耿耿於懷，民選官員的偽善也是。莫瑟在談話中喜歡強調個人自由的重要，有些人認為他是「極端自由主義者」。艾茵・蘭德（Ayn Rand）心目中的英雄或許就是像莫瑟這種高大、粗獷帥氣的個人主義者，是資本主義的忠實擁護者，「**永遠**」理性自制。*

如今莫瑟已擁有龐大財富，想開始做點能改變國家走向的事。他投入的時機也剛好。二〇一〇年，最高法院在「聯合公民訴聯邦選舉委員會案」（Citizens United v. Federal Election Commission）做出歷史性裁決，裁定富有的政治獻金捐助者的選舉支出是一種言論自由，受到憲法第一修正案的保護。這個裁決造就出日後的「超級政治行動委員會」（super PACs），只要不與競選陣營正式合作，超級政治行動委員會就能接受無上限的捐款去支持某位候選人。

* 譯注：艾茵・蘭德是俄裔美國哲學家和小說家，強調個人主義、理性利己主義、徹底自由放任的資本主義。她的小說所傳達的英雄樣貌是「因能力和獨立性格而與社會產生衝突，卻依然奮鬥不懈朝理想邁進的人」。

裁決出爐後，西蒙斯開始資助大筆捐款給民主黨，莫瑟則更積極展現他對共和黨政治人物的支持。不過，莫瑟注重隱私的傾向限制他的活動，專注於文藝復興公司的工作也讓他脫不了身，反倒是二女兒莉百嘉開始現身保守派募款活動等集會，成為家裡的公眾人物，也成為推動家族政治策略的人。

莉百嘉個人風格鮮明。朋友和家人口中的「百嘉」身材高挑，頂著一頭紅褐色頭髮，喜歡亮晶晶、一九五〇年代風格的貓眼眼鏡，神似演員瓊安・庫薩克（Joan Cusack）。她在史丹佛大學主修生物學和數學，有幾年時間在文藝復興公司工作，是梅格曼的手下，後來辭職回家教育四個在家自學的小孩，同時跟姐妹一起經營一家高級餅乾店。

莉百嘉第一次登上報紙頭條是在二〇一〇年春天，她和當時的老公希利方・孟洛尼寇夫（Sylvain Mirochnikoff）以兩千八百萬美元在曼哈頓上西區四十一層樓的川普廣場（Trump Place）買下六個相鄰單位，打造成有十七間臥室的三樓豪宅，是紐約市長官邸「瑰西園」（Gracie Mansion）的兩倍大。[10]

有一段時間，莉百嘉和父親支持的是傳統右翼的團體和主張，像是自由夥伴行動基金（Freedom Partners Action Fund），那是一個保守派政治行動委員會，創辦人是億萬富業家查爾斯・柯克（Charles Koch）和大衛・柯克（David Koch）兩兄弟與美國傳統基金會（Heritage Foundation）。有時候，莉百嘉和父親會手挽著手步入共和黨募款活動，主要由比較擅長交際的莉百嘉發言，莫瑟則靜靜站在她身旁。

然而，莫瑟父女很快就對傳統建制派失去耐心，轉而資助爭議性較高的主張，捐了一百萬美元給一個團體刊登攻擊性廣告，反對在曼哈頓下城的世貿中心遺址附近興建清真寺。[11]接著在二〇一一年，莫瑟父女在一場會議上結識擅長煽動的保守派人物安德魯・布雷巴特（Andrew Breitbart），幾乎馬上就對他的極右派新聞組織布雷巴特新聞網（Breitbart News Network）產生興趣，並表示有意提供資助。布雷巴特把朋友史蒂夫・班農（Steve Bannon）介紹給莫瑟父女，班農曾是任職高盛的銀行家，他草擬一份投資條件書，莫瑟家以一千萬美元買下布雷巴特新聞網近五成的股份。

二〇一二年三月，布雷巴特突然倒在洛杉磯人行道，死於心臟衰竭，年僅四十三歲。班農和莫瑟父女在紐約召開緊急會議，商討布雷巴特新聞網的未來，最後決定由班農接任執行董事長。漸漸的，這個新聞網站開始受到「另類右派」（alt-right）的歡迎。「另類右派」是許多團體混雜而成的鬆散集合體，其中有些團體擁護白人至上信條，把移民和多元文化主義視為威脅，而班農喜歡說自己是經濟民族主義者（economic nationalist），他認為種族主義成分會在民粹主義浪潮之下被「沖刷掉」。

在米特．羅姆尼（Mitt Romney）輸掉二〇一二年總統大選之後，莫瑟父女對傳統建制派更是幻想破滅。那一年，莉百嘉站在紐約大學俱樂部（University Club of New York）的羅姆尼支持者面前，對共和黨提出嚴厲詳盡的批判，認為共和黨糟糕的數據和拉票行動造成候選人裹足不前，她說該是「挽救美國免於淪為社會主義歐洲的時候了」。[12]

在班農牽線下，莫瑟投資一家名為劍橋分析（Cambridge Analytica）的公司，這家公司是英國行為研究公司「ＳＣＬ集團」（SCL Group）在美國的分支，專攻莫瑟在文藝復興公司慣常分析的先進數據，也正是莉百嘉口中共和黨所欠缺的數據，她大力敦促她家資助的組織採用劍橋分析先進的科技能力。

二〇一三年，前民主黨民調專家、後來轉為批判民主黨的派崔克．坎戴爾（Patrick Caddell）跟莫瑟分享一些數據，數據顯示選民愈來愈疏遠兩黨及主流候選人。莫瑟請坎戴爾另做一輪民調，他也著手收集數據，最後得出一個結論：選民動向正出現重大改變。[13]

「天啊！這根本就是一個全新的世界。」他告訴坎戴爾。

## 支持英國脫歐

二〇一四年二月，莫瑟和其他保守派金主齊聚紐約皮埃爾飯店（Pierre），討論二〇一六年總統大選的策略。他告訴與會者，他看到的數據顯示，傑布．布希（Jeb Bush）和馬可．盧比歐（Marco Rubio）這些主流共和黨人很難選贏，他認為唯有找個能體察選民挫折感的局外人才能勝選。在場其他人似乎對他的數據沒有共鳴。

他和莉百嘉開始尋找能撼動華府的局外人。

「這是哲學層次的問題，」坎戴爾這麼說：「他們認為傳統建制派失去作用了，都只會追逐私利。」

莫瑟父女轉而向班農尋求指引。當時，布雷巴特新聞的網站流量一路飆升，更證明他們相信班農這個政治煽動者是對的。莫瑟招待班農到他六十二公尺長的遊艇「海洋貓頭鷹」（Sea Owl）一遊時（又是貓頭鷹），根據在場人士的描述，班農穿著短褲，恣意亂飆髒話，打嗝，滔滔不絕，彷彿是莫瑟的近親。班農建議莫瑟父女應該投資哪些政治和媒體事業，還陪同潛在受益人造訪莉百嘉在川普廣場的豪宅。＊

莫瑟的影響力還延伸到太西洋另一頭。二〇一二年，布雷巴特新聞網在倫敦設立辦公室，開始支持政治人物暨前原物料商品期貨交易員奈傑爾・法拉吉（Nigel Farage）最新的努力，將英國脫歐的理念從邊緣議題推向主流。那時莫瑟和法拉吉很友好。

二〇一五年，劍橋分析開始討論協助「脫離歐盟」（Leave.EU）的領導人，這是支持英國脫離歐盟的政治團體，班農也在兩個團體往來的電子郵件群組之中，只是不清楚他到底有沒有閱讀或回覆郵件。次月，「脫離歐盟」公開發起運動，遊說英國選民支持脫歐公投。劍橋分析員工後來否認他們為「脫離歐盟」執行的工作有收費。[14]

「就算劍橋分析沒收費，也是他們最早替『脫離歐盟』的脫歐運動打下基礎的。」記者珍・邁爾（Jane Mayer）認為。[15]

二〇一六年六月，英國投票決定脫離歐盟。法拉吉是脫歐運動的領袖之一，只不過「脫離歐盟」並沒有被選為脫歐官方組織。

「沒有布雷巴特新聞網，英國脫歐不可能成功。」法拉吉說。[16]

## 支持川普

二〇一六年總統大選開跑，莫瑟父女起初是支持德州參議員泰德・克魯茲（Ted Cruz）的，欣賞他在二〇一三年債務危機中願意關閉政府。他們捐了一千三百萬美元給一個支持克魯茲的超級政治行動委員會，不過，那年五月克魯茲退選之後，莉百嘉受邀到川普大樓（Trump Tower），與唐納．川普的女兒伊凡卡（Ivanka）和女婿賈瑞德．庫許納（Jared Kushner）共進午餐。享用三明治和沙拉的同時，他們透過育兒經等話題拉近距離。[17]

沒多久，莫瑟父女就轉向支持川普，當時川普已獲得共和黨候選人提名。他們發起一個超級政治行動委員會來打擊希拉蕊．柯林頓，委由共和黨民調老手凱莉安．康威（Kellyanne Conway）負責操盤。終於，莫瑟父女成為川普最大的金主。

到了仲夏，川普已是節節敗退，眼看勝選機會渺茫。八月十三日週六，《紐約時報》頭版刊登一則報導，細數川普陣營持續不斷的混亂，包括川普演講時不用電子提詞機；他老是離題，無法前後一致的強調競選主軸；碰到尷尬的洩密事件時，也沒辦法大事化小。共和黨金主紛紛跳船，希拉蕊贏得壓倒性勝利似乎很有機會，甚至指日可待。

那天稍晚，羅伯特．莫瑟打電話給班農，詢問如何扭轉局勢。班農提出一連串點

---

＊被問到對此有何說明時，班農表示，關於大選及他和莫瑟父女往來的描述存在著「事實錯誤」，但他並沒有具體指出哪裡有誤。他在一封電子郵件說：「老兄，這他媽的又不是我的書。」

子，包括讓凱莉安・康威多上電視替川普辯護。

「這個點子聽起來很棒。」莫瑟說。

那天晚些時候，莫瑟父女登上一架直升機，飛往美式足球紐約噴射機隊老闆伍迪・強森（Woody Johnson）在東漢普頓（East Hampton）的海濱莊園，包括華爾街投資人卡爾・伊坎（Carl Icahn）和史蒂芬・梅努欽（Steven Mnuchin）在內的共和黨支持者，都在那裡會見川普。手中緊抓著《紐約時報》那篇報導，莉百嘉快步走向總統候選人。

「很糟。」川普承認。

「不是，不是很糟，是完蛋了，」她告訴川普：「除非你做出改變。」

她告訴川普她有方法可以扭轉戰局。

「起用史蒂夫・班農和凱莉安・康威，」她說：「我跟他們談過了，他們願意。」[18]

隔天，班農搭優步（Uber）到紐澤西州貝民斯特（Bedminster）的川普國家高爾夫俱樂部（Trump National Golf Club）。不耐煩的等川普打完一輪高爾夫、吃點熱狗又犒賞自己一客冰淇淋之後，班農開始推銷自己的點子。

「你一定會贏的，」班農告訴川普：「只是你做事必須有條理。」

沒多久，班農就成為選戰操盤人，康威是總幹事，成為電視上無所不在且有效的存在。班農給選戰注入秩序，確保川普把重點放在兩件事：一是貶低希拉蕊的人品，一是宣揚班農標榜的「美國優先」（America First）國族主義，這個口號似乎與短命的美國優先委員會（America First Committee）相呼應，這個團體曾經施壓反對美國參加二次大戰，也反對希特勒。

班農成功調整川普當時的行為，但對他過去的行為無能為力。十月七日，《華盛頓郵報》爆出電視節目《走進好萊塢》（*Access Hollywood*）一段剪掉的片段，內容是川普用淫穢的語言繪聲繪影的吹噓他能親吻、猥褻、勾引女人上床。

「只要你是明星，他們就會讓你為所欲為。」川普說。

主流共和黨人譴責川普，但莫瑟連忙發表一份百分之百支持川普的聲明。

「我們對川普先生在更衣室的吹噓完全不感興趣。」聲明上表示：「我們必須拯救這個國家，而只有一個人能做到。我們，以及全國各地與全世界各地的美國人都堅決成為唐納・川普的後盾。」

## 你難道拿他沒辦法嗎？

吉姆・西蒙斯很為難。

自從他和兒時玩伴吉姆．哈波駕車橫越美國，親眼目睹少數族裔等人受過的艱苦，他在政治上便傾向左派，偶爾會支持共和黨候選人，但通常支持民主黨。到二〇一六年中，西蒙斯已經成為民主黨「美國優先行動」（Priorities USA Action）超級政治行動委員會最重要的支持者，也是民主黨參眾兩院候選人的重要支持者；到了年底，西蒙斯那年捐給民主黨的金額超過兩千七百萬美元。太太瑪麗蓮甚至比西蒙斯更左傾，兒子納撒尼爾則成立一個非營利基金會，主要訴求是減緩氣候暖化及乾淨能源政策，基本上是川普陣營嘲弄或忽視的議題。

隨著羅伯特．莫瑟的政治影響力漸增、對川普陣營的支持力道漸大，西蒙斯開始聽到同事和其他人的抱怨，大多數人都有同樣的請求：你難道拿他沒辦法嗎？

西蒙斯有他的難處。他最近才知道莫瑟跟班農結盟，也是最近才知道他部分的政治觀點。西蒙斯不明白一個科學家怎麼會對全球暖化的威脅如此不屑一顧，也不同意莫瑟的觀點，但西蒙斯還是很喜歡莫瑟。沒錯，莫瑟是有點古怪，常常不愛開口說話，但他對西蒙斯一向和顏悅色，也很尊敬。

「他是個好人，」西蒙斯向一位朋友強調：「他當然能照自己的意願使用他的錢，我能有什麼辦法？」

更何況大獎章有些最重要的突破是莫瑟負責達成的。西蒙斯提醒部分朋友，因為政治信仰而解雇人是違法的。

「專業表現和政治觀點」不能混為一談，西蒙斯跟某個人說。

大獎章和文藝復興機構股票基金的績效都很強勁，莫瑟跟布朗一起領導文藝復興公司也表現得很稱職。布朗並沒有在這場大選投入太多時間，他不喜歡花錢，此外，他也跟朋友說過，他太太在政府部門的工作經驗讓他對政治沒好感。布朗至少跟一個人說過，這場選舉甚至可能對大獎章有利，因為可以給金融市場注入不穩定的波動。

在政治方面，莫瑟仍然只是公司裡的異數，也沒有任何明顯跡象顯示他在外面的活動給公司造成負面影響，西蒙斯也就沒有動力採取什麼行動。

情況會漸漸改變。

## 大富翁叔叔

投票日當天，川普團隊並不認為有機會勝選。共和黨數據小組預估川普頂多拿下兩百零四張選舉人票，在關鍵州會慘敗。川普團隊的戰情室設在川普大樓裡，那裡曾是電視節目《誰是接班人》（*The Apprentice*）的拍攝現場，裡頭的工作人員一片消沉。下午五點零一分，班農和康威的親密戰友，也是依莫瑟父女指示安插進團隊的大衛・薄西（David Bossie）接到一通電話，回報第一批開票數據，對方告知川普在十一個關鍵州落後八個，落後五到八個百分點。

消息傳到川普耳裡，他啪的一聲關掉摺疊手機，用力一扔，把手機扔到房間另一頭。

「時間和金錢都白白浪費了。」他沒有特別對著誰這樣說道。

晚上九點左右，羅伯特・莫瑟走進戰情室，穿著優雅的三件式灰色西裝，班農看了他的裝束一眼，開玩笑說大富翁叔叔（大富翁遊戲的吉祥物）大駕光臨。川普的妻子梅蘭妮亞（Melania）也來了，還有川普的子女、競選搭檔印第安納州長麥克・彭斯（Mike Pence）、紐澤西州長克里斯・克里斯帝（Chris Christie）等人，大夥兒一面吃披薩，一面盯著旁邊的電視牆，牆上掛著六台七十五吋電視，分別播放不同新聞台的節目。

隨著更多令人失望的數字傳進來，川普情緒變得低落。

「喂，天才們，」他對團隊說：「這下該怎麼辦才好？」

福斯新聞的主持人塔克・卡爾森（Tucker Carlson）還一度打電話進來說：「他不會贏的，對不對？」

接著，戰局開始翻轉。凌晨一點左右，川普轉頭看著薄西，興高采烈的說：「大衛，你能相信嗎？原來一開始要落後才好玩。」

凌晨兩點二十分，康威接到美聯社編輯的來電。

「要宣布哪一州的勝負？」她問。

「不是哪一州，」他說，「是整場大選。」[19]

## 我要回家喝一杯

隨著大選逼近，西蒙斯神情愈來愈凝重。希拉蕊在大多數民調都領先，但她在策略上似乎失算了。她的團隊找上西蒙斯，說他那年如果還要捐政治獻金，應該捐給能幫助民主黨贏得參議院過半席次的地方。希拉蕊陣營似乎勝券在握，認為自己不需要再獲得額外幫助了。

投票日那晚，吉姆和瑪麗蓮在朋友家看開票，在場都是希拉蕊支持者，一群人擠在一台電視螢幕前，緊張但樂觀。隨著票數陸續開出，川普可能勝選的態勢愈來愈清楚，氣氛轉為悲觀。晚上九點半左右，西蒙斯再也忍不下去了。

「我要回家喝一杯，」他告訴他的政治顧問亞伯・拉克曼（Abe Lackman）：「要不要一起來？」

西蒙斯和拉克曼靜靜啜飲紅酒，一面看著川普確定當選。還不到午夜，他們就把電視關了，看夠了。

「我們很沮喪。」拉克曼說。

# 第十五章
# 內部分裂

吉姆．西蒙斯一抬頭，就看到幾十張焦慮的臉孔盯著他。

那是二〇一六年十一月九日早上，總統大選結束後隔天。西蒙斯基金會的科學家、研究人員和其他員工，將近五十人，主動集合在曼哈頓下城總部九樓的露天空間，每個人都想了解現在到底是怎麼一回事。

那個空間陽光燦爛，但這些臨時聚集的人卻幾乎個個神情陰鬱。他們擔憂這個國家的未來，也擔憂自己的未來。西蒙斯是希拉蕊陣營最有力的支持者之一，這是眾所周知的事，現在基金會員工擔心即將上任的川普政府會把矛頭指向慈善基金會，包括西蒙斯的基金會。有些人懷疑基金會的免稅待遇可能會被剝奪，作為報復的一種手段。

西蒙斯穿著藍色西裝外套配卡其休閒褲，站在一排電梯旁邊，準備開口說話，現場聊天馬上平息下來。他用慎重的語氣提醒同仁，他們的工作很重要，研究自閉症、探索宇宙起源、追求其他有價值的嘗試都是長期計畫，需要持續進行，西蒙斯要大家繼續攜手努力，不要理會政治上的紛亂。

「我們都很失望，」他說：「我們唯一能做的，就是專注於我們的工作。」

員工慢慢回到自己的辦公室，有些人感到踏實多了。

## 另類右派的第一夫人

西蒙斯悶悶不樂，但是莫瑟正大肆慶祝。

莫瑟、女兒莉百嘉和其他家人正在準備一年一度的假期派對，每年十二月初在莫瑟的長島莊園「貓頭鷹之窩」舉行。莫瑟不是很喜歡跟同事或其他人說話，但對於變裝派對倒是興致勃勃。從二〇〇九年開始，莫瑟家每年都會邀請數百位朋友、工作夥伴等等到他們的豪宅，共度一場精心設計的主題變裝活動。

莫瑟的太太黛安娜比較擅長交際，她通常是這場狂歡派對的核心人物，莫瑟則喜歡跟孫子坐在安靜的角落，或跟當晚請來的專業荷官一起打撲克牌。

今年的慶祝活動很特別，連莫瑟也期待加入狂歡。這次選定的主題是「壞蛋和英雄」，邀請函繪有一個揮劍百夫長蹲伏於一處古老廢墟，一旁是被制伏的蛇髮女妖美杜莎（Medusa）。莫瑟家引導賓客到一個祕密網站，賓客可從網站上取得來自電影、漫畫、日常生活等的變裝建議，包括超人、虎克船長、德蕾莎修女。[1]

慶祝活動在週六晚上開始，華爾街投資人兼川普支持者彼得・提爾（Peter Thiel）扮成摔角手霍克・霍肯（Hulk Hogan），跟扮成女超人的凱莉安・康威玩在一起；史蒂夫・班農以本尊出現，可能是嘲諷那些認為他的造反式政治作為壞透的人，也可能在暗示他是這場大選的英雄。至於莫瑟父女，羅伯特裝扮成曼德雷克魔術師（Mandrake the Magician），這是一個專門催眠目標對象的漫畫超級英雄；莉百嘉則扮成黑寡婦，從頭到腳都包在黑色乳膠衣裡。

有消息傳出，川普正在前來的路上，從交接會議和迫切的內閣人事決策脫身，稍微喘口氣。幾年前，莫瑟還只是個古怪的寬客，要說有什麼名聲，頂多也只是槍械收藏家、尿液研究愛好者與其他奇怪主張的金主，另外就是協助他那個神祕的避險基金打敗市場，如今，美國總統當選人竟然大老遠跑到長島向他致敬。莫瑟給共和黨的捐款有兩千六百萬美元之多，川普起用班農和康威來重振搖搖欲墜的選戰也是因為他女兒的堅持，再加上布雷巴特新聞網對川普堅定不移的支持，莫瑟父女儼然成為川普意外勝選的最大功臣之一。[2]

「是莫瑟父女替川普這場革命打下基礎。」班農說：「不可否認，看看過去四年的捐款人，沒有人像他們父女的影響力這麼大。」[3]

總統當選人和隨扈乘坐龐大的黑色休旅車抵達，川普踏出車外，身穿黑色大衣、深色西裝和格子領帶（但沒有變裝），穿越其他賓客，直接走到莫瑟面前停下寒暄，接著就對現場群眾發表談話。川普開玩笑說，他剛剛跟莫瑟的對談是有史以來最長的一次：用了「兩個字」。[4]他讚揚莫瑟在選戰中對他的支持，謝謝莫瑟父女大力敦促他聘請班農、康威、薄西領導這場選戰，給川普陣營及時注入必要的「條理」。接著，川普跟莫瑟父女、班農、康威坐上晚宴主桌。

選舉結束後，莫瑟專心經營文藝復興公司，一如以往跟彼得・布朗密切合作，對於大使職位或勝選功臣通常會獲得的其他獎賞並不感興趣。不過，班農將成為白宮首席策士，康威將擔任總統顧問，所以，莫瑟仍然有無人能及的管道可以直通川普。莫瑟依舊是共和黨最重要的金主，也繼續掌控布雷巴特新聞網，因而對共和黨內逐漸竄起的反建制派仍具有影響力。

莉百嘉・莫瑟在新政府的角色可就活躍多了。連續好幾週，她端坐在川普大樓的班農辦公室，擔任顧問角色，幫忙挑選川普的閣員人選。她成功遊說讓參議員傑夫・塞申斯（Jeff Sessions）被選為司法部長，極力阻止米特・羅姆尼成為國務卿，也協助促成傑・克萊頓（Jay Clayton）律師出任美國證券交易委員會主席，即使她的介入飽受質疑，因為她父親正是全美國最大避險基金之一的共同執行長。接下來，莉百嘉的長期友人、保守派組織「聯邦黨人協會」（Federalist Society）的負責人雷納德・李奧（Leonard Leo）成為總統諮詢的對象，幾乎所有司法方面的人選都徵詢過他的意見。另外，莉百嘉也計劃組織一支外圍團體，專門支持川普各項施政議程。

莉百嘉・莫瑟憑一己之力竄起成為公眾人物。那年初，《GQ》雜誌將她列為華府第十七大最有影響力的人物，給她冠上「另類右派的第一夫人」。莫瑟家族的政治影響力，以及他們對這位總統當選人持續不斷的支持，看來毋庸置疑。

## 梅格曼的爆料

大衛・梅格曼很痛苦。

他雖然是正式的民主黨員，但在政治上自認是中間派，有時也會投給共和黨候選人。然而，二〇一六年的選戰是另一回事。川普貶低移民，大談要把公立學校的補助轉移給實驗學校（charter school），又信誓旦旦要花數十億美元在美墨邊界興建圍牆，在梅格曼看來，這些態度和政策不是被誤導，就是很殘忍。競選期間，川普誓言要限縮墮胎權，梅格曼憂心忡忡，太太黛博拉（Debra）更是嚇壞了。選舉結束後，梅格曼幾乎與臉書上的所有人解除朋友關係，不想看到任何會讓他痛苦想起川普勝選的訊息。

就職典禮過後，梅格曼重新思考自己的立場，他認為自己或許能把新政府推往比較良善的方向。這時四十八歲的他，在教育相關議題已經投入十年，他相信這些經驗對川普團隊或許有幫助，不然也能在其他領域做出貢獻。

一月時，梅格曼打了莉百嘉．莫瑟的手機，但她沒接。他又打了一次，留言提到他想幫忙一事，這次接到了回電，不過是羅伯特．莫瑟打來的。一向靦腆的莫瑟這回似乎很想談談川普的優點，以及各項有爭議的政治主題，兩人對氣候暖化、歐巴馬健保、美墨圍牆的價值看法有所分歧，但是語氣仍保持彬彬有禮。

「他只是愛把事情搞大。」莫瑟談到川普這個人。

「這就是我擔心的地方。」梅格曼說。

「你真的希望大家再陷入核子戰爭的恐懼嗎？」梅格曼問。

莫瑟說他不是那麼擔憂核子戰爭。掛掉電話前，莫瑟說他喜歡兩人一來一回的爭論，但梅格曼講完電話只有更加沮喪。

梅格曼決定靜觀新政府的政策。結果，他並不喜歡看到的情況。二〇一七年一月底，川普簽署一項行政命令，禁止七個穆斯林國家的外國公民入境美國，為期九十天，也暫停接納敘利亞難民入境美國；參議院確認塞申斯出任司法部長；川普繼續攻擊美國情報圈和媒體的可信度，這些舉動更是惹惱梅格曼。

梅格曼想做點事來淡化或甚至抵銷新政府的政策，但不知道從何下手。他計劃捐款給當地民主黨人，他也致電計劃生育聯盟（Planned Parenthood），表示想援助這家提供性保健服務的非營利組織。另外，他還打電話給川普那個很有影響力的女婿賈瑞德・庫許納，想警告他新政府政策的危害及莫瑟的影響力，但沒有連絡上。

梅格曼飽受內疚所苦。莫瑟的基金會也是大獎章基金的投資人，所以，梅格曼覺得自己親手提供資源給莫瑟，讓他得以幫助川普上台，並且促成梅格曼覺得很可惡的政策。

「氣死我了，」他告訴黛博拉，一肚子火：「我做的軟體讓莫瑟這種有錢白人變得更有錢。」

跟同事講電話時，梅格曼抱怨起莫瑟是如何幫助川普取得總統大位。他透露多年前跟莫瑟的一段談話，他回憶說，莫瑟當時認為非裔美國人早在一九六四年的「民權法案」（Civil Rights Act）頒布之前就寬裕許多了。「民權法案」明文禁止在公共場合、就業、聯邦資助的活動有歧視行為。

梅格曼的批評傳到莫瑟耳裡。有一天，梅格曼在家裡的辦公室工作，電話響起。

「我聽說你到處說我是白人至上主義者，」莫瑟說：「這話太荒謬了。」

莫瑟劈頭就是指控，令梅格曼措手不及。

「我不是那麼說的。」他結結巴巴的回答老闆。

他立刻恢復鎮定。

「不過，我印象中確實是那樣。」梅格曼說，把莫瑟之前關於「民權法案」的話又說了一遍。

「我很確定我從來沒說過那樣的話。」莫瑟回應。

莫瑟隨後背出一些數據，宣稱那些數據證明非裔美國人在立法前十年已經有比較好的生活水準，其中包括非裔美國人在各種職業所占的比例。他承諾寄一本書給梅格曼，證明他所說不假。

「民權法案」造成非裔美國人「嬰兒化」，養成「他們對政府的依賴」，莫瑟告訴梅格曼。

這下梅格曼真的很不高興。

「羅伯特，他們還得使用另外的洗手間和飲水機哪！」

梅格曼大略敘述他對川普的政策立場、言論和內閣人選的憂慮。莫瑟回應說，他沒參與川普或身邊人所做的任何決定，他只是要阻止希拉蕊當選。

這下梅格曼真的火大了。

「你怎麼能說你沒有參與？」梅格曼大吼，指出莉百嘉為了推動川普的施政議程而成立的小組，還有莫瑟自己也繼續跟班農和康威密切往來。

「你應該認識一下班農的，他人很好。」莫瑟說。

「如果你做的事對國家有害，就應該停手！」兩人掛掉電話之前，梅格曼告訴莫瑟。

這段談話似乎沒令莫瑟特別心神不寧，他早就習慣跟比較自由派的同事直話直說，這對他來說幾乎算是一種運動了。幾天後，莫瑟寄了一本《民權：修辭抑或事實》（*Civil Rights: Rhetoric or Reality*）給梅格曼，那是胡佛研究所（Hoover Institution）經濟學家湯瑪斯・索維爾（Thomas Sowell）一九八四年寫的書，《紐約時報》說那本書「坦率得殘酷，洞察力敏銳，是很重要的著作」。書中的論點是，「民權法案」通過之前，少數族裔早就開始大量進入比較高薪的工作崗位，書裡還說，「糾正歧視行動」

（affirmative action）導致少數人口當中最弱勢的人落於白人之後。[5]

索維爾的論點「只強調狹隘的財務方面，卻無視整體的人性因素」，梅格曼說，他的批評同時也是這本書被其他人詬病的地方。

跟莫瑟的那番談話倒是令梅格曼不安，他想做點什麼來阻止老闆。他把文藝復興公司的員工手冊從頭到尾看過一遍，想知道如果他把擔憂公諸於世會面臨什麼懲罰。他也去找彼得．布朗和馬克．席爾巴談過，他們說不相信莫瑟會說出種族歧視的言論。（還有一位高層開玩笑說，莫瑟的話少到沒人能知道他有種族歧視。）他從這幾些談話了解到，只要不提到文藝復興公司，他對莫瑟的批評應該還在可以接受的範圍內。

二月，梅格曼寄了一封電子郵件給《華爾街日報》的一位記者。*他寫道：「我準備採取行動了。夠了，該停止了。」後續的採訪在梅格曼經營的一家餐廳進行，位於賓州巴拉辛威德（Bala Cynwyd），他說話毫無保留。

梅格曼說：「他的觀點顯示他對社會安全網的蔑視，他並不需要社會安全網，但很多美國人需要。現在，他用我幫他賺的錢去實踐他的世界觀，」去支持川普，提倡「政府應該縮到針頭那麼小」。

梅格曼也透露對自己的未來感到擔憂。

「我很想相信用這種方法說出來不會賠上我的工作，但其實他們是很有可能把我開除的。」他說，「這是我畢生的工作，我帶領一支團隊，寫出他們現在還在使用的交易系統。」

這篇報導的網路版登上《華爾街日報》網站的那天早上，梅格曼接到文藝復興公司來電，通知他已經被停職停薪，並且不准他跟公司有任何聯絡。

## 莫瑟的不安

這場選舉也開始給莫瑟帶來不安。他和女兒跟班農、共和黨內的極右派太密切了，成了那些不滿這個國家向右傾的人鎖定的對象。

紐約州民主黨委員會（New York State Democratic Committee）還拍了一支電視廣告，電視螢幕上打出莫瑟父女的臉孔，說：「就是他們資助川普的社群媒體網軍和史蒂

---

* 正是寄給我。

夫・班農那個偏激的布雷巴特新聞網」。

二〇一七年三月，大約六十名抗議者聚集在莫瑟家外頭，譴責他資助極右派的主張，呼籲提高有錢人的稅金。一週後，另一批人也來抗議，有些人手裡舉著「莫瑟納稅來」的標語。警方封鎖「貓頭鷹之窩」前面的道路，以利示威者抗議，眾人在滂沱大雨中站了幾小時，不斷高呼批評莫瑟的口號。

當地居民比爾・麥諾提（Bill McNulty）也是抗議者之一，八十二歲的他指出莫瑟「在唐納・川普的當選中扮演重要角色，我們已經看到髒錢對政治的腐蝕和汙染」。6 朋友說，莫瑟父女甚至收到死亡恐嚇，導致這家人不得不聘請保全。對一個崇尚隱私的家庭來說，臭名在外不僅令人難過，也讓人不安。

## 解雇梅格曼

文藝復興公司不知道該怎麼處置梅格曼。

這家公司很少開除員工，就算是生產力低落、無心工作、難搞的員工也是，因為開除的風險太大了，即使是懶散、中階的研究人員和程式設計師，對文藝復興公司的獨家洞察和見解也都一清二楚，而這些對競爭對手很有幫助。也因為如此，梅格曼才敢肆無忌憚大爆莫瑟的料，他親眼見過有人違抗命令也不必承擔後果。可是，梅格曼這回犯下的可是滔天大罪，他用一種最公開的方式攻擊老闆，甚至暗示老闆是種族主義者。更何況，文藝復興公司是少數最不喜歡媒體曝光的公司，這也是許多同事不歡迎梅格曼回公司的原因。

梅格曼心裡也是五味雜陳。他在這家公司賺到的錢已經多到被開除也不必擔心財務問題，而且他不喜歡莫瑟現在對這個國家的所作所為，想阻止莫瑟的政治活動。但另一方面，他沒忘記莫瑟夫婦在他剛進公司時對他的善意，不但邀請他到Friendly's聚餐，也邀他週五跟他們全家一起去看電影；同時，他很景仰莫瑟的聰明和創造力，他內心那股想討好權威人士的渴望依然存在。梅格曼到此時已經在文藝復興公司待了二十年，對這家公司滿心感激，他打定主意，如果能繼續談論莫瑟的政治作為，他就回去工作。

他跟布朗等人討論他的未來時，並沒有順他們的意。

「我不收封口費。」他告訴他們。

梅格曼去了長島辦公室一趟，看到不友善的同事那麼多，令他心寒，看來沒有人願意冒著失去工作的風險挺他，不然就是連左傾同事都認為他的抗議方式有錯。

「那些我以為溫暖、好相處的人都變得很冷淡。」經過那一趟之後他表示：「他們認為我是壞人。」

克服重重障礙之後，雙方達成初步協議，梅格曼可以歸隊，前提是他對莫瑟的議論必須設限，但這項協議並沒有定案。為了修復關係，梅格曼決定參加四月二十日在紐約瑞吉飯店（St. Regis）舉行的撲克牌錦標賽，這項比賽是替西蒙斯創辦的「為美國教數學」募款，是寬客、職業撲克牌選手和其他玩家引頸翹望的年度盛會。梅格曼知道西蒙斯、莫瑟、布朗等文藝復興公司的高層都會到場，誰知道呢？搞不好莉百嘉也會出現。

「我想重新介紹自己，再次融入文藝復興的文化，」梅格曼說：「證明我在努力。」

從家裡開車到會場要三小時，一路上他開始焦慮起來，不知道與會同事和其他人會如何對待他。到了飯店，他捐出五千美元加入比賽，馬上就發現自己服裝不妥。在二樓鋪有地毯的舞廳，現場大約兩百人不是整套西裝筆挺，至少也會穿件西裝外套，安全人員甚至一身晚宴服，梅格曼卻只穿牛仔褲配襯衫，沒打領帶，這個失誤又更增添他的不安和憂慮。

一走進撲克室，他一眼就看到羅伯特．莫瑟，他心想，現在不是害羞的時候，便直接走向莫瑟，稱讚他的西裝顏色，那是一種少見的藍色。莫瑟微笑以對，說是一個女兒幫他挑的，看來兩人的交流挺順利的。

吁！梅格曼鬆了一口氣。

晚上七點剛過，梅格曼開始打「無限注德州撲克」＊，同桌對打的是西蒙斯、已獲選「撲克名人堂」的丹・哈靈頓（Dan Harrington），以及其他幾個人。西蒙斯躲到邊間抽菸的時候，梅格曼跟了進去，為他對莫瑟的批評給公司帶來了負面關注向西蒙斯道歉。

「很抱歉事情演變成這樣，」梅格曼告訴西蒙斯：「我很尊敬你，希望你知道這點。」

西蒙斯接受他的道歉，並且表示僵局似乎正在化解，讓梅格曼更加振奮。回到自己的牌桌上，梅格曼一開始輸了幾手牌，但是精神仍然很不錯，他又捐了一萬五千美元，以便能繼續玩。

相隔幾張牌桌，莫瑟正在跟幾個投資人和其他人對打，其中一個投資運動產業的公司高層克里斯・英格利許（Chris English）。莫瑟一開始贏了幾手，但被英格利許看出一個破綻。莫瑟拿到好牌會吹口哨，吹一些愛國歌曲，譬如〈共和國戰歌〉（The Battle Hymn of the Republic）；如果對拿到的牌不是那麼有自信，就會改用哼的。利用這項發

＊譯注：賭注無上限

現，英格利許很快就把莫瑟的賭注掃進自己的口袋。

梅格曼也連連敗北。晚上十點半左右，幾杯十二年威士忌下肚後，梅格曼出局了。不過，這時回家還太早，而且他還處於就快跟同事和解的亢奮中，所以決定到處走走，看別人打牌。

他慢慢走到有莉百嘉・莫瑟的那一桌，她開始瞪他，他愈走愈近她就愈激動。她怒氣沖沖對他大喊：「你會有報應的！」

梅格曼受到驚嚇，繞著牌桌走了一圈才在莉百嘉身旁停下。莉百嘉告訴梅格曼，他對莫瑟家的批評已讓她們全家陷入危險。

「你怎麼能這樣對待我爸？他對你那麼好。」她說。

梅格曼說他很難過，提到他剛進文藝復興公司時受到她家人的關照。

「我很喜歡你們全家。」梅格曼告訴莉百嘉。

她不聽。

「你是**人渣**，」莉百嘉告訴他，又重複一遍，「你二十五年來一直是人渣，我早就知道了。」

她叫梅格曼離開。一個保全人員走過來，要梅格曼離那張桌子遠一點。他不願意，開始閃躲保全人員，走到西蒙斯身邊求助。

「吉姆，你看他們現在要對我幹嘛！」梅格曼大聲叫。

西蒙斯告訴他：你現在最好離開。

保全人員把梅格曼逼到角落，威脅說如果他不離開就要報警。另一個基金投資人包耶茲．懷恩斯坦（Boaz Weinstein）眼見梅格曼幾乎要發狂，勸他出去散散步讓酒意退一退，然後開車回家；懷恩斯坦花了一點時間，才說服梅格曼聽從建議，朝著車子走去。

「我不否認，我有點受到酒精影響……那不是我狀況最好的時候，我不是故意在大庭廣眾之下大吵大鬧的，」過了幾天，梅格曼說道：「但她也不能那樣說我……紛爭不是我開啟的，也不是我做那種心胸狹隘的人身攻擊。」

而在樓上，玩家們對剛剛的衝突議論紛紛，但比賽照樣進行下去。沒多久，羅伯特．莫瑟愈打愈順，從先前的挫敗回過神來，西蒙斯、ＰＤＴ合夥公司（PDT Partner）的彼得．穆勒、布朗全都退出比賽了，但莫瑟仍然繼續玩，凌晨一點左右，在那晚最後一把大筆賭注，他把英格利許淘汰出局。

「他可能一直用哼的，刻意扭轉先前的破綻，」英格利許說，試圖為他的敗北找原因：「現場太吵，我聽不出來。」[7]

莫瑟微笑接受對手恭賀的同時，梅格曼正在回費城的路上，途中接到布朗傳來的簡訊：「走出這一切，好好過你的生活就好，不要再鬥下去，我真心認為你這樣會快樂一點。」

四月二十九日，文藝復興公司正式解雇梅格曼。

## 投資人的不滿

到了二〇一七年秋天，安東尼·考胡恩（Anthony Calhoun）的憤怒更強烈了。在巴爾的摩市警消退休系統（Baltimore City Fire and Police Employees' Retirement System）擔任執行董事的他，讀到愈多莫瑟的政治活動相關報導，他愈是惱怒。

支持川普不是考胡恩在意的問題，而是布雷巴特新聞網，這個媒體已經跟白人優越主義產生連結。這時，班農已被趕下總統首席策士的職位，現在又重回布雷巴特，有人預料他會把這份刊物推向更極端。

而且，莫瑟也支持一個右派煽動者邁洛·伊恩納普樂斯（Milo Yiannopoulos），他說女權主義是一種「癌症」，還曾經替戀童癖背書，並且因為辱罵他人而遭到推特永久停權。[8]

考胡恩覺得這些太超過了。巴爾的摩市警消退休系統在文藝復興機構股票基金投資兩千五百萬美元，考胡恩決定向文藝復興公司表達他的不滿。

他拿起電話，打給文藝復興機構股票基金的業務員。

「我們的擔憂是真實存在的。」考胡恩說。

那個業務員表示，不是只有考胡恩打來投訴莫瑟。後來，考胡恩開始跟業界顧問討論，聽到文藝復興公司其他客戶也有不滿。沒多久，考胡恩就跟巴爾的摩市警消退休系統其他董事投票，決定將資金從文藝復興機構股票基金撤出。

這筆錢只占文藝復興基金很小一部分，公司內部也沒人擔心會出現投資人出走潮，但是到了十月，有將近五十位抗議者到文藝復興公司外頭抗議，表示莫瑟是他們反對的目標，讓原本就不習慣這種負面曝光的高層們更加不安。

到了二〇一七年十月，西蒙斯擔心這些爭議會危及文藝復興公司的未來。公司的士氣愈來愈惡化，至少有位重要員工就快辭職不幹了，還有一個在考慮，表達擔憂的重要員工當中，有一位是沃夫岡・萬達（Wolfgang Wander）*，他在德國巴伐利亞的艾朗

---

* 萬達的臉書首頁上寫道：「如果你要發交友邀請給我，請告知我們是如何認識的，並且先刪光你在版上分享所有福斯新聞報導，謝謝！」

根紐倫堡大學（University of Erlangen-Nuremberg）拿到高能物理（high-energy physics）博士學位，在文藝復興公司帶領基礎建設團隊，等於是最高階的技術主管。西蒙斯開始相信，文藝復興公司在爭逐人才方面會更加困難。

一年多以來，西蒙斯一直不理會莫瑟在政治上愈來愈舉足輕重，現在他覺得不得不有所動作了。十月一個乾冷的早上，西蒙斯走到莫瑟的辦公室，說有重要事情必須討論，他在莫瑟對面的一張椅子坐下，很快就切入重點。

「我想你最好還是下台。」西蒙斯告訴莫瑟。

這不是個政治決定，卻是可以保住公司未來的決定。

現在外界對公司的放大檢視「對士氣不好」，西蒙斯說。

莫瑟沒有心理準備會聽到這樣的消息，看起來很難過、受傷，但還是接受西蒙斯的決定，沒有異議。

後來，西蒙斯在ＭＩＴ商學院告訴一群學生等人：「文藝復興的士氣出現問題……士氣愈來愈低落。」

「那不是個容易的決定。」西蒙斯後來告訴一位朋友。

## 莫瑟的回應

十一月二日，莫瑟寫了一封信給文藝復興公司的投資人，信上表示他即將辭去文藝復興公司共同執行長的職位，但仍會繼續擔任研究人員。他指責「媒體的放大檢視」，還說媒體把他跟班農連結在一起是很不公平的。

他寫道：「媒體……暗示我的政治傾向跟史蒂夫・班農一模一樣。我很尊敬班農先生，也的確偶爾會跟他討論政治，不過，我在政治上要支持誰，完全是自己的決定。」

莫瑟說他決定把布雷巴特新聞網的股份賣給女兒，並在信中對自己的政治觀點做了一番澄清，他說他支持「認同政府規模和權力都應該縮減的保守派」，他還說，他支持伊恩納普樂斯是為了支持言論自由和公開辯論，但他已經後悔支持他了，正在跟他切斷關係。

「在我看來，伊恩納普樂斯先生的行為和言論已經造成痛苦和分裂。」莫瑟寫道。

## 弗瑞的支持

二〇一八年初，莫瑟退下共同執行長職位幾個月後，接到文藝復興公司前高階經理人羅伯特・弗瑞的電話。弗瑞後來離開公司，到石溪大學工程與應用科學學院（College of Engineering and Applied Sciences）開授計量金融課程。他邀請莫瑟到希爾頓花園飯店（Hilton Garden Inn）附近一家不起眼的餐廳吃飯，那是石溪校園唯一有服務生的餐廳。兩人坐下時，有幾個學生認出弗瑞並打了招呼，但似乎沒有人注意到莫瑟，這對他來說可能如釋重負。

莫瑟看起來疲憊不堪。弗瑞知道這位老朋友經歷很艱辛的一年，所以想在餐點送來之前把不愉快的話題講完。

大選期間，弗瑞對兩位候選人都不滿意，川普和希拉蕊他都投不下去。儘管如此，弗瑞告訴莫瑟，莫瑟完全有權利以任何他覺得適合的方式積極支持川普，還說雖然外界一片批評聲浪，但莫瑟沒有任何不對。

「你受到的待遇嚴重失衡，」弗瑞告訴莫瑟：「索羅斯和其他人對政治的影響力跟你一樣大，卻不像你飽受詆毀。」

莫瑟輕輕笑了笑，點點頭，但照例沒做什麼回應。

「謝謝。」莫瑟回答。

莫瑟的反應讓弗瑞覺得應該換個話題，於是，兩個朋友聊起數學和市場，這頓飯沒再提起政治。

「我替他感到難過。」弗瑞表示。

## 持續影響美國政治

利百嘉・莫瑟的日子更難過。

她向朋友吐露內心的挫折，她對於自己和父親被描繪成那樣感到沮喪，還說指控她支持種族歧視主張是不公平的。外界的批評激起一些強烈反應。根據一位朋友的說法，她有一次收到糞便郵件，還有一次被一個陌生人當眾羞辱，氣得她直發抖。

二〇一八年一月，兩百多個支持以政策行動阻止氣候暖化的科學家和學者聯名簽署一封公開信，呼籲紐約市最知名的科學博物館美國自然史博物館（American Museum of Natural History）將已經擔任五年董事的利百嘉・莫瑟除名，他們極力要求博物館「跟那些鼓吹反科學者、資助氣候科學謬論者斷絕關係」。有十多個抗議者在曼哈頓上西區的博物館外頭遊行，手持寫著「氣候暖化是真的」和「把莉百嘉踢出博物館」的標語。[9]

不過，博物館並沒有採取任何作為，到了二〇一八年二月，莉百嘉・莫瑟覺得有必要扭轉大眾觀感。她投書《華爾街日報》，否認她支持「種族歧視和反猶太之類有毒的意識形態」，還說她相信「美國是一個善良寬厚的國家」。

一個月後又爆發新的爭議，劍橋分析被控取得臉書數百萬用戶的個資。政府展開一連串調查，擔任劍橋分析董事並監督公司營運的莉百嘉・莫瑟再次成為新一輪媒體檢視與負面報導的目標。

到了二〇一八年中，莫瑟父女開始淡出政治。班農對川普家族的嚴詞批判被引述之後，莫瑟父女與他決裂，從此少了政治參謀。接下來到二〇一八年期中選舉之前，莫瑟公開的政治獻金只有不到六百萬美元，比二〇一四年期中選舉的近一千萬美元縮水不少，更遠低於二〇一六年總統大選的兩千五百萬美元。

「他們好像突然人間蒸發了，」一位保守派領導成員在二〇一八年底談及莫瑟父女：「我們很少聽到他們的消息。」

朋友們說，他們父女倆經歷預想不到的後座力，於是轉為低調，減少政治獻金，也減少跟川普與政府官員的往來。

「他們在政治競技場的成就連他們自己都沒料想到，就像火箭一樣一飛沖天，」莫瑟家的友人布倫特・波澤爾（Brent Bozell）表示，他是保守派非營利組織「媒體研究中心」（Media Research Center）的負責人。「裡面也有苦澀……他們很失望。」[10]

朋友說，他們失望的一個原因是，川普選戰的最大金主大多因為慷慨解囊而獲得回報，而莫瑟父女從未有任何要求。能定期跟川普講上話的也是其他金融業高層，包括選戰中不支持川普的人，譬如黑石集團（Blackstone Group）執行長蘇世民（Stephen Schwarzman）。

莫瑟父女也有失策的時候。二〇一八年六月，羅伯特．莫瑟捐了五十萬美元給一個支持凱莉．沃德（Kelli Ward）的政治行動委員會。沃德指控參議員約翰．麥侃（John McCain）家人宣布終止麥侃癌症治療的時間點不利她的選戰，這項指控引來批評，她也在那年的亞利桑那州共和黨參議員初選中落敗。

隨著川普總統和共和黨開始為二〇二〇年大選做準備，莫瑟父女依舊已就定位，準備在選戰中發揮影響力。他們仍然跟康威密切往來，雖然少了班農這個直通川普等人的管道，他們依舊大力支持一個擁護國家安全顧問約翰．波頓（John Bolton）的政治行動委員會，還是保有直達權力核心的管道。莫瑟父女告訴友人，他們很高興川普政府減稅、選擇保守派法官等作為，還暗示他們並不後悔涉入全國性政治。

話雖如此，莉百嘉．莫瑟似乎把重心轉到其他議題，盡可能遠離報紙頭條，譬如努力推動大學校園的言論自由。

二〇一八年十月，她參加華府一場盛會接受表揚，透露她對大學校園言論水準的憂慮，她說學校「大量產出一波綿羊殭屍，沉浸在激進左派的反美迷思裡，對基本的公民學、經濟學、歷史一無所知，完全無法做批判性思考」。[11]

她身穿一襲飄逸的紅色長禮服，臉上戴著極具個人色彩的鑲鑽眼鏡，向禮堂裡數百人發表談話的同時，宣告她會繼續推動限縮政府角色，設法讓政治人物把重點放在「公民責任」。

認為川普總統是「一股自然力量」的她，強調自己會繼續在這個國家的政治扮演積極角色，不論她和父親承受的反彈多大，並且會繼續「為我們這個國家的靈魂奮鬥」。

「我不會噤聲的。」她說。

第十六章

# 優異的績效能否持續？

千萬不要派人類去做機器的工作。

——史密斯探員（Agent Smith），《駭客任務》（*The Matrix*）

股市正在崩盤，吉姆·西蒙斯憂心忡忡。

那是二〇一八年十二月下旬，西蒙斯和太太瑪麗蓮在比佛利山飯店（Beverly Hills Hotel），趁著耶誕假期來洛杉磯探望家人。在這家以池畔小屋和粉紅粉綠裝潢聞名的飯店，身穿卡其休閒褲和Polo衫的西蒙斯努力想放輕鬆，但就是無法克制想看盤的欲望。股市在經濟衰退的憂慮之中重挫，那個月，標準普爾五百指數跌了將近一〇%，是一九三一年以來跌幅最大的十二月。

這時的西蒙斯，身價已經高達兩百三十億美元，可是不知怎麼搞的，每天的虧損還是像腸子打結一樣難受。一個原因是西蒙斯對他雇用好幾百位的慈善基金會和其他組織有龐大的財務承諾要履行。不過，這不是造成他這麼驚慌的真正原因，他很清楚，股市再怎麼跌他都不會有事，他只是討厭賠錢，而且會愈來愈焦慮，不知道痛苦何時才會結束。

西蒙斯伸手拿起電話，打給他聘來掌管歐幾里德資本公司（Euclidean Capital）的華爾街老手艾序文・查布拉（Ashvin Chhabra），歐幾里德資本是專門打理西蒙斯和他家人個人財富的公司。西蒙斯告訴查布拉，他對股市前景感到憂慮，似乎應該放空一些股票，萬一賣壓更嚴重才能有點保護。西蒙斯詢問查布拉的意見。「我們應該放空嗎？」西蒙斯問。

查布拉遲疑了一下，建議等到市場穩定下來再採取行動。西蒙斯贊同他的建言。一天後，股市回穩，崩盤結束。

掛上電話，兩人都沒有發現剛剛的對話有滿滿諷刺。西蒙斯已有三十多年都在開創一種新的投資方法，並讓這個方法更加完善。他在金融世界掀起一場革命，將量化交易合理化；金融圈現在看起來人人都想用文藝復興公司的方式交易：消化數據、建立數學模型來預測各種投資的走向，並且採用自動交易系統；傳統派已經認輸了，就連銀行巨擘摩根大通（JPMorgan Chase）也強制要求旗下數百位投資銀行家和專業人士去上寫程式的課。西蒙斯的成功已經證明量化投資是對的。

「吉姆・西蒙斯和文藝復興公司證明量化交易是可行的。」達利歐・維拉尼（Dario Villani）表示，他是理論物理學博士，經營自己的避險基金。

「**避免**依賴情緒和直覺」是西蒙斯這種量化投資人的目標，然而，他在市場走跌幾週後所做的事，卻是訴諸情緒和直覺，有點像大聯盟奧克蘭運動家隊總經理比利・比恩（Billy Beane）把他的統計數字丟在一旁，反而以有沒有明星相來挑選球員。＊

西蒙斯那通電話正足以證明，把決策權交給電腦、演算法和模型是多麼困難的事，甚至對這套方法的發明人來說也是。他和查布拉的對話也說明投資人長久以來為何很信任那些仰賴判斷、經驗、老式研究的股債基金經理人。

然而，到了二〇一九年，投資人對傳統方法的信心已經消退。主動型的股票基金或號稱能打敗大盤的基金連續多年績效不佳，導致投資人紛紛逃離。在這時，所有投資在

＊譯注：比利・比恩首創使用統計分析分派球員上場，創下美聯破紀錄的二十連勝，他新奇的球隊經營方式被麥可・路易士寫入《魔球》一書，並改編成電影。

股票型基金的資金中，主要投資在採用傳統投資方法的基金只占了一半，比十年前減少七五%，另外一半資金則投資在指數型基金及其他所謂的被動型基金，這類基金承認要打敗大盤很困難，只以追求符合大盤收益為目標。[1]

漸漸的，過去可信賴的投資方法，像是盤問企業經理人、仔細檢視財報、利用本能和直覺來押賭全球經濟重大變化，似乎變得微不足道，有時甚至還會造成華爾街一些最閃耀的明星名譽受損。二〇一九年之前那幾年，精準預測二〇〇七年次貸危機而賺進幾十億美元的約翰・鮑爾森，因虧損慘重，使得客戶大舉逃離；[2]愛打撲克牌、精準預測二〇〇八年雷曼兄弟垮台而有「大衛王」稱號的避險基金經理人大衛・恩洪（David Einhorn），也因績效不佳使客戶叛逃。[3]

在加州新港灘，比爾・葛洛斯是債券基金霸主太平洋投資管理公司的操盤人，是那種員工跟他講話、甚至跟他四目交接就會讓他不爽的人，在他閃電辭職震驚各界之前，報酬率已經每況愈下。[4]就連華倫・巴菲特的績效也出現衰退，在二〇一九年五月之前的五年、十年、十五年，他的波克夏海瑟威的績效都不如標準普爾五百指數。

原因之一是傳統的主動型基金已經不再擁有資訊優勢。過去，成熟的避險基金、共同基金等都擁有一種別人沒有的奢侈，那就是能仔細鑽研年報和其他財務報告，從中挖掘有用、被忽略的珍貴訊息，如今，只要敲一下鍵盤或滑一下網頁，幾乎任何種類的企業財務數據都找得到，電腦也能瞬間就捕捉到，幾乎不可能有任何事實或數字只有你看得到而對手不知道。

同時，取締內線交易，以及一連串監管措施的改變，都是為了確保特定投資人無法比其他人更容易取得企業訊息，投資環境因而變得更加公平，最老練的**基本面**投資人所擁有的優勢也就不再。大型避險基金再也不能接到券商的電話，事先得知即將發布的消息，券商甚至連自己對某支股票的看法已經改變也不能講。

如今，握有優勢的是動作最快的公司。二〇一八年八月底，一家名為基朗（Geron Corporation）的小型癌症藥物公司股價突然飆漲二五％，原因是她的合作夥伴嬌生公司（Johnson & Johnson）公布一項職缺，這項職缺意味著兩家公司正在研發的某項藥物可能即將有重大的監管決策出爐，所有人都沒注意到這則消息，除了那些有技術能即刻自動搜尋職缺與類似即時訊息的公司。[5]

量化投資人已經崛起，成為金融圈的主導勢力。到二〇一九年初為止，量化投資占所有股市交易的三分之一，是二〇一三年的兩倍以上。[6]

這樣的主導地位帶來了戰利品。二〇一八年，西蒙斯賺了大約十五億美元，敵對的量化基金「度思投資」（Two Sigma Investments）兩位創辦人分別賺進七億美元；橋水投資公司（Bridgewater Associates）的雷・達利歐（Ray Dalio）也賺了十億美元（這是一家以系統化、法則主導的投資公司，不是量化公司）；西蒙斯對抗兩位叛逃俄羅斯交易員時的對手以瑟列・英格蘭德，則有五億美元入袋。[7]

二〇一九年初，以量化和其他策略為主的芝加哥城堡公司創辦人肯尼斯・葛里芬花了令人咋舌的兩億三千八百萬美元，買下紐約一間頂樓豪宅，是美國有史以來最貴的房子。他先前已經花了將近六千萬美元買下芝加哥一棟分戶共管式公寓好幾層房屋，也以同樣價格買下邁阿密一處頂樓豪宅，此外，他還用五億美元買下傑克遜・波拉克（Jackson Pollock）和威廉・狄寇寧（Willem de Kooning）的一對畫作。

有理由相信文藝復興這類公司的優勢只會增加不會減少，因為他們的電腦交易模型所能消化分析的數據種類正在爆炸成長。根據ＩＢＭ的估計，全世界九成的數據庫都是過去這兩年打造的，到二〇二〇年將會有四十ZB*的數據被打造出來，比二〇〇五年增加三百倍。[8]

如今，幾乎每一種資料都已經數位化，成為投資人可以取得的大數據之一，這麼龐大的數據投資人在過去只能想像。投資人現在流行追逐**另類數據**（alternative data），只要是想像得到的數據都在追逐之列，包括全世界各地的感應器和衛星影像的即時資料。比較有創意的投資人還會仔細研究企業高層在視訊會議的說話語氣、零售門市停車場的車流、汽車保險申請紀錄、社群媒體網紅的推薦，從中挖出可賺錢的相關性和規律。

量化投資人不會被動的坐等農產數據出爐，他們會主動去研究農用設備的銷售量或農作物產量的衛星影像，從貨櫃的提單也可嗅出全球變化。系統交易員甚至會取得手機數據，來了解消費者在門市的哪條走道、甚至哪個貨架停下來瀏覽商品。如果想知道某個新商品的人氣如何，可以從亞馬遜的評論略知一二；甚至已經有人在開發演算法，用來分析食品藥物管理局各個成員的背景，以預測某種新藥通過的可能性。

為了探索這些新可能，避險基金已經開始聘雇一種新型態雇員，他們稱之為**數據分析師**（data analyst）或**數據獵人**（data hunter），這些人專門負責挖掘新的數據來源，很像桑德爾．史特勞斯在一九八〇年代中期替文藝復興公司做的事。新找來的資料會全部透過電腦進行複雜運算，以更加了解經濟的現況和未來軌跡，也對各家企業的前景有更深入的了解。更具冒險精神的投資人甚至可以利用這種新資料來為可能的危機預做準

＊譯注：等於一兆GB。

備，比方說，在某件國際大事發生之後看到五角大廈有一連串異常的披薩外送。

電腦的運算和儲存能力呈指數型成長，賦予系統交易員新的能力，讓他們得以篩選海量數據。根據新聞網站「奇點中心」（Singularity Hub）的預測，到了二〇二五年左右，一千美元就能買到一台運算能力跟人腦差不多的電腦。度思避險基金已經打造出超過一百teraflops（每秒兆次浮點運算）的電腦系統，也就是一秒可以處理一百兆次計算，記憶容量超過十一個PB，*相當於美國所有學校圖書館儲存數據的五倍。[9]

在這麼龐大運算能力的幫助下，量化投資人能找出、測試的預測訊號就更多了。文藝復興公司一位電腦專家說：「以前要找出訊號，都要靠創意和思考碰運氣亂試，現在，你只要把某一類算式丟給一台有機器學習的電腦，就能測試幾百萬個不同的可能。」

西蒙斯的團隊採用機器學習多年後，其他量化投資人也開始擁抱這種方法。文藝復興公司很久以前就預料到，決策的形成會出現天翻地覆的改變，現在這種改變正席捲幾乎所有的企業和各行各業，有愈來愈多企業和個人接受、擁抱能不斷從他們的成敗學習的模型。如同投資人馬修．奎內德（Matthew Granade）所說，亞馬遜、騰訊、網飛（Netflix）這些依賴不斷改變的動態模型的公司正在成為主流。餵愈多數據給電腦，電腦應該就會愈聰明。

對於金融業的未來及整個社會的走向，小說家蓋瑞．史坦恩加特（Gary Shteyngart）有個很妙的總結：「一旦他們小孩的心理醫生被演算法取代了，那就結束了，什麼都沒了。」

## 量化投資的局限

雖然量化方法獲得這麼多熱情擁戴，它的局限也同樣清楚可見。要在這麼龐雜的數據中梳理資料、找出準確訊號並不容易。有些量化投資人認為，對電腦來說，選股還是比挑選一首合適歌曲、辨識臉孔、開車還要困難；而要教會電腦區分藍莓馬芬和吉娃娃，仍是一件困難的事。

在某些大公司，包括倫敦的Man AHL，有機器學習能力的演算法大多用於決定如何做交易、何時做交易，或用於畫出企業之間的關係圖及其他研究，而不是用於開發自動投資決策。

＊譯注：等於百萬GB。

量化公司雖然有這麼多優勢，投資收益卻沒有比那些用老派研究方法的傳統公司好多少，只有文藝復興和幾家公司是明顯的例外。二〇一九年春天之前的五年，以量化交易為主的避險基金平均年收益是四．二%，而其他一般避險基金同期的平均收益是三．三%（以上數據並未包含不公布績效的神祕基金，如大獎章）。量化投資人面臨艱鉅挑戰，因為他們爬梳的資料不斷在變化，不像物理等其他領域的數據不會變動，而且關於股票等投資的價格歷史走勢資料相對有限。

「比方說，你要預測一年後的股價表現，」量化老手理查．杜威（Richard Dewey）說：「由於我們只可回溯到一九〇〇年的紀錄，所以，美國只有一百一十八個不重疊的一年期數據可參考。」[10]

還有，有些種類的投資很難建立交易系統，譬如問題債券，這部分必須仰賴法官裁決、法律上的操作、債權人協商。基於以上種種原因，精明的傳統投資人仍有施展手腳的空間，尤其是以長線投資為主的投資人，而長線投資是以演算法、電腦為主力的投資人通常會迴避的部分。

## 創造一個充滿風險的時代？

文藝復興公司和其他以電腦程式交易的人崛起後，令人開始擔憂起他們對市場的衝擊，以及可能會突然出現大舉拋售，這些有可能是電腦自發動作引起的拋售。二〇一〇年五月六日，道瓊工業指數重挫一千點，也就是後來所稱的「閃崩」，在慘烈的幾分鐘內，數百支股票瞬間暴跌，幾乎成為廢紙。投資人把矛頭指向用電腦程式做交易的公司，說這次崩盤凸顯出電腦交易的破壞性，不過，市場很快就止跌回升。後來，檢方起訴一個在西倫敦家中交易的投資人，指控他操控股市指數期貨合約，才造成這次暴跌。[11]

有人認為，那次幾乎找不到緣由的突然重挫，意味著電腦交易興起已迎來一個充滿風險和波動的時代。由電腦自己交易，這對很多人來說是可怕的概念，就像自動駕駛的飛機和自駕車一樣嚇人，就算證據顯示那些機器的安全性已大有改善。所以，我們有理由相信，量化交易員會擴大或加速原本的趨勢。

曾是風險經理人、現在是作家的李察．布克史塔伯（Richard Bookstaber）認為，現在的風險很大，因為量化模型的採用是「整個投資界全面性的現象」，也就是說，這些量化投資人以後要是陷入麻煩，受到的衝擊會比過去大。[12]隨著愈來愈多人擁抱量化交易，金融市場的本質也可能隨之改變，可能會出現新型態的錯誤，其中有些還沒有發生過，所以要事先預測很困難。到目前為止，市場一直是由人類行為所驅動，這代表主導市場的是交易員和投資人；但是，如果機器學習和其他電腦模型變成市場上影響最大的因素，市場可能就會更不可預測，甚至更不穩定，因為人類的本性大致是不變的，而這種電腦交易的性質卻可能說變就變。

然而，從整體來看，電腦交易的危險其實被誇大了。量化投資的種類很多，不能一概而論。有些量化投資人採用動能策略，在市場走跌的時候，他們確實會加劇其他投資人的賣壓，但是，包括smart beta、因子投資、**風格投資**（style investing）在內的其他方法，才是量化世界最大宗、成長最快速的投資類別，這些投資是把電腦設定成在股價走低時買進，對市場其實有穩定作用。

還有一點不要忘了，碰到市場危機的時候，市場投資人總是傾向收手觀望、減少交易，也就是說，量化投資人在這一點跟過去的投資人差異並不大。要說真有什麼差異的話，反倒是市場隨著量化投資成為主流而變得更平和了。人類很容易害怕、貪婪、完全陷入恐慌，這些都是金融市場波動的原因，如果容易受偏見和情緒支配的個人被機器淘汰，市場會變得**更穩定**，這種現象在其他領域也看得到，如航空業，用電腦做決策通常失誤較少。

## 人類行為可以預測

自一九八八年到二〇一九年夏天，文藝復興公司的大獎章基金平均年收益高達六六%，這是在扣掉投資費用之前的數字，扣掉費用之後的年收益則是三九%。文藝復興機構股票基金早期雖然跌跌撞撞，不過，文藝復興公司旗下三支開放外人投資的基金都有優於對手和市場指數的績效。到二〇一九年六月，文藝復興公司管理的資金合計有六百五十億美元，是全世界最大的避險基金公司之一，交易量有時甚至占股市每日成交量的五%，這個統計還不包含高頻交易。

文藝復興公司的成功足以提醒一件事：人類行為可以預測。文藝復興公司之所以研究過去，就是因為他們有理由相信投資人一定會在未來做出相同的決策，另一方面，他們採用科學方法來對抗認知和情緒上的偏見，這代表用冷靜思考來面對各種難題有其價值。他們先提出假設，然後測試、權衡並調整他們的理論，讓數據引導他們，而不是任由直覺和本能帶領。

「這套方法是很科學的，」西蒙斯說：「我們用非常嚴謹的統計方法來替我們的想法找出根據。」[13]

文藝復興公司的經驗也給我們上了另外一課，那就是影響金融市場和個別投資的因素和變數遠多於多數人的理解與推斷。投資人往往把焦點放在最基本的因素，卻忽略其他幾十個因素，甚至可能忽略其他所有的因素，而文藝復興公司不只比大多數人掌握更多關鍵因素，連影響股價和其他投資的數學關係也掌握到了。

這有點像蜜蜂在花叢看到涵蓋一整個光譜的顏色，而人類就算盯著同一株花叢也看不出那麼多顏色。文藝復興公司雖然沒能看出市場上的所有顏色，但拜大量的槓桿操作所賜，已經足以讓他們賺大錢。不過，這家公司也有過艱辛時期，而隨著市場發展，同事們要努力趕上市場變遷，未來要維持過往榮光勢必不容易。每每靜下心來誠實反思，不管是現任或離職員工，無不對他們的收穫驚嘆連連，同時也意識到未來障礙重重。

西蒙斯和同事們的大豐收，可能會讓人以為市場的無效率遠多於多數人所認為，但其實不然，市場的無效率和賺錢機會可能比一般人以為的少。文藝復興傾全公司上下之力，集結那麼多獨一無二的數據、龐大的電腦運算能力、專業人才、交易和風險管理的專業知識，也只有五成多一點的交易是有獲利的，可見要打敗市場有多麼困難，也可見大多數投資人試圖打敗市場是多麼愚蠢。

西蒙斯和同事通常不去預測股價走勢。現在有沒有哪個專家或系統能精準預測個股走勢，至少精準預測長期走勢，或甚至預測金融市場的走向，不得而知。文藝復興公司所做的是努力預測股票相對於其他股票、相對於指數、相對於因子模型（factor model）、相對於整個產業的走勢。

艾爾文．伯利坎普掌管大獎章基金的時候，漸漸認為大多數投資人對股價走勢的解釋不合邏輯，甚至危險，因為會讓人誤以為某項投資可以充分理解、可以猜到未來走向。如果讓伯利坎普來決定，股票大概會採用編號，不是用名字。

「我不否認，財報和其他財經消息一定會帶動市場走勢，」伯利坎普說：「問題是，專注於這些消息的投資人太多，這些人最後的投資結果幾乎都會集中在平均值附近。」

## 與梅格曼和解

那晚在紐約瑞吉飯店的撲克之夜，莉百嘉．莫瑟把大衛．梅格曼趕出去之後，過了幾天，文藝復興公司就解雇這位電腦科學家，交戰雙方從此不再有任何和解機會。

梅格曼提起兩項訴訟，一是控告羅伯特．莫瑟違反聯邦民權，一是控告文藝復興公司和莫瑟不當解雇。在兩起官司中，他都聲稱莫瑟因為他「從事受法律保護的行為」，讓他被文藝復興公司開除。

「莫瑟的行為是粗暴剝奪梅格曼的憲法權利和聯邦法定權利。」他向費城聯邦法院提出的十頁訴狀中寫道。

梅格曼承認文藝復興公司的員工手冊禁止公開貶抑公司和員工，但他說那年初他向《華爾街日報》透露他的擔憂之前，至少取得一位文藝復興公司高階經理人的批准。

梅格曼仍然感到很受傷，老同事對他不理不睬令他難以釋懷。

不過，他和前東家都開始慢慢走出這起紛爭。儘管他對莫瑟的政治作為有諸多不滿，儘管他對自己的發言權非常堅持，但激怒西蒙斯、布朗和其他同事從來不是他所願，有些日子，他甚至會懷念起與莫瑟親近的時光。

「我在文藝復興公司工作了二十多年，在我的職業生涯中，這是唯一工作過的地方，」他告訴一位記者：「我有義務讓大眾知道……對我來說，講完事情就結束了，只是沒想到我就這樣被停職、解雇。」[14]

二〇一八年，經過幾個月的協商，雙方達成友善的和解，梅格曼離開文藝復興公司，但仍有權利投資大獎章，就跟其他退休員工一樣。不久之後，已經五十歲的梅格曼有了新目標：對抗勢力龐大的社群媒體公司。他捐出將近五十萬美元給一個專門遊說大眾停用臉書的聯盟，並接下費城一家創投公司的高階職位，跟剛起步的數據相關公司合作。「我對自己的現狀很滿意，不管是心理上或個人生活都是，」他於二〇一八年底說道：「我不敢說我完全不難過了，但你知道的，我已經百分之百走出來了。」[15]

## 持續豐收

莫瑟在二〇一七年十一月退下共同執行長職位之後，同事都不覺得公司會有多大改變。這些員工說，莫瑟仍在文藝復興工作，還是繼續跟布朗咬耳朵，當然也一定會繼續約束布朗的衝動。莫瑟跟其他研究人員不一樣，他直接向布朗報告，可見他的地位依然維持不變。哪裡會有什麼改變呢？

不過，宣布下台後，莫瑟在公司的角色幾乎立刻就小多了，沒參加高階主管會議，看起來已經不在決策圈。這種轉變引發其他員工一陣緊張，他們擔心，少了莫瑟從旁指導，布朗會貿然做出不明智的決策，也擔心會損及公司的收益，尤其在愈來愈多投資公司搶進量化交易導致競爭日益激烈的情況下。

布朗似乎也意識到危險，他調整自己的管理作風。他的狂躁步調還是沒變，週間夜晚仍睡在辦公室的折疊床，但他開始仰仗其他資深同事，向各組同事廣泛徵詢意見，這樣的轉變讓公司穩定下來，也幫助大獎章在二〇一八年以豐收作收，獲利四五％，幾乎打敗所有投資公司的績效，而且那年標準普爾五百指數跌了超過六%，是自二〇〇八年以來表現最差的一年。文藝復興公司對外部投資人開放的三支基金，包括文藝復興機構型股票基金、文藝復興機構多元阿爾法基金（Renaissance Institutional Diversified Alpha Fund）、文藝復興機構多元全球股票基金（Renaissance Institutional Diversified Global Equity Fund）也全都勝過大盤。資金紛紛湧入這三支基金，讓文藝復興公司管理的總資產一舉飆過兩百億美元，成為全世界最大的避險基金公司之一。

「我覺得一切都在掌控中，」西蒙斯於二〇一八年底說道：「只要你繼續替投資人賺到錢，他們通常就很高興。」[16]

## 對社會的影響持續

二〇一八年春天，西蒙斯慶祝八十大壽。家族基金會以西蒙斯對物理學領域的貢獻為主題，籌辦一系列講座來紀念。在附近一家飯店，學者等人紛紛向西蒙斯舉杯道賀。一個月後，他招待家人和朋友搭上他的阿基米德遊艇，繞著曼哈頓來一場夜間遊船。

西蒙斯的肩膀明顯下彎，透露出他的年邁，不過，整場慶祝活動中，他仍然很敏銳犀利，問問題總要追根究柢，也不時妙語如珠。

「我答應不會再過八十歲生日了。」他對著眾人開玩笑。

西蒙斯的人生似乎已經走到一個舒服的落腳處。他迫使莫瑟離開文藝復興公司高層，緩解了壓力，公司在布朗的掌舵下也蒸蒸日上，就連梅格曼的糾葛似乎也已成為後視鏡裡的影像。

不過，他還是覺得有壓力。人生的重要目標還沒達成，而且不需要有數學博士學位也算得出來，他的時間可能不多了。他的日常作息似乎以提高完成未竟志業的機會為目標，早晨大多六點半就起床，隨即到中央公園走幾英里，接著跟教練一起運動。他的基金會舉辦長達一整天的健行活動時，他通常一馬當先，把年輕同仁拋在後頭氣喘吁吁的追趕。他甚至改抽稍微健康一點的電子菸，至少在某些會議上，最愛的Merit香菸則塞進胸前口袋。

他仍跟布朗和其他高層聯繫，探查公司狀況，也仍繼續主持董事會，偶爾提出一個改進營運的點子，但重心已轉移到其他地方。那一年，他花了兩千萬美元支持多位民主黨候選人，協助民主黨重新取得眾議院掌控權。

西蒙斯基金會每年的預算高達四億五千萬美元，已成為美國第二大資助基礎科學研究的私人機構。西蒙斯創辦的「為美國教數學」組織，給紐約市一千多位優秀數理老師一年一萬五千美元的津貼，每年主辦數百場研討會和工作坊，幫經驗老到且熱血的教師打造一個社群。有跡象顯示，「為美國教數學」確實有助於公立學校留住原本可能跳槽私人企業的老師。

西蒙斯人生中的種種決策也有矛盾之處，甚至可說是偽善。多年來，文藝復興公司用合法的方式把短期獲利轉化為長期獲利，替他們的高階經理人省下幾十億美元的稅賦，另一方面，西蒙斯卻抨擊政府在科學、數學等基礎教育的支出不夠多。有些措辭尖銳的批評者，包括社運作家娜歐蜜・克萊恩（Naomi Klein），對社會上的慈善億萬富豪影響力愈來愈大提出質疑，尤其在政府預算捉襟見肘的時候，這些富豪甚至能隻手分配非營利世界的資源、決定優先順序。西蒙斯為人詬病的地方還有，他把一波又一波頂尖科學家、數學家挖去他的避險基金，卻同時感嘆私人企業從公共領域吸走人才，感嘆學校無法留住優秀老師。

不過，西蒙斯投入幾十億美元資助的並不是虛榮無謂的計畫，他的金錢和創造力所投注的是可造福數百萬人的計畫。有極具說服力的跡象顯示，他的慈善投資可促成真正的改變，甚至是突破性的改變，也許在他有生之年就能看到。世人會記得西蒙斯創造財富的方式，也不會忘記他用他的財富做了哪些事。

## 後記

# 保持好奇

吉姆．西蒙斯大半人生都在揭開祕密、應付挑戰，早期是數學問題和敵人密碼，後來是隱藏在金融市場的規律。二〇一九年春天，即將要過八十一歲生日的他，又著迷於兩個新的難題，很可能是他這輩子最宏大的難題：了解並治療自閉症、挖掘宇宙及生命的起源。

自閉症研究尚未取得真正突破性的進展，時間又滴答滴答流逝。六年前，西蒙斯基金會聘用生理學和神經科學教授路易斯．賴卡特（Louis Reichardt），他是第一個同時征服世界最高峰聖母峰（Mount Everest）與第二高峰喬戈里峰（K2）的美國人。西蒙斯給了賴卡特一個更加艱鉅的挑戰：改善自閉症患者的生命。

這個基金會幫忙建立一個基因儲存庫，取自兩千八百個至少有一個小孩罹患自閉症類群障礙症的家庭，加速動物模式的發展，這是邁向人體治療的一步。到了二〇一九年春天，西蒙斯的研究人員對於自閉症大腦運作方式已取得更深入的了解，一步步朝著研發出能對抗疾病的藥物前進。他們所做的一項試驗已經快進入藥物實驗，如果成功，將有多達兩成飽受這項疾病所苦的患者得以受惠。

「那會是第一個能對一部分人產生效果的藥物，」西蒙斯說：「我覺得我們有一半以上的成功機會。」

西蒙斯同樣滿懷希望的還有在一系列攸關人類存在的難題上取得進展，這些難題打從有史以來就一直令人百思不解。二〇一四年，西蒙斯網羅普林斯頓大學天體物理學家大衛．斯伯格（David Spergel），他因首開先河測量宇宙的年齡和組成而一舉聞名。西蒙斯交付斯伯格的任務是回答一個永恆的問題：宇宙是如何開始的。哦，麻煩盡量在幾年內完成，趁我還在的時候，西蒙斯這麼說。

西蒙斯贊助一項耗資七千五百萬美元的計畫，在智利的阿塔卡馬沙漠（Atacama Desert）建造一座配備有一系列超強望遠鏡的巨型天文觀測站，該處是海拔一萬七千英尺的高原地形，天空特別清澈乾燥，是測量宇宙微波輻射、一窺宇宙創造初始的理想地點。這項計畫預計於二〇二二年之前完成，由八位科學家帶領，包括斯伯格和布萊恩．基廷（Brian Keating），後者是負責指揮西蒙斯天文觀測站的天體物理學家，也剛好是西蒙斯早期合作夥伴詹姆斯‧艾克斯的兒子。這個觀測站其中一個任務是尋找大爆炸（Big Bang）的遙遠證據，根據理論，是先發生大爆炸才有宇宙誕生。[1]

很多科學家認為，宇宙在創造之初就瞬間膨脹，他們稱之為**宇宙暴脹**（cosmic inflation），重力波（gravitational wave）和扭曲光（twisted light）可能就是在宇宙膨脹過程中產生的，也就是基廷所謂的「大爆炸遺留的指紋」。多年來，科學家一直在尋找大爆炸的證據，每一次的努力都遭遇慘敗，幾十年來都是徒勞無功。西蒙斯天文觀測站是至今最接近成功、最有機會找到宇宙誕生時劇烈陣痛的微弱回音，提供一個可能的證據，證明宇宙是有一個開端的。

「吉姆催著要我們趕快找出答案。」斯伯格說。

西蒙斯本人則對宇宙大爆炸理論抱持懷疑的態度，也不看好他的巨型望遠鏡能達成目標，找到宇宙暴脹的證據。他比較認同「時間並沒有一個起始點」的論點，他同時也贊助保羅‧史坦哈特（Paul Steinhardt）的研究，史坦哈特是「**反彈模型**」（bouncing model）的頭號提倡者，認為宇宙並不是暴脹，他的論點跟大爆炸理論背道而馳。

「在我看來，『時間永遠不停繼續著』是一個蘊含美學的概念，一直深深吸引我。」西蒙斯說。

果然是避險基金交易員會做的事。西蒙斯心裡盤算的是，不管這兩組團隊的發現為何，他都是贏家。如果他的直覺證明是對的，沒有找到宇宙暴脹的證據，他會覺得自己的想法獲得平反，而史坦哈特這派科學家會接下火把繼續探索；要是斯伯格和基廷這組人馬找到證據支持大爆炸理論，「那我們就可以拿諾貝爾獎了，然後所有人都到街上跳舞慶祝。」西蒙斯說。

他對其他困惑人類幾世紀的問題也同樣渴望找出答案。探索生命起源、生命初期的模樣、太陽系或太陽系外的其他地方是否有生命存在，這些努力背後都有西蒙斯基金會的支持。

「所有宗教都談到這個主題，我一直很好奇，」他說：「我覺得我們距離答案愈來愈近了。」

## 我們何其有幸

二〇一九年三月中旬一個清冽的日子，西蒙斯和太太搭乘他們的灣流噴射機抵達波士頓郊外的機場，下機後，便有人將他們接往麻州劍橋的麻省理工學院，也就是西蒙斯的母校，他將要進行一場演講。身穿粗花呢休閒西裝外套、棕褐色卡其褲、乾淨俐落的藍色襯衫，腳上是樂福鞋，沒穿襪子，西蒙斯向幾百位學生、學者、當地商人發表演說，回顧他的職業生涯及文藝復興公司在大選後的紛擾。

有人問他為什麼不阻止羅伯特．莫瑟的政治活動，他說：「我覺得他有點瘋瘋的，」引來台下零星歡呼，「但是他聰明絕頂。我不能因為他的政治信仰而解雇他。」

被問到學生該向哪個專業投資人尋求指導時，西蒙斯遲遲說不出答案，他終究還是量化投資人，並不覺得有誰能預測市場。最後，他談到在曼哈頓的鄰居、避險基金經理人喬治．索羅斯。

「我想他的話是值得聽的，」西蒙斯說：「只是他一定會說個不停。」

西蒙斯跟ＭＩＴ學生分享了一些人生經驗：「盡可能跟最聰明的人共事，最好是比你聰明的人……要堅持，不要輕言放棄。」

「讓美感帶領你……也許是公司的經營，也許是實驗的方式，也許是一項定理的形成，當一件事做得很好的時候，就會產生一種美感，那幾乎就是一種美。」

西蒙斯也談到他最新投注的熱情所在，包括他努力要揭開宇宙的創始及人類的起源。

「我們人類很可能是唯一。」他說，意思是只有地球上存在著智慧生命，因為其他地方不像地球匯集所有有利的要素。

西蒙斯看了一下坐在觀眾席前排的瑪麗蓮，她身旁坐著他們的孫子，一個哈佛研究生。

「我們何其有幸。」他說。

在觀眾熱烈鼓掌之後，西蒙斯輕輕揮手，慢慢走出演講廳，家人緊跟在後。

# 謝辭

這本書是個熱血企劃。有兩年多的時間，我有幸跟美國海內外有創意、通常很古怪的數學家、科學家、解碼專家、量化投資先驅一起度過無數小時。

這本書也是我的職業生涯最艱鉅的一項挑戰。唸高中時，我的微積分基礎課程從沒及格過；唸大學時，我嘴巴上講講數學概念還可以，但真要應用可就完全是另一回事了，我大概永遠寫不出什麼演算法。要不是實際從事這個領域的專家、具開創精神的學者和其他無私的人不吝給予支持、鼓勵、建言，這本書不會到你手上。

浩爾．拉克斯是我仰賴的基石，給了我睿智建言和寶貴觀點。還有亞倫．布朗、安德魯．斯特吉（Andrew Sterge）、理查．杜威、拉希德．薩巴爾（Rasheed Sabar）、達利歐．維拉尼，衷心感謝你們的智慧、專業、指導。

文藝復興公司的尼克．派特森、葛瑞格．胡蘭德、桑德爾．史特勞斯、艾爾文．

伯利坎普、羅伯特・弗瑞、史蒂芬・羅伯特、大衛・杜外爾、郝爾德・摩根，以及其他許多資深員工，提供這家公司各個不同階段的重要歷史；拉伊莫・巴克斯（Raimo Bakus）、理查・斯登（Richard Stern）、厄內斯特・陳（Ernest Chan）、菲利浦・雷斯尼克（Philip Resnik）、保羅・柯恩（Paul Cohen）分享他們在ＩＢＭ的經驗；維琪・巴洛內（Vickie Barone）是我的數學家教；麥可・波馬達（Michael Pomada）、布萊恩・基廷（Brian Keating）和山姆・安立奎茲（Sam Enriquez）很好心，願意讀我的初稿並提供有用的意見。

李・紐沃斯、歐文・克拉（Irwin Kra）、羅伯特・布萊特（Robert Bryant）、雷納德・喬樂普、賽門・柯亨、洛伊德・威爾區、大衛・艾森布德（David Eisenbud）、傑夫・齊格、丹尼斯・蘇利文、約翰・洛特（John Lott）、卡姆朗・瓦法（Cumrun Vafa）、菲利浦・格里菲斯（Phillip Griffiths）以罕見的耐心和智慧回答我數不清的提問。另外也要謝謝施塔非・鮑姆（Stefi Baum）、葛雷格・海雅特（Greg Hayt）、尤瑞・加博維奇（Yuri Gabovich）、約翰・史密斯（John J. Smith）、大衛・斯伯格、瑞許・藍納（Rishi Narang）、雪倫・伯茲・麥格拉恩（Sharon Bertsch McGrayne）的盡心協助。

出版商亞德利安・札克罕（Adrian Zackheim）和編輯瑪莉・山（Merry Sun）給了

我堅定的支持、無限的熱情和理智判斷，我很幸運有他們在身邊加油打氣。賈可布・烏爾班（Jacob Urban）是不孜不倦且天資聰穎的研究助理，雅娜希塔西雅・哥斯蓋雅（Anastassia Gliadkovskaya）和尼納・羅德里格茲馬第（Nina Rodriguez-Marty）一路上也提供很多協助。

我很感謝朋友、同事、家人的支持，包括：艾茲拉・佐克曼・希文（Ezra Zuckerman Sivan）、莎拉・雪帝特（Shara Shetrit）、哈羅德・馬克・西曼斯基（Harold Mark Simansky）、亞當・鮑爾（Adam Brauer）、阿里・摩西（Ari Moses）、約書亞・馬庫斯（Joshua Marcus）、斯圖・斯雷爾德（Stu Schrader）、馬克・托賓（Marc Tobin）、艾瑞克・藍迪（Eric Landy）、克里斯汀・格林德（Kirsten Grind）、珍妮・史崔斯伯格（Jenny Strasburg）。非常感謝摩西・格利克（Moshe Glick）和蕾妮・格利克（Renee Glick）夫婦，他們一直是我的後盾，在壘球場上和場外都是。謝謝AABJD週日強打者的支持。托瓦（Tova）和艾薇瓦（Aviva）分享愛和支持。傑瑞（Jerry）、愛麗莎（Alisha）、漢娜（Hannah）、艾登・布魯格林德（Aiden Blugrind）、大衛・切爾納（David Cherna）和莎麗・切爾納（Shari Cherna）夫婦、道格拉斯・艾森伯格（Douglas Eisenberg）和伊蓮・艾森伯格（Elaine Eisenberg）夫婦都不斷給我鼓勵，不僅餵飽我的肚子，也餵養我的精神。阿比蓋爾．葛德謝爾德（Avigaiyil Goldscheider）就是有辦法能讓我堅持下去，能讓我伏案到凌晨三點還面帶微笑。

傍晚時分，喬．厄爾薛拉（Gio Urshela）、迪傑．勒瑪耶（DJ LeMahieu）、亞倫．賈吉（Aaron Judge）給我帶來歡樂，到了夜晚，賈斯汀．維農（Justin Vernon）、萊恩（Rhye）、藍迪．克勞福德（Randy Crawford）、多尼．海瑟威（Donny Hathaway）、娜塔莉．梅錢特（Natalie Merchant）、邁爾斯．戴維斯（Miles Davis）、法蘭茲．舒伯特（Franz Schubert）會給我平靜和撫慰。

我還要謝謝《華爾街日報》的執行總編輯馬特．莫雷（Matt Murray）和財經版總編輯查爾斯．佛艾爾（Charles Forelle），感謝他們對這本書的祝福。

從小到大，我並不是特別喜歡英文課。圖解句子令我痛苦萬分，高中老師批評我寫太多跟猶太大屠殺有關的文章，澆熄我上課的熱情。我對寫作的認識，大多來自「閱讀」，閱讀「普羅維登斯公共圖書館」（Providence Public Library）的書籍，閱讀已故父親艾倫．佐克曼（Alan Zuckerman）對我的寫作的透徹點評，還有閱讀母親羅貝塔．佐克曼（Roberta Zuckerman）剪下來跟我分享的發人深省、有趣的文章。父母的愛和訓誡至今仍引導著我。

最後，我太太蜜雪兒（Michell）對這本書的問世扮演關鍵角色。當我絞盡腦汁試圖搞懂隱藏式馬可夫鏈、解釋隨機微分方程式的時候，她讓我焦躁不安的心得以平靜下來，她為我歡呼、給我鼓勵，我對她的感謝一日勝過一日。這本書要獻給我的兒子加百列・班傑明（Gabriel Benjamin）和伊萊亞・蕭恩（Elijah Shane），你們帶給我的快樂，是吉姆・西蒙斯的模型無法預測的。

# 附錄 1

## 大獎章基金績效

| | 淨報酬 | 管理費* | 績效費 | 扣除費用前的報酬 | 基金規模（美元） | 大獎章基金的交易獲利（美元）** |
|---|---|---|---|---|---|---|
| 1988 | 9.0% | 5% | 20% | 16.3% | 2000萬 | 300萬 |
| 1989 | -4.0% | 5% | 20% | 1.0% | 2000萬 | 0 |
| 1990 | 55.0% | 5% | 20% | 77.8% | 3000萬 | 2300萬 |
| 1991 | 39.4% | 5% | 20% | 54.3% | 4200萬 | 2300萬 |
| 1992 | 33.6% | 5% | 20% | 47.0% | 7400萬 | 3500萬 |
| 1993 | 39.1% | 5% | 20% | 53.9% | 1.22億 | 6600萬 |
| 1994 | 70.7% | 5% | 20% | 93.4% | 2.76億 | 2.58億 |
| 1995 | 38.3% | 5% | 20% | 52.9% | 4.62億 | 2.44億 |
| 1996 | 31.5% | 5% | 20% | 44.4% | 6.37億 | 2.83億 |
| 1997 | 21.2% | 5% | 20% | 31.5% | 8.29億 | 2.61億 |
| 1998 | 41.7% | 5% | 20% | 57.1% | 11億 | 6.28億 |
| 1999 | 24.5% | 5% | 20% | 35.6% | 15.4億 | 5.49億 |
| 2000 | 98.5% | 5% | 20% | 128.1% | 19億 | 24.34億 |
| 2001 | 33.0% | 5% | 36% | 56.6% | 38億 | 21.49億 |

* 管理費是大獎章基金向投資人收取的費用，而投資人就是文藝復興自己的員工和前員工。

** 毛收益（gross return）和大獎章獲利都是預估數字，實際數字可能會因年費等因素而略有不同。這裡所指的大獎章獲利是未扣各項費用之前。

| | 淨報酬 | 管理費* | 績效費 | 扣除費用前的報酬 | 基金規模（美元） | 大獎章基金的交易獲利（美元）** |
|---|---|---|---|---|---|---|
| 2002 | 25.8% | 5% | 44% | 51.1% | 52.4億 | 26.76億 |
| 2003 | 21.9% | 5% | 44% | 44.1% | 50.9億 | 22.45億 |
| 2004 | 24.9% | 5% | 44% | 49.5% | 52億 | 25.72億 |
| 2005 | 29.5% | 5% | 44% | 57.7% | 52億 | 29.99億 |
| 2006 | 44.3% | 5% | 44% | 84.1% | 52億 | 43.74億 |
| 2007 | 73.7% | 5% | 44% | 136.6% | 52億 | 71.04億 |
| 2008 | 82.4% | 5% | 44% | 152.1% | 52億 | 79.11億 |
| 2009 | 39.0% | 5% | 44% | 47.6% | 52億 | 38.81億 |
| 2010 | 29.4% | 5% | 44% | 57.5% | 100億 | 57.50億 |
| 2011 | 37.0% | 5% | 44% | 71.1% | 100億 | 71.07億 |
| 2012 | 29.0% | 5% | 44% | 56.8% | 100億 | 56.79億 |
| 2013 | 46.9% | 5% | 44% | 88.8% | 100億 | 88.75億 |
| 2014 | 39.2% | 5% | 44% | 75.0% | 95億 | 71.25億 |
| 2015 | 36.0% | 5% | 44% | 69.3% | 95億 | 65.82億 |
| 2016 | 35.6% | 5% | 44% | 68.6% | 95億 | 65.14億 |
| 2017 | 45.0% | 5% | 44% | 85.4% | 100億 | 85.36億 |
| 2018 | 40.1% | 5% | 44% | 76.4% | 100億 | 76.43億 |
| | **平均淨報酬率：39.1%** | | | **扣除費用前的報酬：66.1%** | | **交易獲利總計：1045.3億** |

**平均每年收益**

毛收益：66.1%

淨收益：39.1%

上述的1045億獲利是指大獎章基金的獲利，文藝復興公司另外三支開放外人投資的基金也有獲利，三支基金截至2019年4月30日為止總計有550億美元的規模（資料來源：大獎章年報，投資人）

# 附錄2

## 投資大師的績效比較

| 投資大師 | 主要基金／機構 | 操盤期間 | 年報酬率* |
|---|---|---|---|
| 吉姆・西蒙斯 | 大獎章基金 | 1988-2018 | 39.1% |
| 喬治・索羅斯 | 量子基金 | 1969-2000 | 32% + |
| 史帝夫・柯恩 | SAC | 1992-2003 | 30% |
| 彼得・林區 | 麥哲倫基金 | 1977-1990 | 29% |
| 華倫・巴菲特 | 波克夏海瑟威 | 1965-2018 | 20.5% ‡ |
| 瑞・達利歐 | Pure Alpha | 1991-2018 | 12% |

（資料來源：西蒙斯、達利歐、柯恩：新聞報導；巴菲特：波克夏海瑟威年報；林區：富達投資）

* 所有收益都是扣掉費用後。

\+ 索羅斯已不再替人操盤投資，近幾年的收益已下滑。

‡ 1951到1957年，巴菲特以個人的金錢投資，平均年報酬率是62%，一開始的資金不到1萬美元；1957到1969年，他替合夥資金操盤的平均年報酬率是24.3%。

# 各章注釋

## 前言　最神祕的避險基金富豪

1 "Seed Interview: James Simons," *Seed*, September 19, 2006.

2 Gregory Zuckerman, Rachel Levy, Nick Timiraos, and Gunjan Banerji, "Behind the Market Swoon: The Herdlike Behavior of Computerized Trading," *Wall Street Journal*, December 25, 2018, https:// www.wsj.com/articles/behind-the-market-swoon-the-herdlike-behavior-of-computerized-trading- 11545785641.

## 第一章　我想當數學家

1 D. T. Max, "Jim Simons, the Numbers King," *New Yorker*, December 11, 2017, https://www.newyorker.com/magazine/2017/12/18/jim-simons-the-numbers- king.

2 James Simons, "Dr. James Simons, S. Donald Sussman Fellowship Award Fireside Chat Series. Chat 2," interview by Andrew Lo, March 6, 2019, https://www.youtube.com/watch? v=srbQzrtfEvY& t= 4s.

## 第二章　從密碼學家到數學系主任

1 James Simons, "Mathematics, Common Sense, and Good Luck" (lecture, American Mathematical Society Einstein Public Lecture in Mathematics, San Francisco, CA, October 30, 2014), https:// www.youtube.com/ watch? v= Tj1NyJHLvWA.

2 Lee Neuwirth, *Nothing Personal: The Vietnam War in Princeton 1965– 975* (Charleston, SC: BookSurge, 2009).

3 Paul Vitello, "John S. Toll Dies at 87; Led Stony Brook University," *New York Times*, July 18, 2011, https://www.nytimes.com/2011/07/19/nyregion/john-s-toll- dies-at-87-led-stony-brook-university.html.

4 James Simons, "Simons Foundation Chair Jim Simons on His Career in Mathematics," interview by Jeff Cheeger, Simons Foundation, September 28, 2012, https://www.simonsfoundation.org/2012/09/28/simons-foundation-chair-jim-simons-on-his-career-in-mathematics.

5 Simons, "On His Career in Mathematics."

## 第三章　金錢計量學公司

1 Simons, "Mathematics, Common Sense, and Good Luck."

2 William Byers, *How Mathematicians Think: Using Ambiguity, Contradiction, and Paradox to Create Mathematics* (Princeton, NJ: Princeton University Press, 2007).

3 藍尼・鮑姆的家人所提供的私人信件。

4 Richard Teitelbaum, "The Code Breaker," *Bloomberg Markets*, January 2008.

5 James Simons, "Jim Simons Speech on Leonard E. Baum" (speech, Leonard E. Baum Memorial, Princeton, NJ, August 15, 2017), https:// www.youtube.com/ watch? v= zN0ah7moPlQ.

6 Simons, "On His Career in Mathematics."
7 Simons, "Jim Simons Speech on Leonard E. Baum."

## 第四章　機器學習

1 Byers, *How Mathematicians Think*.

## 第五章　成立大獎章基金

1 James R. Hagerty and Gregory Zuckerman, "Math Wizard Elwyn Berlekamp Helped Bring Sharp Images from Outer Space," *Wall Street Journal*, May 1, 2019, https://www.wsj.com/articles/math-wizard-elwyn-berlekamp-helped-bring-sharp-images-from-outer-space- 1556735303.
2 Brian Keating, *Losing the Nobel Prize: A Story of Cosmology, Ambition, and the Perils of Science's Highest Honor* (New York: W. W. Norton, 2018).

## 第六章　短線交易

1 James B. Stewart, *Den of Thieves* (New York: Simon & Schuster, 1991).

## 第七章　量化交易史

1 Geoffrey Poitras, *The Early History of Financial Economics, 1478– 776: From Commercial Arithmetic to Life Annuities and Joint Stocks* (Cheltenham, UK: Edward Elgar, 2000).
2 Mark Putrino, "Gann and Gann Analysis," *Technical Analysis of Stocks & Commodities*, September 2017.
3 Brian Stelter, "Gerald Tsai, Innovative Investor, Dies at 79," *New York Times*, July 11, 2008, https://www.nytimes.

com/2008/07/11/business/11tsai.html; John Brooks, *The Go-Go Years: The Drama and Crashing Finale of Wall Street's Bullish 60s* (New York: Weybright and Talley, 1973).

4 Andrew W. Lo and Jasmina Hasanhodzic, *The Evolution of Technical Analysis: Financial Prediction from Babylonian Tablets to Bloomberg Terminals* (Hoboken, NJ: John Wiley & Sons, 2010).

5 Douglas Bauer, "Prince of the Pit," *New York Times*, April 25, 1976, https://www.nytimes.com/1976/04/25/archives/prince-of-the-pit-richard-dennis-knows-how-to-keep-his-head-at-the.html.

6 Emanuel Derman, *My Life as a Quant: Reflections on Physics and Finance* (Hoboken, NJ: John Wiley & Sons, 2004).

7 Edward O. Thorp, *A Man for All Markets: From Las Vegas to Wall Street, How I Beat the Dealer and the Market* (New York: Random House, 2017).

8 Scott Patterson, *The Quants: How a New Breed of Math Whizzes Conquered Wall Street and Nearly Destroyed It* (New York: Crown Business, 2010).

9 Patterson, *The Quants*.

10 Michelle Celarier, "How a Misfit Group of Computer Geeks and English Majors Transformed Wall Street," *New York*, January 18, 2018, http://nymag.com/intelligencer/2018/01/d-e-shaw-the-first-great-quant-hedge-fund.html.

11 Hal Lux, "Secretive D. E. Shaw & Co. Opens Doors for Customers' Business," *Investment Dealers' Digest*, November 15, 1993.

12 G. Bruce Knecht, "Wall Street Whiz Finds Niche Selling Books on the Internet," *Wall Street Journal*, May 16, 1996, https:// www.wsj.com/ articles/ SB832204437381952500.

## 第八章　只要能預測市場規律就好

1 Ingfei Chen, "A Cryptologist Takes a Crack at Deciphering DNA's Deep Secrets," *New York Times*, December 12, 2006, https:// www.nytimes.com/ 2006/ 12/ 12/ sci ence/ 12prof.html.
2 John F. Greer Jr., "Simons Doesn't Say," *Financial World*, October 21, 1996.

## 第九章　網羅人才

1 Peter Lynch, "Pros: Peter Lynch," interview with *Frontline*, PBS, May 1996, www .pbs.org/ wgbh/ pages/ frontline/ shows/ betting/ pros/ lynch.html; and Peter Lynch with John Rothchild, *One Up on Wall Street* (New York: Simon & Schuster, 2000).
2 Sebastian Mallaby, *More Money Than God: Hedge Funds and the Making of a New Elite* (New York: Penguin Press, 2010).
3 Michael Coleman, "Influential Conservative Is Sandia, UNM Grad," *Albuquerque Journal,* November 5, 2017, https://www.abqjournal.com/1088165/influential-conservative-is-sandia-unm-grad-robert-mercer-trump-fundraiser-breitbart -investor-has-nm-roots.html.
4 Robert Mercer, "A Computational Life" (speech, Association for Computational Linguistics Lifetime Achievement Award, Baltimore, Maryland, June 25, 2014), http://techtalks.tv/talks/closing-session/60532.
5 Stephen Miller, "Co-Inventor of Money- arket Account Helped Serve Small Investors' Interest," *Wall Street Journal*, August 16, 2008, https://www.wsj.com/articles/SB121884007790345601.
6 Feng-Hsiung Hsu, *Behind Deep Blue: Building the Computer That Defeated the World Chess Champion* (Princeton, NJ: Princeton University Press, 2002).

## 第十章　突破

1 Peter Brown and Robert Mercer, "Oh, Yes, Everything's Right on Schedule, Fred" (lecture, Twenty Years of Bitext Workshop, Empirical Methods in Natural Language Processing Conference, Seattle, Washington, October 2013), http://cs.jhu.edu/~post/bitext.

## 第十一章　量化投資的挫敗

1 Hal Lux, "The Secret World of Jim Simons," *Institutional Investor*, November 1, 2000, https://www.institutionalinvestor.com/article/b151340bp779jn/the-secret-world-of-jim-simons.

2 莫瑟因為麥格倫的書接受訪談，*The Theory Would Not Die: How Bayes' Rule Cracked the Enigma Code, Hunted Down Russian Submarines, and Emerged Triumphant from Two Centuries of Controversy* (New Haven, CT: Yale University Press, 2011).

3 Brown and Mercer, "Oh, Yes, Everything's Right on Schedule, Fred."

4 Jason Zweig, "Data Mining Isn't a Good Bet for Stock- arket Predictions," *Wall Street Journal*, August 8, 2009, https://www.wsj.com/articles/SB12496793764 2715417.

5 Lux, "The Secret World of Jim Simons."

6 Robert Lipsyte, "Five Years Later, A Female Kicker's Memorable Victory," *New York Times*, October 19, 2000, https://www.nytimes.com/2000/10/19/sports/colleges-five-years-later-a-female-kicker-s-memorable-victory.html.

7 Roger Lowenstein, *When Genius Failed: The Rise and Fall of Long-Term Capital Management* (New York: Random House, 2000).

8 Suzanne Woolley, "Failed Wizards of Wall Street," *BusinessWeek*, September 21, 1998, https://www.bloomberg.com/

news/articles/1998-09-20/failed-wizards-of-wall- street.

9 Timothy L. O'Brien, "Shaw, Self- Styled Cautious Operator, Reveals It Has a Big Appetite for Risk," *New York Times*, October 15, 1998, https://www.nytimes.com/1998/10/15/business/shaw-self-styled-cautious-operator-reveals-it-has-a-big-appetite-for-risk.html.

10 *Abuse of Structured Financial Products: Misusing Basket Options to Avoid Taxes and Leverage Limits: Hearings before the Permanent Subcommittee on Investigations of the Committee on Homeland Security and Governmental Affairs*, 113th Congress (2014) (statement of Peter Brown, Chief Executive Officer, Renaissance Technologies), https://www.govinfo.gov/content/pkg/CHRG-113shrg89882/pdf/CHRG-113shrg89882.pdf.

## 第十二章　更多數據就是最好的數據

1 McGrayne, *The Theory That Would Not Die: How Bayes' Rule Cracked the Enigma Code, Hunted Down Russian Submarines, and Emerged Triumphant from Two Centuries of Controversy*.

2 Lux, "The Secret World of Jim Simons."

3 *Abuse of Structured Financial Products* (statement of Peter Brown).

4 Katherine Burton, "Inside a Moneymaking Machine Like No Other," *Bloomberg*, November 21, 2016, https://www.bloomberg.com/news/articles/2016-11-21/how-renaissance-s-medallion-fund-became-finance-s-blackest-box.

5 George Gilder, *Life after Google: The Fall of Big Data and the Rise of the Blockchain Economy* (Washington, DC: Regnery Gateway, 2018).

6 Simon Van Zuylen- Wood, "The Controversial David Magerman," *Philadelphia Magazine*, September 13, 2013, https://www.phillymag.com/news/2013/09/13/controversial-david-magerman.

7 Scott Patterson and Jenny Strasburg, "Pioneering Fund Stages Second Act," *Wall Street Journal*, March 16, 2010,

https://www.wsj.com/articles/SB10001424052748703494404575082000779302566.

8 Zachary Mider, "What Kind of Man Spends Millions to Elect Ted Cruz?" *Bloomberg*, January 20, 2016, https://www.bloomberg.com/news/features/2016-01-20/what-kind-of-man-spends-millions-to-elect-ted-cruz.

9 William J. Broad, "Seeker, Doer, Giver, Ponderer," *New York Times*, July 7, 2014, https://www.nytimes.com/2014/07/08/science/a-billionaire-mathematicians-life-of-ferocious-curiosity.html.

## 第十三章　交棒

1 Christine Williamson, "Renaissance Believes Size Does Matter," *Pensions & Investments*, November 27, 2006, https://www.pionline.com/article/20061127/PRINT/611270744/renaissance-believes-size-does-matter.

2 Patterson, *The Quants*.

3 Gregory Zuckerman, *The Greatest Trade Ever: The Behind-the-Scenes Story of How John Paulson Defied Wall Street and Made Financial History* (New York: Broadway Books, 2009).

4 Tae Kim, "Billionaire David Einhorn Says the Key to Investing Success Is 'Critical Thinking,' " CNBC, December 26, 2017, https://www.cnbc.com/2017/12/26/david-einhorn-says-the-key-to-investing-success-is-critical-thinking.html.

5 Susan Pulliam and Jenny Strasburg, "Simons Questioned by Investors," *Wall Street Journal*, May 15, 2009, https://www.wsj.com/articles/SB124235370437022507.

## 第十四章　川普的金主

1 Alice Walker, "Billionaire Mathematician Jim Simons Parks ￡75 million Super Yacht during Tour of Scotland," *Scottish Sun*, July 15, 2018, https://www.thescottishsun.co.uk/fabulous/2933653/jim-simons-super-yacht-billionaire-

scotland-tour.

2 Simons, "On His Career in Mathematics."

3 Van Zuylen- ood, "The Controversial David Magerman."

4 Ryan Avent, "If It Works, Bet It," *Economist*, June 14, 2010, https://www.economist.com/free-exchange/2010/06/14/if-it-works-bet-it.

5 James Simons, "My Life in Mathematics" (lecture, International Congress of Mathematics, Seoul, South Korea, August 13, 2014), https://www.youtube.com/watch?v=RP1ltutTN_4.

6 John Marzulli, "Hedge Fund Hotshot Robert Mercer Files Lawsuit over $2M Model Train, Accusing Builder of Overcharge," *New York Daily News*, March 31, 2009, https://www.nydailynews.com/news/hedge-fund-hotshot-robert-mercer-fles-lawsuit-2m-model-train-accusing-builder-overcharge-article-1.368624.

7 Patterson and Strasburg, "Pioneering Fund Stages Second Act."

8 Joshua Green, *Devil's Bargain: Steve Bannon, Donald Trump, and the Storming of the Presidency* (New York: Penguin Press, 2017).

9 Mider, "Ted Cruz?"

10 Juliet Chung, "Mega Merger: Six Apartments May Make One," *Wall Street Journal*, April 27, 2010, https://www.wsj.com/articles/SB10001424052748704446704575207193495569502.

11 Ben Smith, "Hedge Fund Figure Financed Mosque Campaign," *Politico*, January 18, 2011, https://www.politico.com/blogs/ben-smith/2011/01/hedge-fund-figure-financed-mosque-campaign-032525.

12 Vicky Ward, "The Blow-It-All-Up Billionaires," *Highline*, March 17, 2017, https://highline.huffingtonpost.com/articles/en/mercers.

13 Gregory Zuckerman, Keach Hagey, Scott Patterson, and Rebecca Ballhaus, "Meet the Mercers: A Quiet Tycoon

and His Daughter Become Power Brokers in Trump's Washington," *Wall Street Journal*, January 8, 2017, https://www.wsj.com/articles/meet-the-mercers-a-quiet-tycoon-and-his-daughter-become-power-brokers-in-trumps-washington-1483904047.

14 Carole Cadwalladr, "Revealed: How US Billionaire Helped to Back Brexit," *Guardian*, February 25, 2017, https://www.theguardian.com/politics/2017/feb/26/us-billionaire-mercer-helped-back-brexit.

15 Jane Mayer, "New Evidence Emerges of Steve Bannon and Cambridge Analytica's Role in Brexit," *New Yorker*, November 17, 2018, https://www.newyorker.com/news/news-desk/new-evidence-emerges-of-steve-bannon-and-cambridge-analyticas-role-in-brexit.

16 Nigel Farage, "Farage: 'Brexit Could Not Have Happened without Breitbart,' " interview by Alex Marlow, Turning Point USA Student Action Summit, December 20, 2018, https://www.youtube.com/watch?v=W73L6L7howg.

17 Matea Gold, "The Rise of GOP Mega- donor Rebekah Mercer," *Washington Post*, September 14, 2016, https://www.washingtonpost.com/politics/the-rise-of-gop-mega-donor-rebekah-mercer/2016/09/13/85ae3c32-79bf-11e6-beac-57a4a412e93a_ story.html.

18 Green, *Devil's Bargain*.

19 Corey R. Lewandowski and David N. Bossie, *Let Trump Be Trump: The Inside Story of His Rise to the Presidency* (New York: Center Street, 2017).

## 第十五章　內部分裂

1 Jonathan Lemire and Julie Pace, "Trump Spent Saturday Night at a Lavish 'Villains and Heroes' Costume Party Hosted by Some of His Biggest Donors," Associated Press, December 3, 2016, https://www.businessinsider.com/trump-attends-mercer-lavish-villains-and-heroes-costume-party-2016-12.

2 Matea Gold, "The Mercers and Stephen Bannon: How a Populist Power Base Was Funded and Built," *Washington Post*, March 17, 2017, https://www.washingtonpost.com/graphics/politics/mercer-bannon.

3 Jane Mayer, "The Reclusive Hedge- und Tycoon behind the Trump Presidency," *New Yorker*, March 17, 2017, https://www.newyorker.com/magazine/2017/03/27/the-reclusive-hedge-fund-tycoon-behind-the-trump-residency.

4 Zuckerman et al., "Meet the Mercers."

5 William Julius Wilson, "Hurting the Disadvantaged," review of *Civil Righs: Rhetoric or Reality?* by Thomas Sowell, *New York Times*, June 24, 1984, https://www.nytimes.com/1984/06/24/books/hurting-the-disadvantaged.html.

6 David M. Schwartz, "Robert Mercer's North Shore Home Draws Tax Demonstrators," *Newsday*, March 28, 2017, https://www.newsday.com/long-island/politics/spin-cycle/protest-at-robert-mercer-s-li-home-1.13329816.

7 Gregory Zuckerman, "Renaissance Feud Spills Over to Hedge Fund Poker Night," *Wall Street Journal*, April 28, 2017, https://www.wsj.com/articles/renaissance-feud-spills-over-to-hedge-fund-poker-night-1493424763.

8 Jeremy W. Peters, "Milo Yiannopoulos Resigns from Breitbart News after Pedophilia Comments," *New York Times*, February 21, 2017, https://www.nytimes.com/2017/02/21/business/milo-yiannopoulos-resigns-from-breitbart-news-after-pedophilia-comments.html.

9 Robin Pogrebin and Somini Sengupta, "A Science Denier at the Natural History Museum? Scientists Rebel," *New York Times*, January 25, 2018, https://www.nytimes.com/2018/01/25/climate/rebekah-mercer-natural-history-museum.html.

10 Gregory Zuckerman, "Mercer Influence Wanes as Other Washington Donors Emerge," *Wall Street Journal*, November 4, 2018, https://www.wsj.com/articles/mercer-influence-wanes-as-other-washington-donors-emerge-1541350805.

11 Zuckerman, "Mercer Influence Wanes."

## 第十六章　優異的績效能否持續？

1 "Morningstar Reports US Mutual Fund and ETF Fund Flows for April 2019," *PR Newswire*, May 17, 2019, https://finance.yahoo.com/news/morningstar-reports-u-mutual-fund-130000604.html.

2 Gregory Zuckerman, "Architect of Greatest Trade Ever Hit by Losses, Redemptions Postcrisis," *Wall Street Journal*, April 27, 2018, https://www.wsj.com/articles/architect-of-greatest-trade-ever-hit-by-losses-redemptions-postcrisis-1524837987.

3 Gregory Zuckerman, " 'This Is Unbelievable': A Hedge Fund Star Dims, and Investors Flee," *Wall Street Journal*, July 4, 2018, https://www.wsj.com/articles/this-is-unbelievable-a-hedge-fund-star-dims-and-investors-flee-1530728254.

4 Gregory Zuckerman and Kirsten Grind, "Inside the Showdown Atop PIMCO, the World's Biggest Bond Firm," *Wall Street Journal*, February 24, 2014, https://www.wsj.com/articles/inside-the-showdown-atop-pimco-the-worlds-biggest-bond-firm-1393298266.

5 George Budwell, "Why Geron Corporation's Stock Is Charging Higher Today," Motley Fool, August 28, 2018, https://www.fool.com/investing/2018/08/28/why-geron-corporations-stock-is-charging- higher-to.aspx.

6 數據來自TABB 集團（TABB Group）的報告。

7 Nathan Vardi, "Running the Numbers," *Forbes*, April 30, 2019.

8 "The Four Vs of Big Data," infographic, IBM Big Data & Analytics (website), https://www.ibmbigdatahub.com/sites/default/files/infographic_file/4-Vs-of-big- data.jpg? cm_mc_uid=16172304396014932905991&cm_mc_sid_50200000= 1494235431&cm_mc_sid_52640000=1494235431.

9 Bradley Hope, “Five Ways Quants Are Predicting the Future,” *Wall Street Journal*, April 1, 2015, https://blogs.wsj.com/briefly/2015/04/01/5-ways-quants-are-predicting-the-future.

10 Richard Dewey, “Computer Models Won’t Beat the Stock Market Any Time Soon,” *Bloomberg*, May 21, 2019, https://www.bloomberg.com/news/articles/2019-05-21/computer-models-won-t-beat-the-stock-market-any-time-soon.

11 Aruna Viswanatha, Bradley Hope, and Jenny Strasburg, “ ‘Flash Crash’ Charges Filed,” *Wall Street Journal*, April 21, 2015, https://www.wsj.com/articles/u-k-man-arrested-on-charges-tied-to-may-2010-flash-crash-1429636758.

12 Robin Wigglesworth, “Goldman Sachs’ Lessons from the ‘Quant Quake,’ ” *Financial Times*, September 3, 2017, https://www.ft.com/content/fdfd5e78-0283-11e7-aa5b-6bb07f5c8e12.s

13 “Seed Interview: James Simons.”

14 Marcus Baram, “The Millionaire Critic Who Scared Facebook Now Wants to Help ‘Fix the Internet,’ ” *Fast Company*, December 11, 2018, https://www.fastcompany.com/90279134/the-millionaire-critic-who-scared-facebook-wants-to-help-fix-the-internet.

15 Baram, “The Millionaire Critic Who Scared Facebook.”

16 Richard Henderson, “Renaissance Founder Says Hedge Fund Has Overcome Trump Tension,” *Financial Times*, March 15, 2019, https://www.ft.com/content/7589277c-46d6-11e9-b168-96a37d002cd3.

## 後記　保持好奇

1 Gary Robbins, “UCSD Gets $40 Million to Study Infancy of the Universe,” *San Diego Union-Tribune*, May 12, 2016, https://www.sandiegouniontribune.com/news/science/sdut-ucsd-simons-telescopes-2016may12-story.html.

財經企管 BCB695A

# 洞悉市場的人
## 量化交易之父吉姆．西蒙斯與文藝復興公司的故事
## The Man Who Solved the Market: How Jim Simons Launched the Quant Revolution

作　者 — 古格里．佐克曼 Gregory Zuckerman
譯　者 — 林錦慧

總編輯 — 吳佩穎
財經館副總監暨責任編輯 — 蘇鵬元
編輯協力 — 謝佩親
封面設計 — Bianco Tsai

出版者 — 遠見天下文化出版股份有限公司
創辦人 — 高希均、王力行
遠見．天下文化 事業群榮譽董事長 — 高希均
遠見．天下文化 事業群董事長 — 王力行
天下文化社長 — 林天來
國際事務開發部兼版權中心總監 — 潘欣
法律顧問 — 理律法律事務所陳長文律師
著作權顧問 — 魏啟翔律師
社址 — 臺北市 104 松江路 93 巷 1 號
讀者服務專線 — 02-2662-0012 ｜ 傳真 — 02-2662-0007；02-2662-0009
電子郵件信箱 — cwpc@cwgv.com.tw
直接郵撥帳號 — 1326703-6 號　遠見天下文化出版股份有限公司

電腦排版 — 極翔企業有限公司
製版廠 — 東豪印刷事業有限公司
印刷廠 — 中原造像股份有限公司
裝訂廠 — 中原造像股份有限公司
登記證 — 局版台業字第 2517 號
總經銷 — 大和書報圖書股份有限公司 ｜電話 — 02-8990-2588
出版日期 — 2020 年 5 月 29 日 第一版第 1 次印行
2024 年 1 月 24 日 第二版第 2 次印行

國家圖書館出版品預行編目(CIP)資料

洞悉市場的人：量化交易之父吉姆．西蒙斯與文藝復興公司的故事 / 古格里.佐克曼(Gregory Zuckerman)著；林錦慧譯. -- 第一版. -- 臺北市：遠見天下文化, 2020.05
472面； 14.8x21公分. -- (財經企管；BCB695)
譯自：The man who solved the market : how Jim Simons launched the quant revolution
ISBN 978-986-5535-02-5(平裝)

1.Simons,James Harris 2.投資 3.傳記

563.5　　109006586



定　價 — NT 600 元
ISBN — 4713510943731
書　號 — BCB695A
天下文化官網 — bookzone.cwgv.com.tw

天下文化
BELIEVE IN READING